Spip 2

Premiers pas pour créer son site web

Anne-Laure **Quatravaux**
Dominique **Quatravaux**

Spip 2

Premiers pas pour créer son site web

Avec la contribution de Sandrine **Burriel**

EYROLLES

ÉDITIONS EYROLLES
61, bd Saint-Germain
75240 Paris Cedex 05
www.editions-eyrolles.com

*Remerciements à Ayo (Alexis Younes – www.73lab.com) pour l'illustration en couverture,
à Michel-Marie Maudet qui a participé à la naissance de ce livre, ainsi qu'à Perline.*

Avant-propos

Internet pour tous

Force est de constater qu'Internet n'est pas devenu un réseau de marchands, la chasse gardée des commerciaux et industriels, comme certains l'ont envisagé à la fin des années 1990 avec la vague du « e-business » sur le Web.

Internet est tout d'abord une formidable plate-forme de communication fondée sur une technologie, géniale par sa simplicité, devant laquelle l'égalité est plus facile qu'avec d'autres technologies de communication. Ce réseau mondial permet à n'importe quel ordinateur où qu'il soit sur la planète, quels que soient sa marque, ses caractéristiques, le système qui le meut, muni d'une connexion à Internet, de récupérer et de déposer des informations avec n'importe quel autre. Cet échange se concrétise, soit par l'échange d'e-mails – courrier électronique –, soit par la publication de textes, documents, images, films, sons, ou encore par le biais de forums de discussion, etc., sur le Web.

Les amateurs ou les usagers plus expérimentés ont su tirer parti de ces avantages. Pour faire connaître leur projet, nouer des contacts par communauté d'intérêts, organiser des événements ou diffuser des informations, les particuliers et les associations ont choisi Internet en complément des outils classiques de communication.

Quels que soient les moyens techniques et financiers ou le temps dont vous disposez à cette fin, vous pouvez utiliser les qualités d'Internet et partager vos connaissances, pour peu que vous en ayez simplement le désir. Si vous avez, en plus, quelque imagination et sens esthétique, vous pourrez en faire bien plus. Le tout facilité par de bons outils, de préférence libres et gratuits, dont Spip est le fer de lance en matière de publication sur Internet !

EN DEUX MOTS **Quel budget minimal pour créer son site ?**

Par « budget », il faut raisonner à la fois en termes de temps et d'argent :

- en argent : compter une trentaine d'euros par an pour un nom de domaine (par exemple, monsite.org), incluant l'achat du nom et l'hébergement bon marché en coopérative, comme expliqué au chapitre 3. La connexion dépend du lieu où vous vous trouvez – des points Wi-Fi gratuits se répandent et les abonnements mensuels à coût de plus en plus faible également. Le logiciel de publication – et même l'hébergement – peuvent être gratuits.
- en temps : compter au minimum une bonne après-midi de mise en place (comme vous le propose le chapitre 6) puis une heure par semaine pour animer le site une fois lancé. Évidemment, dès qu'on se prend au jeu, ce poste budgétaire risque de déraper très vite. Et gare à l'addiction... Il faudrait alors penser à déléguer et à fonctionner en équipe...

Structure de l'ouvrage

Nous proposons dans cet ouvrage :

- une grille de critères amenant au choix de Spip (**chapitre 1**) ;
- des conseils pour se munir des outils adéquats en vue de la réalisation du site (**chapitre 2**) ;
- un guide pour héberger son site Spip et trouver un nom de domaine (**chapitre 3**) ;
- des conseils pour concevoir l'architecture de son site Spip (**chapitre 4**) ;
- quelques indispensables rappels HTML et CSS (**chapitre 5**) ;
- un guide de mise en place rapide de site Spip chez un hébergeur (**chapitre 6**) ;
- un guide pour personnaliser l'aspect de son site (**chapitre 7**) ;
- un guide de création de comptes Spip par lots (**chapitre 8**) ;
- des conseils pour le référencement et la promotion de son site (**chapitre 9**) ;

- un récapitulatif des avancées fonctionnelles et ergonomiques depuis la version 1.8 de SPIP, des indications pour migrer un site d'une version antérieure vers la version 2.0 et quelques pistes d'utilisation avancée (**chapitre 10**) ;
- dans les annexes, des conseils pour créer un beau logo, un manuel simple et pratique du fonctionnement de l'Internet, tout ce qu'il faut savoir pour créer un site accessible à tous ainsi que les bases de la sécurité informatique.

« L'Internet doit d'abord et avant tout être l'outil qui, pour la première fois dans l'histoire de l'humanité, permet l'exercice de la liberté d'expression, définie comme un droit fondamental de l'homme. »

Laurent Chemla, *Les Confessions d'un voleur*

Remerciements

Nous tenons particulièrement à remercier toutes les personnes (rencontrées réellement ou virtuellement) qui nous ont épaulés tout au long de la rédaction de cet ouvrage, en particulier :

- Benoît Picaud, pour sa relecture efficace (tout un samedi !) et ses remarques pleines de bon sens ;
- Dan Allen (auteur de *ShoutChat*) ;
- Philippe Blondel, auteur de la police de caractères utilisée pour les citations du *Petit Prince* (http://philing.net/) ;
- Gaël Thomas, pour l'illustration des citations du *Petit Prince* ;
- Christophe Courmes, pour son expérience du graphisme ;
- Sylvie Duchateau, de Braillenet, pour nous avoir éclairés sur l'accessibilité ;
- Laurent Labat (gérant de apinc.org) ;
- Hank Leininger (gérant de theaimsgroup.com) ;
- le testeur bêta (selon ses propres termes) de cette version modulée ;
- et, bien entendu, les centaines d'inconnus qui permettent à Spip d'exister et de progresser.

Anne-Laure Quatravaux   aldubois@free.fr

Dominique Quatravaux   dom@kilimandjaro.dyndns.org

Mise à jour complète de l'ouvrage :

Perline   Spip@perline.org

Sandrine Burriel   sb@sandrineburriel.com

Table des matières

Il était une fois un petit Prince
qui habitait une planète à peine
plus grande que lui et
qui avait besoin d'un ami.

Le Petit Prince, A. de Saint Exupéry

Tu dois maintenant travailler.
Tu dois repartir vers ta machine.
Je t'attends ici.
Reviens demain soir...

Le Petit Prince, A. de Saint-Exupéry

Pourquoi choisir Spip ?

Vous souhaitez créer un site web où chacun puisse s'exprimer mais craignez, faute de moyens, de ne pas arriver au but. Pas de panique ! Tout un chacun, quels que soient ses moyens et les connaissances dont il dispose, peut faire un travail formidable en choisissant bien ses outils et en s'organisant en conséquence.

Nous proposons ici des outils libres et gratuits qui, autant que faire se peut, permettent la création quasi en solo de sites riches en fonctionnalités et beaux à voir.

CULTURE **Gratuit et libre**

Tout ce qui est gratuit n'est pas libre, ni même réciproquement ! Lorsqu'un logiciel tel qu'Adobe® Acrobat Reader® est proposé au téléchargement, il est gratuit, mais pas libre : une fois muni d'une copie de ce logiciel, la seule chose qu'on a le droit (et la latitude technique) de faire avec, c'est d'ouvrir des documents PDF. Impossible de traduire le programme dans une autre langue, de regarder comment il est conçu pour le déboguer, ni même d'en faire une copie pour un ami (lisez les petites lettres du « contrat de licence d'utilisateur final »).

Au contraire, un programme libre permet tout cela : même si vous n'allez probablement pas modifier, disons, votre navigateur Firefox vous-même, vous profiterez indirectement du fait que la chose est possible et que d'autres l'ont déjà fait pour vous : pour preuve, la pléthore d'extensions disponibles dont certaines sont traduites en français : **http://extensions.geckozone.org/Accueil**

Quand choisir Spip ?

La première question que l'on se pose en concevant son site est celle-ci : doit-on utiliser un site statique, dont les pages sont créées de manière figée, à l'aide d'un éditeur HTML tel que Nvu/KompoZer (disponible en français sur **http://www.frenchmozilla.fr/nvu/**) – comme expliqué au chapitre 2 –, ou bien Spip, un système de gestion de contenu ou CMS (acronyme de *Content Management System*) qui offre en ligne une assistance à la rédaction et à la publication ?

La solution du site statique, dont la conception est plus rapide, est envisageable pour un site vitrine, qui n'évoluera guère voire pas du tout, composé de quelques pages qui changeront peu au fil du temps.

Si vous souhaitez vous donner, ainsi qu'à vos rédacteurs, les moyens d'enrichir vous-même votre site, optez pour Spip. Adapté aux projets éditoriaux qui bougent beaucoup et qui mettent à contribution des personnes aux compétences variées – depuis les rédacteurs qui vont simplement écrire du contenu jusqu'aux personnes qui vont s'intéresser à l'apparence du site –, Spip garantit un travail collaboratif efficace. Le nombre de rédacteurs et d'administrateurs – qui décident de publier en ligne – est illimité, l'aide incluse dans le logiciel ainsi que celle disponible sur le site http://www.spip.net/ permettent une auto-formation progressive adaptée aux besoins de chacun. Aucune connaissance technique autre que l'usage d'un ordinateur n'est nécessaire.

A contrario, qui peut le plus peut le moins et Spip pourra également vous permettre de réaliser un site simple, que vous serez seul à gérer.

> CONSEIL **Apprendre FTP et HTML**
>
> Aux chapitres 2 et 5 se trouvent les conseils de base et les outils pour apprendre à écrire des pages en HTML, et à utiliser un logiciel de FTP. Ces techniques fournissent une excellente culture générale pour le fonctionnement du Web, et seront donc toujours utiles, dès lors que vous envisagez de gérer un site web autrement qu'en utilisateur extérieur, que le site soit statique ou dynamique, sous Spip ou non.

Rappel sur les sites web statiques

Le scénario de publication statique (qui est de moins en moins utilisé dans la mesure où la tendance est aux sites extrêmement dynamiques) est le suivant : le webmestre rédige et met en page les textes et images en HTML, localement, sur son ordinateur. Lorsqu'il en est satisfait, il les transfère sur le serveur web (qui n'est pas « en local », mais distant – voir le chapitre 3) *via* un logiciel de transfert FTP (*File Transfer Protocol*). La figure 1-1 montre le fonctionnement d'un système HTML de publication web dit statique :

1. Le rédacteur écrit des pages en HTML à partir d'un éditeur de texte ou d'un éditeur HTML sur son ordinateur.

2. Il transfère ces pages via un logiciel FTP sur le serveur web.

3. L'internaute peut désormais chercher la page sur le serveur via un navigateur et la visualiser ; son navigateur transforme automatiquement le code HTML en rendu visuel (ou sonore dans le cas d'un navigateur pour personnes aveugles).

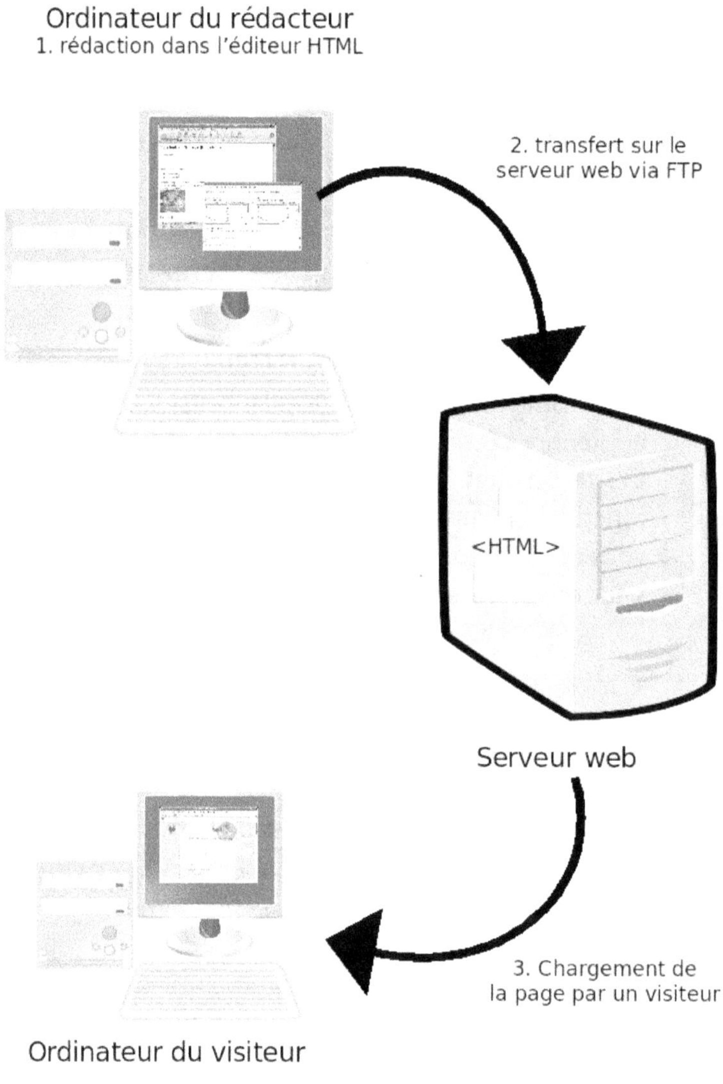

FIGURE 1–1 *Publication web HTML statique*

Il existe sur l'Internet toutes sortes de documentations en français expli-
quant comment écrire du code HTML, comment créer des images pour le
Web et les déposer sur un serveur. Pour en savoir plus et se lancer immédiatement dans la création de pages HTML, on suivra le tutoriel du
chapitre 5.

Jargon **Serveur web**

Ce terme est une source fréquente de confusion parce qu'il désigne deux notions très similaires mais pas identiques : l'*ordinateur* serveur web et le *logiciel* serveur web.

Comme dans un café où le garçon-serveur attend votre commande, un logiciel serveur est celui qui attend les requêtes des clients (dans le monde informatique, ce sont d'autres programmes, ici ce sont les navigateurs des visiteurs) et y répond en envoyant les textes et les images qu'ils demandent. La conversation entre le client et le serveur web est régie par un protocole, appelé HTTP, qui décrit le vocabulaire à employer avec un niveau de précision proportionnel à la bêtise des ordinateurs : à côté, l'échange des cartes de visite avec un dignitaire japonais est tout à fait informel !

L'ordinateur serveur est tout simplement celui qui fait tourner le logiciel serveur. Il ne s'agit pas de n'importe quel ordinateur, parce qu'il faut qu'il soit connecté à l'Internet en permanence et avec une liaison fiable et rapide (voir le chapitre 3). Notons qu'un même ordinateur serveur peut héberger plusieurs logiciels serveurs (pour un autre site, par exemple, ou bien pour d'autres services comme le courrier électronique). Pour en savoir plus, consultez l'annexe A consacrée au fonctionnement et à l'histoire de l'Internet.

Mais, si ce type de site offre une grande facilité de création (les informations sont figées), il présente aussi les inconvénients suivants :

- Les changements ne sont pas facilement (et pas toujours rapidement) pris en compte.
- Soit il n'y a qu'un seul auteur de pages, soit tous les contributeurs du site doivent savoir faire des pages en HTML.
- L'organisation du projet web est plus complexe si plusieurs personnes participent à la construction du site : il faut se mettre d'accord sur les procédures de transfert de fichiers pour prévenir tout risque de destruction du travail d'autres contributeurs.
- Le moindre changement de présentation peut impliquer de modifier l'ensemble des pages, si l'on veut garder l'homogénéité de la présentation.

Pour pallier ces difficultés, on sera tenté de choisir un site dynamique, qui facilite la gestion de multiples contributeurs et des modifications afférentes.

PERSPECTIVES **Ce qu'est un site « dynamique »**

Certains sites web, comme les moteurs de recherche ou la fonction *Réservation* sur le site de la SNCF, proposent des pages qui ne sont pas figées mais qui, au contraire, changent en fonction du parcours de l'utilisateur. Un logiciel a été programmé pour fabriquer les pages au fur et à mesure des demandes et des précisions données pour la réservation.

Évidemment, rien n'empêche de vouloir travailler sur des langages de programmation, par exemple le PHP. Cela vous sera d'autant plus utile que les plug-ins adaptables à Spip sont très demandés...

Pour information, le site de référence php.net propose une documentation en français régulièrement mise à jour.

▸ http://www.php.net/manual/fr/

PHP Resource Index publie des scripts tout faits en PHP pour créer un calendrier, pour réaliser un chat et bien d'autres programmes web. Recopier le code est possible, souvent il faudra l'adapter selon ses besoins.

▸ http://php.resourceindex.com/

Le forum de discussion de phpfrance est une mine d'astuces pratiques et permet au développeur débutant de partager ses doutes et difficultés.

▸ http://www.phpfrance.com/

Un site sous Spip : la parole à tous, tout simplement !

Un site éditorial Spip est basé sur une technique dynamique, c'est-à-dire qu'il utilise un programme écrit dans un langage de programmation spécialisé (le plus souvent PHP) pour produire les pages *in situ* sur le serveur, plutôt que sur le poste de travail de l'auteur, comme c'est le cas pour les vitrines web classiques. Spip est livré avec des *squelettes*, autrement dit une apparence de publication des données à intégrer. Ainsi, il est inutile de se préoccuper de la forme de la publication, le concepteur pouvant alors apporter toute son attention au contenu : ce qu'on a à dire, à écrire, à faire savoir, à faire connaître est la seule chose qui compte, on ne s'encombre pas de techniques annexes non nécessaires à la publication.

Tout l'intérêt de Spip, qui est écrit en PHP, est d'être déjà fait. Il permet d'utiliser la puissance d'un site dynamique mais n'en a pas la complexité : au contraire, son but est de simplifier au maximum la procédure pour permettre de se concentrer sur l'éditorial, le contenu.

Spip permet non seulement de rédiger des contenus, de valider et de publier textes et images, mais aussi de gérer la mise en page, le tout sans que vous ayez le moins du monde besoin de connaître les langages HTML ou PHP, ou les processus de transfert par FTP. Il autorise autant de contributeurs qu'on le souhaite (voir figure 1-2). Toutes les tâches peuvent être réalisées à partir d'un simple navigateur et d'une connexion Internet, sans aucune compétence préalable, qu'il s'agisse de rédiger un contenu en tant qu'auteur ou un commentaire en tant que visiteur, voire de publier des pétitions.

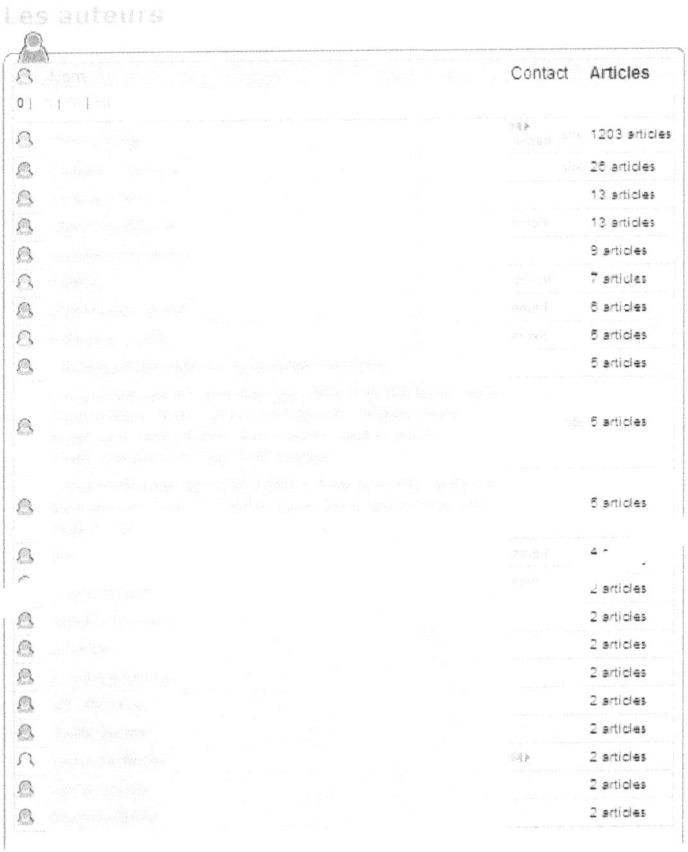

FIGURE 1-2 *Des auteurs autant qu'on en veut !*

Le site éditorial se charge de créer les pages HTML au fur et à mesure des demandes de l'internaute, à partir des squelettes d'une part, qui fabriquent l'interface, et de la base de données d'autre part, appelées sélectivement selon le codage dans le squelette.

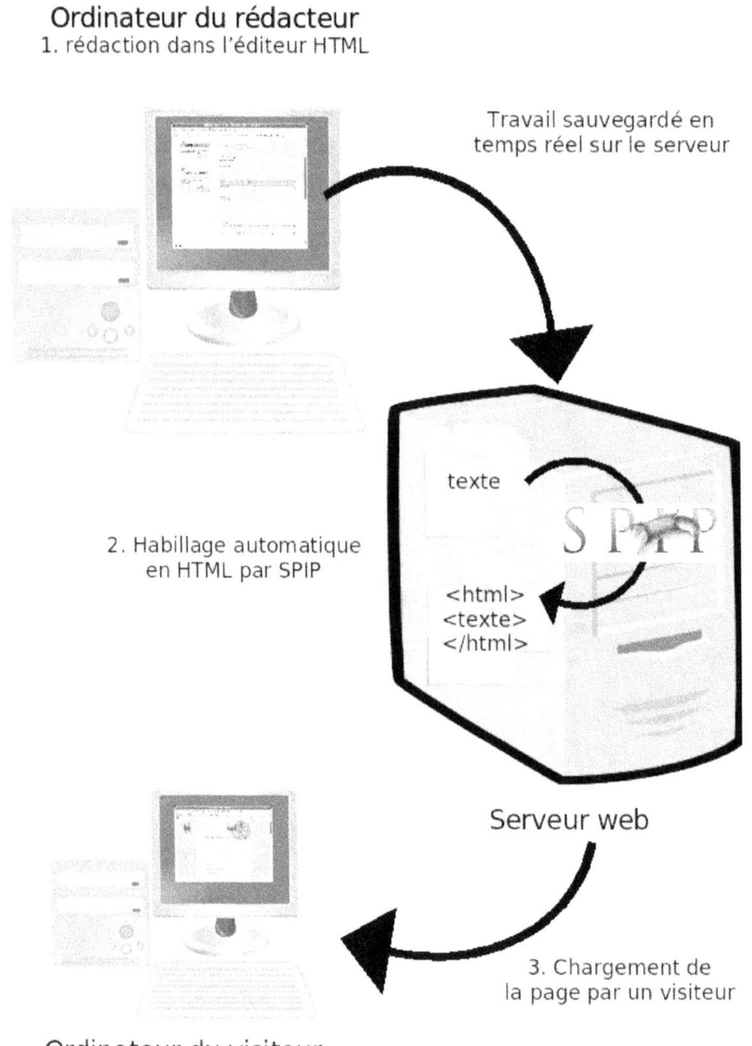

FIGURE 1–3 *Scénario de publication dans un site éditorial*

Et ce n'est pas tout ! Le logiciel éditorial propose des fonctionnalités supplémentaires très pratiques, avec lesquelles FTP seul rentrait assez brutalement en conflit. Par exemple, plusieurs personnes peuvent modifier le même article parallèlement, en temps réel, ou au contraire permettre à un rédacteur d'intégrer un article, dans la partie privée, mais qui ne sera pas publiée dans la partie publique tant qu'un administrateur n'en donnera pas l'autorisation.

De la sorte, on s'ouvre de nouvelles possibilités d'emploi pour le site. Spip, de son côté, offre de nombreuses fonctions, indispensables et assez compliquées à programmer telles que les forums, ainsi que des fonctions toujours renouvelées, grâce à tous ceux qui travaillent pour lui permettre de répondre aux besoins, très variés, de ses utilisateurs.

PERSPECTIVES **Spip 2.0, ça change quoi exactement ?**

Vous l'aurez remarqué, ce livre traite de Spip 2.0. Quelle différence entre cette nouvelle version et les anciennes ?

Les versions 1.8 et 1.9 de Spip ont chacune constitué un saut qualitatif important. À la version 1.8, la partie privée a radicalement changé en termes d'aspect et d'organisation. À la version 1.9, Spip est devenu plus modulable avec son système de plug-ins et la gestion des squelettes a été simplifiée. Cette évolution s'est poursuivie sur la version 2.0.

Si vous venez de Spip 1.8, les différences seront conséquentes pour vous. Vous devrez redécouvrir l'interface privée et vous plonger dans la nouvelle structure des fichiers. Vous serez sans nul doute un peu dépaysé au départ, mais les nouvelles possibilités devraient vous surprendre !

Si vous venez de Spip 1.9, vous resterez en terrain connu, mais avec de nouvelles possibilités techniques importantes. Le travail collaboratif est facilité, l'installation de plug-ins peut se faire de manière automatisée, et bien d'autres nouveautés encore.

Le chapitre 10 présente en détail les grandes nouveautés techniques de cette version 2.0 et abordera les questions de migration depuis une version antérieure.

Pour ou contre un site dynamique sous Spip ?

En conclusion, voici un tableau comparant les deux types de solutions.

Tableau 1–1 **Comparaison des deux types de publication sur le Web**

Outils	Le site statique	Le site sous Spip
+	• Souple. • Application légère. • Compétence d'auteur HTML simple.	• Ne nécessite aucune compétence web pour les rédacteurs. • Autorise le travail conjoint de plusieurs rédacteurs, simultanément, de n'importe où dans le monde. • Facilite l'uniformité du style sans « verrouiller » dans une seule mise en page, sans devoir rectifier en permanence. • Site vivant et dynamique.
–	• Nécessite l'acquisition de techniques web pour chaque rédacteur. • Nécessite plus de temps en permanence. • Nécessite de se concerter afin de ne pas risquer d'effacer le travail d'autrui (pénalisant, si beaucoup de rédacteurs). • Site peu évolutif.	• L'installation demande quelque attention. • Cadre de travail fixé. • Pour une mise en page personnalisée, requiert une compétence en HTML, FTP et CSS.

Et voici deux exemples pour mieux illustrer leurs différences :

- **Le site HTML.** L'association Artisanat du Berry est composée de trois personnes. Deux d'entre elles maîtrisent bien le HTML et les feuilles de style, la troisième sait créer des pages dans un éditeur Wysiwyg. Ils se mettent au travail et constatent que la consultation des pages dans le navigateur est commode (l'application est très légère). Cependant, ils rencontrent des difficultés pour s'organiser : le style des pages manque d'homogénéité car chacun en fait un peu à sa tête. De plus, en envoyant les fichiers par FTP, un des webmestres a effacé (ou « écrasé ») des fichiers par inadvertance.

- **Le site éditorial.** On retrouve deux ans plus tard l'association Artisanat du Berry, qui s'est agrandie. Les fondateurs décident de refaire le site avec un système éditorial. Ils ne peuvent pas tous les trois s'occuper du site. Le plus doué en création web s'occupe donc de l'installation du site éditorial et de l'habillage du site, tandis que les nouvelles recrues, qui ne connaissent goutte au HTML, parviennent rapidement à copier-coller le contenu de l'ancien site dans l'espace de rédaction très convivial du navigateur. On ne commet pas de bévues puisque la publication finale sur le Web est contrôlée par le responsable du site. Toutefois, les rédacteurs se plaignent parfois de la lourdeur du système : entre chaque manipulation, on doit patienter, et il faut recharger les pages à plusieurs reprises dans le navigateur pour voir les toutes dernières modifications du site sur le serveur web.

En résumé...

Nous avons vu dans ce chapitre les différences techniques et pratiques existant entre un site statique et un site dynamique sous Spip. C'est ce que nous recommandons pour qui veut faire un site de plus de quelques pages, tout en gardant la possibilité de changer et faire évoluer le site, sans difficulté majeure.

Il était une fois un petit Prince
qui habitait une planète à peine
plus grande que lui et
qui avait besoin d'un ami.

Le Petit Prince, A. de Saint Exupéry

Constituer sa boîte à outils

Comme toute technologie, l'informatique est censée nous affranchir de nombreux travaux rébarbatifs.

Il n'en reste pas moins nécessaire de bien choisir ses outils, surtout qu'en ce domaine l'évolution est extrêmement rapide.

Choisir le bon outil pour la bonne tâche ne peut se faire qu'en connaissance de cause, laquelle n'est jamais aussi bien acquise que grâce aux conseils de ceux qui ont pratiqué et peuvent en donner les avantages et inconvénients.

Les différents critères à prendre en compte sont, bien sûr, les qualités intrinsèques du logiciel (est-il simple, puissant, compatible avec les standards, etc. ?), mais également les facteurs temps (durée de l'apprentissage) et argent (le prix de la licence).

Si le futur rédacteur du site est déjà habitué à des outils, le mieux est de commencer avec ceux-là, quitte à en changer ensuite si, par exemple, ils ne respectent pas les standards.

Quant au critère du prix, il tend à disparaître, puisque nombre de logiciels nécessaires sont gratuits.

Voici la liste des outils qui doivent être rassemblés pour réaliser un site complet, le choix de Spip ayant déjà été arrêté :

- un navigateur web pour rédiger, administrer et tester le site éditorial ;
- un serveur web (voir la définition dans l'aparté « Serveur web » du chapitre 1) pour héberger les pages terminées ;
- un logiciel de transfert de fichiers, dit de FTP (utile pour la première installation du système sur le serveur web ainsi que lors des changements d'aspect) ;
- éventuellement, un logiciel de création de pages web ou un éditeur de texte pour fabriquer les pages HTML et les autres ressources (par exemple, la feuille de style CSS, voir le chapitre 5) si l'on ne désire pas utiliser l'aspect livré par défaut dans Spip ;
- au besoin, un logiciel de dessin pour les logos et autres graphiques.

Voici quelques critères de choix :

- La facilité d'installation : le système ou le logiciel doit être facilement mis en place, et les options diverses.
- La facilité d'utilisation : plus vite on peut se mettre au travail, mieux c'est. Un utilisateur non spécialiste mais courageux doit pouvoir s'en servir seul, en s'aidant de l'aide en ligne.
- La puissance : elle est fonction de ce que le programme sait faire. Un bon logiciel sait être à la fois simple et puissant : il doit être aisé d'accomplir les tâches simples et il doit être possible d'entreprendre des tâches complexes.

- La compatibilité : elle mesure le fait de ne pas dépendre de l'outil en question, par exemple, la possibilité de reprendre ses sauvegardes à partir d'un autre outil. Hélas ! trop de programmes sont volontairement conçus avec une compatibilité restreinte, voire inexistante, afin de contraindre les utilisateurs à des mises à jour coûteuses et incessantes, en une spirale sans fin. On n'aura pas intérêt à utiliser des logiciels peu compatibles avec d'autres – notons que l'utilisation de logiciels libres fournit une bonne garantie pour le travail dans des formats ouverts.

CONSEIL **Les logiciels libres : le meilleur de tous les mondes !**

Un logiciel libre est un programme dont le code est public, librement modifiable et distribuable : en ce sens, il est plus que simplement gratuit...

On peut obtenir la plupart des logiciels libres sur l'Internet par téléchargement. L'excellent site http://www.framasoft.net/ répertorie les logiciels libres en français, ainsi que d'autres non libres mais gratuits et très bons. Citons aussi l'indispensable portail logiciel libre de l'encyclopédie libre Wikipedia, http://fr.wikipedia.org/wiki/Portail:Logiciels_libres, qui vous permet également d'accéder à l'équivalent dans d'autres langues.

L'intérêt principal des logiciels libres ne réside cependant ni dans cette gratuité ni dans cette disponibilité. C'est leur aspect librement modifiable et distribuable qui leur confère un immense avantage : ces logiciels sont en permanence mis à jour et améliorés par une communauté de bénévoles et de professionnels, mettant en commun leur temps, leur savoir-faire et leur bonne volonté, la plupart du temps par le biais de l'Internet. Nombreuses sont les équipes de programmeurs qui ne se sont jamais vues que virtuellement. La construction de ce réseau du savoir n'est pas sans rappeler l'intense échange des idées humanistes qu'ont connu les XVe et XVIe siècles par le biais des correspondances, des voyages et surtout de l'imprimerie ; ou, plus récemment, les usages de la coopération scientifique internationale, qui exigent que toute découverte soit publiée pour être soumise à la revue des pairs. Résultat, la qualité est au rendez-vous... En outre, pour fabriquer et perfectionner des logiciels, il faut avant tout des utilisateurs. Et c'est là que le logiciel libre surpasse bien souvent les logiciels propriétaires. Les problèmes rencontrés, les nécessités exprimées par les utilisateurs remontent vers les programmeurs. Ceux-ci peuvent réagir très vite, le logiciel est mis à jour « dans la nuit » et une nouvelle version corrigée et améliorée est prête immédiatement. Les testeurs que nous sommes tous peuvent, s'ils le veulent, participer activement à la mise à jour des logiciels libres sans rien connaître de la programmation.

Tableau 2–1 **Les types d'outils possibles pour l'écriture des pages modèles (squelettes) de Spip**

Type d'outil	Facilité d'installation	Facilité d'utilisation	Puissance	Compatibilité
Éditeur de texte	Un éditeur simple, quel qu'il soit, et quel que soit le système d'exploitation, est utilisable. D'autres, plus sophistiqués, peuvent être téléchargés.	L'éditeur lui-même ne pose pas de problèmes, mais il faut connaître HTML et CSS.	On peut tout faire, mais il n'y a aucun contrôle des erreurs dans l'écriture en HTML ou en CSS.	Maximale
Éditeur Wysiwyg	Généralement simple et automatisé.	Similaire à un traitement de texte.	Variable (voir tableau 2-3)	Variable (voir tableau 2-3)

 Les logiciels libres à utiliser

Vous allez certainement utiliser des logiciels libres pour travailler sur votre site web, peut-être même sans le savoir. Voici les différents domaines où ils seront utiles :

- Navigateurs web : notamment Mozilla Firefox (http://www.mozilla-europe.org/fr/firefox/) et Konqueror (http://www.konqueror.org/). Ce dernier ne tourne que sous Linux (voir ci-après), en revanche son « moteur », KHTML, est réutilisé au cœur du navigateur de Mac OS X, Safari. Comme on le verra aux chapitres 4 et 5, c'est une bonne idée que d'essayer les pages du site sur ces différents navigateurs avant de les mettre en ligne.
- Langages de programmation : Spip étant lui-même programmé en PHP, les ajouts et plug-ins nécessaires seront donc également écrits dans ce langage.
- Si vous désirez travailler sous un système d'exploitation libre, il existe plusieurs distributions GNU/Linux incluant de nombreux logiciels libres, telles que Mandriva, Ubuntu, SuSE ou encore Debian. Vous pouvez participer à une « Install Party », fête à l'issue de laquelle le novice doit repartir avec son ordinateur équipé d'un système GNU/Linux, et bien, entendu, d'autres logiciels libres. http://wiki.lolica.org/doku.php?id=doc:installpartyhowto.
- On peut enfin fréquenter des clubs d'utilisateurs bénévoles, soit physiquement, soit sur l'Internet : on peut à cet effet visiter les sites des associations AFUL (http://www.aful.org/), APRIL (http://www.april.org/) et Adullact (http://www.adullact.org/). Il ne faut pas hésiter à les contacter pour toute demande d'assistance, formations, partages, etc.

Choisir un éditeur de texte

Un éditeur de texte est un programme qui permet de modifier le contenu d'un fichier ne contenant que des caractères typographiques simples – par opposition à un traitement de texte, qui permet quant à lui de le mettre en forme de mille et une façons : gras, italique, paragraphes, listes, mise en page, etc. Un éditeur de texte, beaucoup plus simple, se contente d'autoriser à insérer, supprimer, rechercher ou remplacer de « bêtes » caractères, sans fioritures. Il est donc tout désigné lorsque l'on veut entièrement contrôler le contenu d'un fichier, comme en programmation ou pour l'édition de pages HTML, de feuilles de style CSS et tous les autres codes informatiques.

 Un tutoriel HTML avec un éditeur de texte

Pour apprendre à faire un site web à partir d'un simple éditeur de texte, de son navigateur et d'un programme pour le transfert de fichiers, dit FTP, se reporter au chapitre 5.

Tableau 2-2 **Comparatif des éditeurs de texte pour créer des pages web**

Outils	Support	Référence	Critère 1 : prix
Bloc-notes	MS-Windows	http://fr.wikipedia.org/wiki/Bloc-notes_(Windows)	Gratuit (livré avec MS-Windows)
UltraEdit	MS-Windows	http://www.ultraedit.com/	Payant (version d'essai gratuite)
Nedit	GNU/Linux, Mac OS X, Windows	http://www.nedit.org/	Logiciel libre et gratuit
gedit	Linux	http://www.gnome.org/projects/gedit/	Logiciel libre
Kate, Kwrite et Kedit	Linux	http://www.kate-editor.org/ http://www.kde.org/	Logiciel libre
Emacs, vim	GNU/Linux principalement	http://www.gnu.org/software/emacs/emacs.html http://www.vim.org/	Logiciel libre et gratuit

Critère 2 : facilité d'installation	Critère 3 : facilité d'utilisation	Critère 4 : puissance
Déjà installé	Facile	Sans plus...
Facile	Facile (avec coloration syntaxique, outils intégrés)	Très puissant (permet en particulier l'édition de fichiers à distance)
Facile à installer	Facile (avec colorisation syntaxique)	Moyen
Livré avec l'environnement de bureau Gnome	Facile (avec coloration syntaxique)	Très (permet d'éditer des fichiers à distance, indentation automatique, vérification des parenthèses...)
Livrés avec l'environnement de bureau KDE	Kedit est un éditeur élémentaire, Kwrite une version intermédiaire et Kate la version avancée : la complexité est proportionnelle à la puissance de l'outil...	Dépend de l'outil choisi (Kate étant l'éditeur qui offre le plus de possibilités et de flexibilité)
Déjà installé sous GNU/Linux. Existe sur de très nombreux systèmes	Rebutant au début, prévoir un mentor (raccourcis clavier étranges) ! Colorisation syntaxique	Type même du logiciel qui sait tout faire... si on a la patience de l'apprendre !

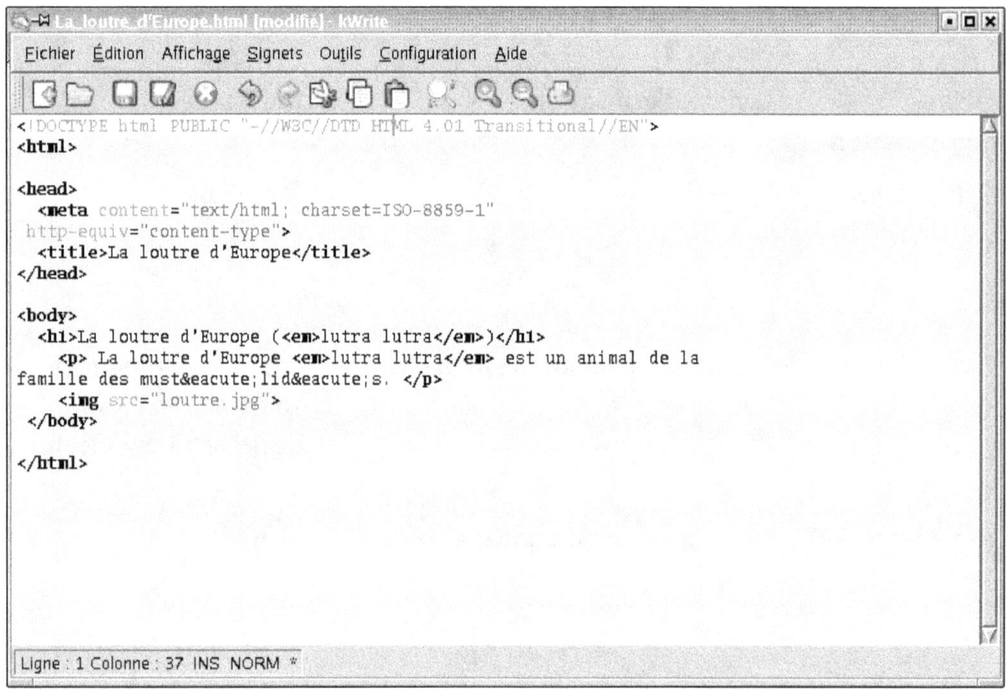

FIGURE 2-1 *Maintenant, quasiment tous les éditeurs permettant de travailler sur du code HTML proposent la coloration syntaxique, afin de mettre en évidence les balises HTML.*

La coloration syntaxique

Un éditeur de texte, par essence, ne propose pas à l'utilisateur de mettre le texte en couleur. Pourtant sur la capture d'écran de la figure 2-1, on voit que les balises HTML (voir le chapitre 3 pour la définition de ce terme) sont en couleur (en nuances de gris tout au moins, dans ce livre noir et blanc). Il s'agit d'une aide à la saisie connue sous le nom de coloration (ou colorisation) syntaxique : c'est l'éditeur qui applique automatiquement un système de couleurs pour mettre en évidence les éléments syntaxiques (ici les balises) du code. Les éditeurs les plus avancés permettent à l'utilisateur de choisir lui-même ses couleurs, mais cela nécessite une bonne pratique des fichiers de configuration ! Le texte en cours de modification, lui, ne « voit » pas ces couleurs : elles sont oubliées au moment de sauvegarder le fichier.

Choisir un outil Wysiwyg

Un éditeur HTML, comme Amaya, Nvu, Dreamweaver, GoLive ou Front-Page, permet de créer des pages web en montrant le résultat final, en plus du code lui-même. On les qualifie de Wysiwyg, comme les traitements de texte, mais avec l'utilisation, de plus en plus fréquente, des feuilles de style, ce n'est pas toujours vrai, car tous ces logiciels ne l'interprètent pas. De plus, comme l'interprétation des codes HTML et CSS diffère d'un navigateur à l'autre, ces éditeurs permettent au mieux d'avoir une vue générale de la page construite, ainsi que des grosses erreurs de codage, typiquement une balise ouverte et non fermée ou pas au bon endroit.

En revanche, ils facilitent grandement la construction de la page, par le biais de boîtes à outils permettant de construire d'un seul clic les codes nécessaires – fabrication de liens, de tableaux, insertion d'image, etc. – afin d'avoir une base saine de codage, sans le besoin fastidieux d'apprendre totalement le langage HTML.

> **« Ouizyouigue » ? !**
>
> Wysiwyg est l'acronyme de « what you see is what you get », autrement dit « tel affichage, tel résultat » : en parlant d'un traitement de texte, cela signifie que ce que l'on voit à l'écran est peu ou prou identique à ce que l'on obtiendra à l'impression. Cette notion permit la popularisation des traitements de texte pour ordinateurs personnels au cours des années 1980, les erreurs devenant ainsi immédiatement visibles et les corrections simplifiées : auparavant, on tapait son texte dans une interface pas vraiment graphique, sans trop savoir ce que serait le résultat final.

Les facilités de ces logiciels n'exonèrent toutefois pas une certaine connaissance du langage HTML, grandement facilitée par la variété et la pédagogie des très nombreux sites qui lui sont consacrés sur l'Internet. De fait, sauf précision contraire dans le tableau 2-3, tous les éditeurs HTML Wysiwyg proposent un mode dans lequel le HTML est visible et modifiable directement ; autrement dit, un mode similaire à un éditeur de texte, tel que décrit au paragraphe précédent. Dans les dernières versions, qui sont hélas très onéreuses, ces logiciels se sont ouverts à l'édition des feuilles de style.

TABLEAU 2-3 Comparaison des éditeurs HTML Wysiwyg

Logiciels	Système d'exploitation	Critère 1 : prix
Amaya http://www.w3.org/Amaya/	GNU/Linux, Mac OS X, MS-Windows	Libre et gratuit
NVU/KompoZer http://www.frenchmozilla.fr/nvu/	GNU/Linux, Mac OS X, MS-Windows	Libre et gratuit
Dreamweaver http://www.adobe.com/fr/products/dreamweaver/	Mac OS X, MS-Windows	Environ 570 € pour la version CS4. On peut trouver la version 2, distribuée gratuitement à l'époque.
FrontPage http://www.microsoft.com/france/office/frontpage/prodinfo/default.asp	Mac OS X, MS-Windows	La version 2003, la dernière disponible, coûte 250 €
OpenOffice.org http://fr.openoffice.org/	GNU/Linux, Mac OS X, MS-Windows	Libre et gratuit
Seamonkey Composer http://www.seamonkey-project.org/	GNU/Linux, Mac OS X, MS-Windows	Libre et gratuit

Critère 2 : facile à installer	Critère 3 : facile à utiliser	Critère 4 : puissant	Critère 5 : compatible
Oui	Simple et convivial	Oui. Conçu par l'organisme de validation du HTML	Oui
Oui	Simple et rapide	Oui (soucieux de validation)	Oui – HTML très lisible
Oui	Simple et convivial	Leader du genre surtout les versions récentes (gère les CSS)	Oui
Oui	Simple et convivial	Moyen : n'intègre pas les changements intervenus depuis 2003.	Oui – lisible
Oui	Moyen	Moyen, évite de se former à un autre logiciel.	Oui – HTML lisible
Oui	Simple et rapide	Oui : accepte toutes les constructions HTML et JavaScript, gère les CSS	Oui – HTML très lisible

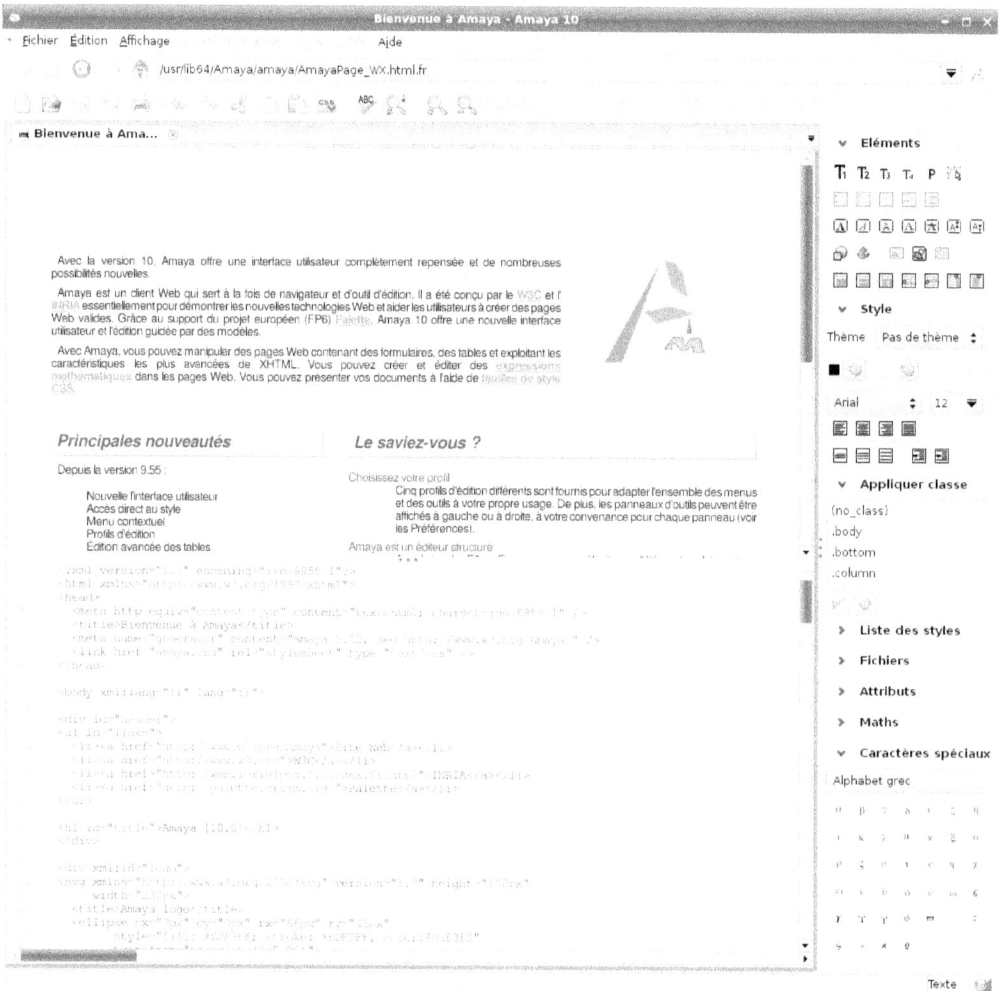

FIGURE 2-2 *Un exemple d'éditeur Wysiwyg : Amaya, le navigateur-éditeur du W3C. Ici, l'écran est partagé entre, en haut, la vue Wysiwyg, peu expressive car ne tenant pas totalement compte des feuilles de style, et en bas, la vue source du HTML.*

Conseil **Se méfier des outils Wysiwyg qui n'en sont pas**

Les solutions Wysiwyg citées ici ne sont pas les seules. Il existe une autre solution, qui peut paraître plus simple, pour avoir l'impression de produire du HTML facilement : convertir un fichier texte (`.odt`, `.sxw`, `.doc`) en fichier `.html` directement dans le traitement de texte par la commande *Enregistrer sous*. Méfiance toutefois, cette technique ne produit pas du HTML « très propre » et il y a fort à parier qu'il faudra dépenser beaucoup de temps et d'attention pour corriger le résultat obtenu. Sans même parler des feuilles de style, déjà peu prises en considération dans les logiciels spécialisés HTML. Conclusion : à éviter !

Le système de publication éditoriale : du wiki à Spip

Le monde des CMS (*Content System Management*, en français, systèmes de gestion de contenu) recèle de nombreux logiciels, dont nous avons vu l'intérêt au chapitre 1.

On se référera au livre des mêmes auteurs, dans la même collection, (Anne-Laure et Dominique Quatravaux), *Réussir un site web d'association*.

Spip est l'un des plus dynamiques d'entre eux, celui qui correspond le mieux aux besoins éditoriaux. De plus, il est très modulable et peut donc être facilement détourné de son but initial pour publier tout type de site, sans oublier le nombre de langues natives livrées, qui ne cesse d'augmenter : pour la version 2.0 de Spip, il y a près de 90 projets de traduction en cours !

Tous les systèmes de publication éditoriale partagent la caractéristique technique de devoir être installés « côté serveur », c'est-à-dire sur un ordinateur possédant à la fois un serveur web, un langage de programmation susceptible de programmer ce dernier (le plus souvent PHP) et une base de données (le plus souvent MySQL). La façon d'obtenir l'accès à un tel serveur est décrite au chapitre 3, et l'installation pas à pas de Spip au chapitre 6.

Voir aussi

Les chapitres 6 à 8 expliquent en détail la création d'un site web avec le système éditorial Spip, en particulier sa phase d'installation.

Une fois l'installation réalisée, et tant qu'on ne veut pas changer l'aspect général du site, tout se passe dans le navigateur web. Spip présente dès lors une structure plus souple qui permet d'intégrer autant de rubriques et d'articles qu'on le souhaite avec des possibilités de personnalisation graphique (le gras, l'italique, etc.), très simples d'accès. Cela permet de travailler sur le site de n'importe où dans le monde, sans nécessiter aucun matériel spécifique : un navigateur, une connexion Internet, et le tour est joué !

L'utilisateur aura affaire à :

- un système d'identification des utilisateurs par login et mot de passe ;
- une interface conviviale facilitant la saisie de texte : il n'est nul besoin de connaître les langages du web tels que HTML, CSS...
- une organisation en arborescence du site par rubriques ;
- un circuit (ou *workflow*) pour assurer la relecture et la validation des articles avant leur publication ;
- de l'aide, soit directement livrée avec le logiciel, soit disponible sur l'Internet.

Une seule exception à cette uniformité : le wiki, qui représente le concept de site éditorial dans sa réalisation la plus simple, où tout ce qui n'est pas indispensable a été enlevé. L'aide à la saisie de texte se résume à l'usage de caractères typographiques particuliers pour marquer les éléments de mise en page (par exemple, on met une phrase entre deux signes = pour faire un titre). Et surtout, un wiki peut n'avoir ni délai, ni validation entre l'écriture et la publication, qui est donc, dans ce cas de figure, immédiate. N'importe quel internaute peut donc y écrire ce qu'il veut et le risque de vandalisme est alors élevé. Il est toutefois compensé par un système de suivi de versions (qui permet de revenir en arrière en annulant les modifications indésirables) et surtout par l'énorme dynamisme qu'un wiki engendre dans l'esprit de ses visiteurs, qui sont aussi ses auteurs et ses relecteurs. De plus, les contributeurs sont identifiés, soit comme utilisateurs enregistrés, soit par leur adresse IP.

L'exemple majeur de wiki est Wikipedia, une encyclopédie collaborative aussi fiable que l'Encyclopædia Britannica. Elle propose à chacun de s'exercer sans dommage à l'usage du wiki, grâce à son bac à sable : http://fr.wikipedia.org/wiki/Wikipédia:Bac_à_sable.

SHOCKING ! **Fiabilité de Wikipedia**

Le 15 décembre 2005, la revue *Nature* a jeté un pavé dans la mare : en publiant une étude scientifique analysant la fiabilité de divers articles scientifiques de l'encyclopédie libre Wikipedia (version anglaise) et de la très vénérable Encyclopædia Britannica, elle a osé, non seulement la comparaison, mais encore la conclusion de la faible différence entre les deux.

La fiabilité de Wikipédia pose toujours question et suscite diverses controverses et critiques, comme le montre la page suivante :

▸ http://fr.wikipedia.org/wiki/Critiques_de_Wikipédia

Il reste qu'un wiki ne peut convenir à tous les desseins ; il est destiné avant tout à des projets nécessitant de très larges possibilités de changements immédiats ou très rapides. De plus, il est moins structuré qu'un Spip.

Un wiki sous Spip

Le dynamisme de Spip attire tous les délires, esprits malins et autres bidouilleurs. Quelqu'un a besoin d'un élément ? Il le crée ou cherche quelqu'un que cela intéresse et, souvent, le trouve.

Ainsi, lorsque la nécessité d'un wiki s'est fait sentir dans Spip, quelques développeurs se sont attelés à la tâche pour créer Spikini. Le projet a aujourd'hui un successeur, Gribouille, qui remplit une fonction comparable. Tous les avantages d'un wiki... sans quitter Spip. On peut décidément tout faire avec Spip !

▸ http://www.spip-contrib.net/Spikini-un-wiki-qui-marche-avec
▸ http://www.spip-contrib.net/Gribouille-Wiki-SPIP

TABLEAU 2-4 **Comparatif des outils de transfert de fichiers**

Outils	Système d'exploitation	Critère 1 : prix
FileZilla http://filezilla.sourceforge.net/	GNU/Linux, MS-Windows, Mac OS X	Libre et gratuit
Cyberduck http://cyberduck.ch/	Mac OS X	Libre et gratuit
Gftp http://gftp.seul.org/	GNU/Linux	Libre et gratuit
net2ftp http://www.net2ftp.com/	MS-Windows, Mac OS X, GNU/Linux, BSD	Libre et gratuit
AceFTP http://software.visicommedia.com/en/products/aceftp/	MS-Windows	30 €
SmartFTP http://www.smartftp. com	MS-Windows	Environ 30 €, version d'essai gratuite disponible
FlashFXP http://www.flashfxp. com/	MS-Windows	Environ 20 €, version d'essai gratuite disponible
CuteFTP http://www.cuteftp. com/	MS-Windows ou Mac OS X	Environ 40 €, version d'essai gratuite disponible
Fetch http://www.fetchsoftworks.com/	Mac OS X	Environ 20 €, version d'essai gratuite disponible
Konqueror http://www.konqueror.org	GNU/Linux	Libre et gratuit
FireFTP (extension Firefox) http://fireftp.mozdev.org/	MS-Windows, Mac OS X, GNU/Linux	Libre et gratuit

Critère 2 : facilité d'ins tallation	Critère 3 : facilité d'utilisation	Critère 4 : puissance
Oui	Oui	Puissant et pratique (glisser-déposer, file d'attente de transfert...)
Oui	Oui	Puissant et pratique
Oui	Oui	Extrêmement puissant
Pour une utilisation en tant que client ne nécessite qu'un navigateur web. Pour une utilisation en tant que serveur nécessite une installation plus poussée et un serveur équipé de PHP.	Oui	Très puissant
Oui	Oui	Pratique
Oui	Bien conçu	Très puissant
Oui	Bien conçu (totalement configurable)	Oui (peut reprendre des téléchargements incomplets, transfert d'un serveur à un autre, etc.)
Oui	Oui	Oui (fonctions habituelles)
Oui	Oui	Pratique (permet le glisser-déposer des fichiers)
Oui	Oui	Pratique (glisser-déposer, fonctionne aussi bien en navigateur qu'en explorateur de fichiers)
Oui	Oui	Pratique et léger

TABLEAU 2–5 **Liste de navigateurs web**

Navigateur	Système d'exploitation	Filiation
Navigateurs graphiques		
Firefox http://www.mozilla-europe.org/fr/	GNU/Linux, MS-Windows et Mac OS X	Gecko
Mozilla SeaMonkey http://www.seamonkey-project.org/	GNU/Linux, MS-Windows et Mac OS X	Gecko
Opera http://www.opera.com	GNU/Linux, MS-Windows et Mac OS X	Presto
Epiphany http://www.gnome.org/projects/epiphany/	GNU/Linux	Gecko
Internet Explorer http://www.microsoft.com/france/windows/products/winfamily/ie/default.mspx/	MS-Windows – (n'est plus mis à jour sous Mac OS X)	
Konqueror http://www.konqueror.org/	GNU/Linux	
Safari http://www.apple.com/fr/safari/	Mac OS X	KHTML
Amaya http://www.w3.org/Amaya/	GNU/Linux, MS-Windows, Mac OS X, Solaris	

Prix	Remarques
Libre et gratuit	Il dispose de fonctionnalités qui séduisent autant les utilisateurs avancés (blocage anti-pop-up, blocage anti-spam) que les développeurs web (débogueur JavaScript) et les débutants (onglets, recherche immédiate dans la page...).
Libre et gratuit	Propose les fonctionnalités de Mozilla Firefox, mais dans une suite intégrée comprenant un client de courrier électronique, un client IRC et un éditeur de pages web.
Gratuit	Courrier électronique, flux RSS, etc., Opera, comme maintenant tous les navigateurs, inclut des fonctions annexes, mais indispensables, dans sa version. Il offre des fonctionnalités intéressantes pour les développeurs ainsi que dans le contexte de l'accessibilité.
Libre et gratuit	Clone de Mozilla pour l'affichage des pages, il gère les onglets et peut gérer un portail de « favoris ». Navigateur par défaut de l'environnement de bureau Gnome.
Gratuit	À partir de la version 7, Internet Explorer n'est téléchargeable que sur des systèmes Windows authentifiés.
Libre et gratuit	Navigateur par défaut du bureau KDE, c'est également un gestionnaire de fichiers.
Libre et gratuit	Safari est le navigateur phare d'Apple pour Mac OS X. Il est rapide et léger.
Libre et gratuit	Développé par le W3C, Amaya est à la fois un navigateur et un éditeur de pages web. L'utilisateur peut à tout moment prendre l'initiative de modifier, copier-coller, mettre à jour, les informations de la page web visualisée et republier immédiatement cette page sur le serveur web (avec la méthode HTTP/PUT), pour peu qu'il ait les droits d'accès nécessaires. L'utilisateur n'a pas besoin d'avoir une bonne connaissance des langages de balisage utilisés. Il peut créer des liens hypertextes par simple clic. Il peut copier-coller entre deux pages une structure complexe (table, liste, liens). Un peu déroutant au début, mais mérite le détour.

TABLEAU 2-5 Liste de navigateurs web (suite)

Navigateur	Système d'exploitation	Filiation
Navigateurs texte		
Links http://links.sourceforge.net/	Unix, OS/2, BeOS, Mac OS X, Win32	
Lynx http://lynx.isc.org/	Unix, VMS, Windows 3.x/9x/ NT, 386 DOS et OS/2 EMX	
w3m http://w3m.sourceforge. net/	GNU/Linux	

Choisir un outil de transfert de fichiers

Que l'on opte pour un site éditorial ou un site HTML, il faut un programme de transfert FTP. Afin de déposer les fichiers sur le serveur, lors de l'installation, puis lors des évolutions du site (changement de mise en page, mise à niveau de Spip, installation de modules...). Le tableau 2-3 qui apparaît un peu plus loin fait la synthèse sur ce sujet.

Des navigateurs pour tester le site

Le navigateur est le logiciel qui permet de visiter les pages web, sur Internet ou en local. La difficulté, lorsqu'on fabrique un site, est de permettre à tous les navigateurs d'obtenir, sinon le même aspect de votre page, au moins quelque chose de similaire et de lisible.

Pour homogénéiser tout cela, il existe une norme, gérée par le W3C (http://www.w3.org/), le consortium chargé de ce travail.

Prix	Remarques
Libre et gratuit	Navigateur à la fois graphique et en mode texte. Il affiche les tables, les cadres, les images (en mode graphique) et supporte le JavaScript.
Libre et gratuit	Navigateur en mode texte rapide. Un peu déroutant pour les habitués des navigateurs graphiques mais idéal pour arriver directement à l'information pertinente sans se laisser distraire par les images et animations diverses. Accessible aux personnes handicapées notamment aux malvoyants. w3m et Links gèrent mieux les tableaux et les cadres (frames).
Libre et gratuit	Navigateur en mode texte dont la dernière version disponible date de 2004. Gère les tables, les cookies, l'authentification, mais pas le JavaScript.

Mais il serait trop facile de suivre les normes scrupuleusement pour que tout soit réglé. En effet, chaque navigateur interprète les commandes HTML, CSS, et autres, un peu à sa manière, et le résultat peut être très différent d'un outil à l'autre. Cela devient vite un casse-tête de tout faire fonctionner.

En tout état de cause, s'il faut impérativement suivre les recommandations du W3C, il sera souvent nécessaire d'adapter, et sans aucun doute d'utiliser plusieurs navigateurs pour ses propres tests. Si, de plus, vous pouvez utiliser plusieurs systèmes, ce sera encore mieux.

> Méfiance **La validation**
>
> Sur son site, le W3C propose des validateurs, entre autres HTML et CSS, ainsi que des explications détaillées pour l'accessibilité. Il est très utile de les utiliser, car ils permettent de déceler les éventuelles erreurs encore présentes dans les pages HTML en fonction de ces normes. Toutefois, cela ne dispense pas les tests personnels, en direct, dans chaque navigateur.
> - Validateur HTML : http://validator.w3.org/
> - Validateur CSS : http://jigsaw.w3.org/css-validator/
> - Vérification des liens : http://validator.w3.org/checklink

En résumé...

Vous voici paré pour choisir vos outils... et pour en changer de temps en temps : rien de pire que l'habitude, surtout quand les évolutions sont de taille en ce domaine. Il faut à présent passer à l'étape du choix de votre hébergeur. C'est ce que nous verrons au chapitre suivant.

Il était une fois un petit Prince
qui habitait une planète à peine
plus grande que lui et
qui avait besoin d'un ami.

Le Petit Prince, A. de Saint Exupéry

Si quelqu'un aime une fleur
qui n'existe qu'à un exemplaire
dans les millions et les millions
d'étoiles, ça suffit pour qu'il
soit heureux quand il les regarde.
Il se dit :
"Ma fleur est là quelque part..."

Le Petit Prince, A. de Saint Exupéry

Nom de domaine et hébergement

Il en est des sites web comme des personnes : ils doivent avoir un nom et une maison.

Qu'est-ce que l'hébergement ?

Un site web ne peut fonctionner correctement que s'il dispose d'une « maison », c'est-à-dire d'un serveur web relié jour et nuit à l'Internet, et d'une URL (voir la définition au chapitre 5, « URL »). Curieusement, sur l'Internet, on peut disposer de l'un sans l'autre ! Un peu comme si, au moment d'acheter une maison, on avait le droit de donner de nouveaux noms à la rue qui y mène...

Conseil **Ah ! L'immobilier...**

L'hébergement sur l'Internet pose, comme dans la réalité, de nombreuses questions et les réponses dépendent des préférences personnelles.

Il n'y a pas de mystère : au prix payé correspondent des prestations techniques, comme le volume hébergé ou transit accepté, et humaines, comme la fiabilité de l'installation ou, plus exactement, la rapidité à réparer les problèmes qui surviennent, quoi qu'il arrive. De plus, la dimension éthique peut (doit ?) également intervenir. Comme pour se loger, il faut trouver la solution adaptée à ses propres besoins et à son propre budget.

Nous verrons dans ce chapitre comment :

- Choisir un nom de domaine pour son site : c'est ce qui est mentionné juste après http:// dans l'URL, et on peut dans une certaine mesure y pourvoir librement. Le nom de domaine devient alors une adresse très personnelle, qu'on ne partage avec personne d'autre.
- Trouver une place sur un serveur, ordinateur relié à l'Internet en permanence, permettant d'y accéder, et y installer les pages et programmes du site web. Ici, on peut opter pour un « appartement » en copropriété, un hébergement mutualisé, où plusieurs utilisateurs ou clients utilisent la même machine. On peut encore opter pour une « maison », serveur dédié, que l'on ne partage avec personne.

Ces deux opérations sont fondamentales à la publication du site web : sans l'une ou l'autre, il serait inaccessible aux visiteurs.

Choisir le nom de domaine

Si l'on choisit d'être hébergé sous le nom de domaine de l'hébergeur, souvent son fournisseur d'accès – Free, Cegetel, Orange... – l'adresse sera de la forme http://monsite.nom_du_fournisseur.ext.

On peut aussi, à peu de frais, déposer son nom de domaine, celui que l'on choisit. Cela permet, d'une part de conserver cette adresse pour la vie (tant que l'on renouvelle l'achat du nom de domaine), quels que soient les changements de fournisseur d'accès, et d'autre part d'obtenir des adresses e-mail@monsite.org à vie.

Or le choix est de plus en plus restreint ; il vous faudra donc à la fois choisir un nom correspondant à votre activité, pas trop compliqué, et encore disponible ! Des milliers de noms de domaine sont déposés quotidiennement. Celui de vos rêves a donc toutes les chances d'avoir déjà été acheté par d'autres, par une personne malintentionnée qui l'a réservé sans raison, éventuellement pour vous le revendre plus cher ensuite (on parle de *cybersquatting*). Dans tous les cas, c'est la règle du « premier arrivé, premier servi » qui s'applique, même s'il existe une procédure de résolution des litiges, valides pour des cas très particuliers... et sur laquelle il ne faut pas trop compter.

Le système de nommage

Un nom de domaine est composé d'un mot – n'importe quoi pourvu qu'il soit composé de caractères autorisés – suivi d'un point et d'une extension, à choisir parmi une liste précise. Par exemple, spip.net. Rappelons qu'au début, les adresses URL étaient composées de chiffres. C'est ensuite, pour rendre le Web plus convivial, qu'on a établi une correspondance entre des noms de domaine écrits avec des chiffres et des lettres et ce code d'accès aux serveurs. Ainsi est né le DNS qui permet d'associer des mots (plus faciles à retenir) à ces numéros. Le système mondial des noms de domaine est donc un annuaire, et il faut passer par un organisme d'enregistrement pour y figurer. Ils sont nombreux : certains existent depuis la naissance de l'Internet, sont d'accès public et leur fonctionnement est normalisé (voir ci-après) ; on les appelle des NIC, pour *Network Information Centers*.

Adresses IP, noms de domaine, DNS

L'**adresse IP** (*Internet Protocol*) identifie un ordinateur tout au long de son exercice sur l'Internet : c'est une série de quatre octets (c'est-à-dire de chiffres de 0 à 255), par exemple, 129.199.129.1. Il y a une adresse IP différente pour chaque ordinateur, connecté à l'Internet ou non.

Le **nom de domaine** est un mot, suivi d'un point, puis d'une extension, auquel correspond une adresse IP. Il doit être uniquement composé à partir des caractères suivants :

- de A à Z ;
- de 0 à 9 ;
- le tiret.

Aucune différence n'est faite entre les lettres majuscules et minuscules et aucun autre caractère n'est admis (accents, apostrophe, etc.). Attention, tout ce qui suit le nom de domaine – dossiers, fichiers, etc. – peut être sensible à la casse, et pour ces données, les majuscules se différencient des minuscules.

Le **DNS** (*Domain Name System* ou système de noms de domaine en français) fait automatiquement la correspondance entre le nom de domaine et l'adresse IP. En quelque sorte, il tient le rôle d'un annuaire téléphonique.

Déposer un nom de domaine, c'est acheter ce nom auprès d'un organisme habilité. Selon ledit organisme, les renseignements à fournir sont plus ou moins nombreux.

Référence Documentations sur le DNS

Introduction en français :

▸ http://www.afnic.fr/guide/introduction

Excellente documentation en anglais :

▸ http://blog.nominet.org.uk/tech/2006/07/14/
  naptr-records/

 Nom de domaine et marque

La marque et le nom de domaine sont deux notions différentes. La marque a un statut juridique bien défini sur le plan national et international contrairement au nom de domaine.

En effet, le Code de la propriété intellectuelle protège le titulaire d'une marque dûment enregistrée auprès de l'Institut National de la Propriété Industrielle (INPI). En cas de conflit, le dépositaire du nom de domaine risque donc de le perdre. Avant de déposer le nom de domaine, il vaut donc mieux s'assurer qu'il ne corresponde pas à une marque existante, même si l'on a toutes les raisons de déposer ce nom de domaine : madame Milka B., couturière exploitant deux établissements à l'enseigne de Milka Couture, avait enregistré pour son entreprise, tout naturellement, le nom de domaine « milka.fr ». L'arrêt de la Cour d'Appel a entériné le jugement précédent du TGI de Nanterre, donnant raison à l'entreprise chocolatière, malgré l'antécédent de la couturière, la justification de son propre nom et de celui de son entreprise, et la différence d'objet de l'entreprise !

- http://www.foruminternet.org/specialistes/veille-juridique/actualites/milka-contre-milka-la-victoire-du-chocolat.html
- http://www.foruminternet.org/specialistes/veille-juridique/jurisprudence/cour-d-appel-de-versailles-12e-chambre-section-1-27-avril-2006.html

Pour effectuer une recherche d'antériorité sur un nom (et identifier s'il est associé à une marque), consultez le site :

- http://www.icimarques.com/

Pour plus d'informations sur les questions relatives aux marques, consultez le site de l'Institut National de la Propriété Industrielle :

- http://www.inpi.fr

Comment réserver son nom de domaine

Choisir le suffixe du nom de domaine

Le système des extensions est assez simple : il s'agit d'une arborescence (voir figure 3-1). Le nom de domaine se lit de droite à gauche en allant du général au particulier. On y trouve les éléments suivants séparés par des points :

- Le niveau le plus haut ou TLD (*Top Level Domain*), l'extension, se trouve à droite (ex. : `.com`, `.fr`, `.net`, `.org`, ou `.name`).
- Un sous-domaine peut parfois se lire à gauche du domaine racine. Par exemple, `eu` dans `eu.org`.

- Le nom particulier que l'on a choisi pour identifier l'objet du site web. Par exemple, `oree` dans **oree.org**.
- On peut avoir un sous-domaine du domaine principal. Par exemple, `annuaire` dans **annuaire.ouvaton.org**.
- Enfin, l'élément le plus à gauche est traditionnellement réservé à un mot identifiant le type de service rendu par le serveur (exemples : `www` pour le serveur web, `smtp` ou `mail` pour le serveur d'envoi de courrier électronique, `pop` pour la réception de courrier électronique, etc.).

L'ensemble peut par exemple donner : **www.monsite.org**.

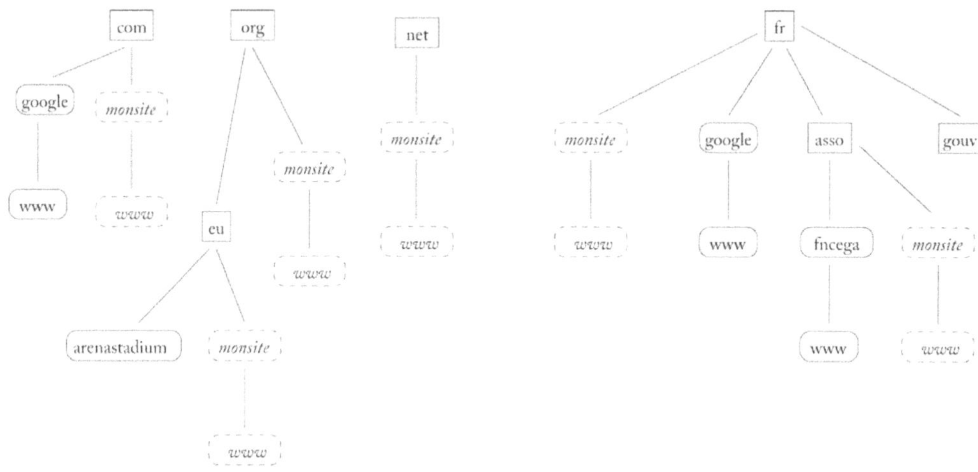

FIGURE 3–1 *Arborescence des noms de domaine. En pointillé, les domaines qui n'existent pas encore. Dans les rectangles, les domaines qui sont ouverts au public pour la création de sous-domaines. Dans les ovales, les domaines privés. La plupart des créations sont payantes...*

Le domaine de plus haut niveau (TLD)

Les TLD sont divisés en deux catégories :

- Les domaines génériques (gTLD ou global TLD) : ce sont des noms de domaine avec des extensions du type `.com`, `.net`, `.org`, `.name`, etc. Leur attribution est sans distinction de nationalité (du moins pour ceux qui sont d'accès public– l'ouverture à l'inscription en `.mil` pour des sites français liés au militaire demeure très théorique !). Certaines extensions sont réservées, au sens où seuls certains organismes qui répondent à des critères précis peuvent y enregistrer des noms, comme

`.mil` réservé à l'armée (américaine), `.edu` réservé aux universités (américaines) ou `.int` réservé aux organismes internationaux.

> ASTUCE **Cultiver son jardin DNS**
>
> Lorsqu'on loue (ou obtient à titre gratuit) un nom de domaine, par exemple **monsite.org**, on peut utiliser ce nom de domaine comme racine d'une arborescence. Autrement dit, on peut gérer tous les sous-domaines de ce domaine. Si vous avez acquis votre nom de famille, **mon_nom_de_famille.name**, vous pourrez le décliner pour toute la famille : **moi.mon_nom_de_famille.name**, **masoeur.mon_nom_de_famille.name**, **monfrere.mon_nom_ de_famille.name**, etc.
>
> Chacun de ces sous-domaines peut être géré indépendamment par l'utilisateur : ma soeur ou mon frère. C'est ce que fait notamment **eu.org** (**http://eu.org/**) : diffuser gratuitement des sous-domaines. Une belle action de mutualisation pour ceux qui n'ont pas les moyens de se payer un nom de domaine !

- Les domaines dépendant des pays (ccTLD ou country-code TLD) : chacun de ces domaines se compose d'un code de pays à deux lettres qui découle de la norme ISO-3166 de l'Organisation internationale de normalisation (exemples : `.fr` pour la France, `.de` pour l'Allemagne ou `.tv` pour Tuvalu, le plus petit état de la planète après le Vatican, dont le nom de domaine est `.va`...). L'attribution d'un domaine dans un ccTLD peut être libre ou réservée ; chaque pays décide des règles d'attribution pour le sien.

> **NIC et base Whois**
>
> NIC est l'abréviation de *Network Information Center*, ou centre d'informations réseau. Il s'agit d'un serveur ou d'un groupe de serveurs qui sert de « préfecture » à une partie de l'Internet. On y trouve notamment la base de données Whois, qui contient tous les noms de domaines d'un TLD avec les informations non techniques (c'est-à-dire hors DNS) à leur sujet (organisme registraire pour ce domaine, coordonnées du propriétaire, du contact technique, du contact de facturation...).
>
> Comme cette base consiste essentiellement en informations nominatives (contrairement au DNS qui contient essentiellement des adresses IP), elle constitue un annuaire des personnes qui gèrent des noms de domaines, d'où son nom. Chaque NIC propose une interface en ligne pour consulter sa base Whois.

Les domaines génériques sont gérés par l'InterNIC. Les domaines géographiques sont gérés par les NIC de chaque pays. Par exemple, l'Afnic (Association française pour le nommage Internet en coopération, et non pas « pour le network information center » – habile !) est le NIC chargé de la gestion du domaine .fr ainsi que du domaine .re pour l'Île de la Réunion (voir figure 3-2).

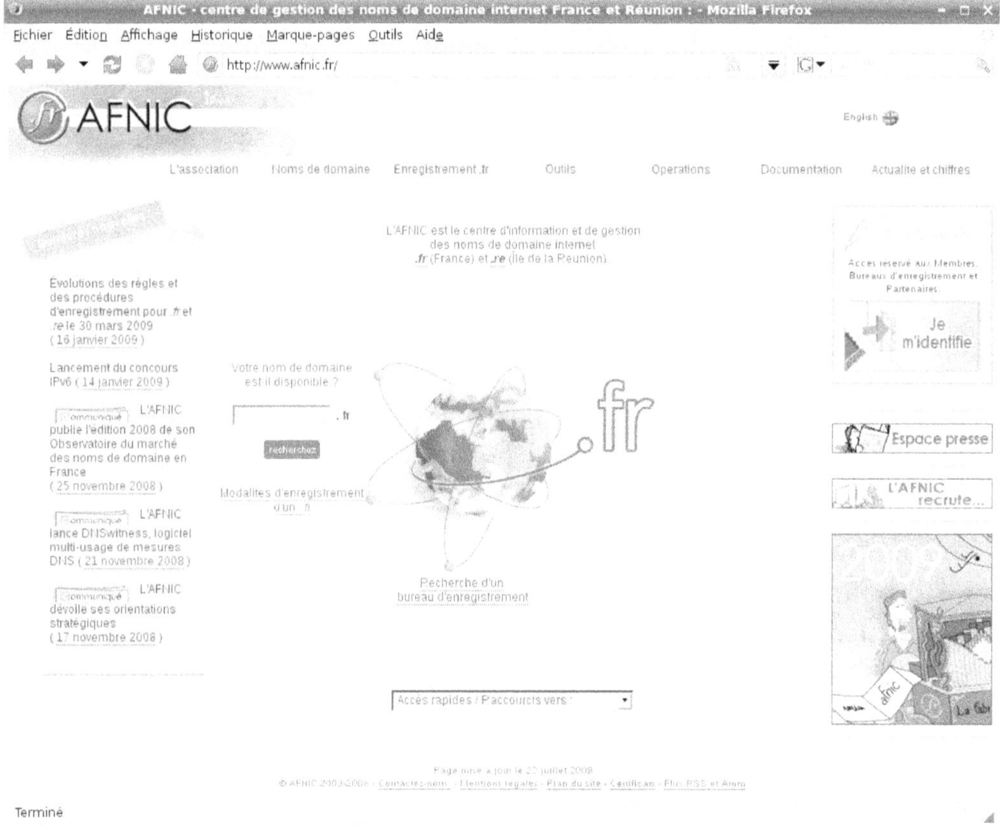

FIGURE 3–2 *L'Afnic a autorité sur la réservation d'un nom de domaine en .fr et certains autres domaines sous-jacents (comme .asso.fr)*

Choisir le suffixe de son nom de domaine

En dehors du cas de l'InterNIC, au sein duquel les registraires sont en concurrence (voir l'encadré « Icann, InterNIC, registraires : diviser pour régner »), quand on choisit l'extension de son domaine, on choisit automatiquement l'organisme qui l'attribue. Les conditions d'attribution ne sont pas toujours équivalentes, bien qu'elles le deviennent de plus en plus.

Conseil **Que préférer ? .org, .net, .com, .info, ou d'autres ?**

De nombreux TLD sont accessibles selon les mêmes conditions, à savoir « premier arrivé, premier servi », et au même prix. À prix équivalent, comment choisir entre `.com`, `.org`, `.net`, `.biz`, `.fr`, `.be`, `.name`, `.info`, `.eu`, `.pro` ? Les TLD ont été, et sont encore, créés dans un but de reconnaissance du type d'organisme associé à un nom de domaine. Ce n'est pas toujours vrai, car si un nom de domaine n'est pas disponible dans le TLD voulu, il est souvent acheté dans un autre TLD, car c'est surtout le nom même qui compte.

- D'abord et avant tout, c'est de l'image que l'on va donner qu'il faut se préoccuper : `.org` évoque l'organisme, l'association, `.net` signifie réseau et `.info` l'information. `.com` est commercial, doublé, vu son succès, par `.biz`, comme « bizness ». `.fr` pour la France, `.be` pour la Belgique, et l'on procède de la même manière pour tout autre pays. `.eu` est attribué à l'Europe et enfin, `.name` pour le nom de famille.
- Si votre premier choix a déjà été acheté par un autre, vous pouvez acheter le nom sous un TLD différent ; il est alors préférable de faire attention à ce qu'il n'y ait pas d'incompatibilité. Une personne pourra sans problème inscrire son nom sous `.name`, `.org`, `.net`, `.fr` ou `.be`, selon son pays, `.eu` pour être plus européen, mais évitera, si possible, le `.com`, caractéristique du commercial ou `.pro`, pour les professionnels. Il y a fort à parier que le `.info` sera libre : il est tellement peu sollicité que Afilias, qui s'en charge, a prolongé la baisse du prix de ses domaines pour la première ou les trois premières années d'enregistrement !

Le tableau 3-1 montre quels sont les différents suffixes envisageables pour la majorité des particuliers, entreprises ou associations – suffixe qui peut être un TLD ou un sous-domaine. Ce tableau ne recense que les suffixes bloqués nationalement et n'empêche nullement de demander un hébergement dans un sous-domaine : si, par exemple, une association fait partie d'une Union des associations familiales et souhaite faire enregistrer son site en `.fr`, le domaine de la Fédération des Unions des associations familiales propose un enregistrement en `.unaf.fr`, qui a le mérite de montrer immédiatement la filiation, ce que ne ferait pas `.asso.fr`. La demande, dans ce cas, ne se fait pas au même endroit.

Les significations de la plupart de ces domaines sont théoriques et indicatives car, dans la pratique, n'importe qui peut réserver n'importe quel domaine, sauf cas précisés dans ce tableau.

Tableau 3–1 **Tableau réunissant quelques-uns des différents suffixes de nom de domaine**

Extensions	Définition	Ouvert
TLD		
`.arpa, .edu, .gov, .int, .mil`	`.arpa` est réservé, les autres sont des organismes réglementés (éducation, gouverment, international, militaires).	Réglementés
`.biz`	Affaires	À tous
`.com`	Commercial, organismes à but lucratif	À tous
`.info`	Très vague : tout site comportant de l'information ou des informations	À tous
`.org`	Organisations à but non lucratif	À tous
`.name`	Nom de famille	À tous, avec charte de nommage
`.net`	Réseau	À tous
`.eu`	Europe	À toute personne basée dans l'Union européenne

Organisme gestionnaire	Modalités	Coût annuel
NeuStar, Inc : http://www.neustarregistry.biz/ (enregistrement accessible via tout registraire Internic)	Ouvert à tous sur Gandi.net (par exemple)	<15 € TTC (Gandi)
Internic : http://www.internic.net/ (enregistrement accessible via tout registraire Internic)	Ouvert à tous sur Gandi.net (par exemple)	<15 € TTC (Gandi)
Afilias LTD : http://afilias.info/ (enregistrement accessible via tout registraire Internic)	Ouvert à tous sur Gandi.net (par exemple)	8 € TTC (Gandi)
PIR (*Public Interest Registry*) : http://www.pir.org/ (enregistrement accessible via tout registraire Internic)	Ouvert à tous sur Gandi.net (par exemple)	<15 € TTC (Gandi)
Global Name Registry, LTD : http://www.nic.name/ Enregistrement accessible via certains registraires Internic (dont Gandi)	Ouvert à tous sur Gandi.net (par exemple)	<15 € TTC (Gandi)
Internic (enregistrement accessible via tout registraire Internic)	Ouvert à tous sur Gandi.net (par exemple)	<15 € TTC (Gandi)
Eurid http://www.eurid.eu/fr/	Ouvert à tous sur Gandi.net (par exemple)	<15 € TTC (Gandi)

Tableau 3–1 **Tableau réunissant quelques un des différents suffixes de nom de domaine (suite)**

Extensions	Définition	Ouvert
`.fr`, `.be`, etc.	France, Belgique, etc.	Dépend du pays
`.pro`	Professionnels	Comptables, juristes, médecins ou paramédicaux, ingénieurs (personnes morales identifiables en ligne)
`.museum`	Musées	Sponsorisé. Aux musées répondant à la définition de l'*International Council of Museums* (ICOM) : notamment, un musée fondé par une association ou par un organisme non lucratif.
`.coop`	Coopératives	Sponsorisé. Réservé aux groupements juridiquement établis sous forme de coopérative.
Sous-domaines		
`.asso.fr`	Les associations françaises	Organismes établis en France

Organisme gestionnaire	Modalités	Coût annuel
Selon pays, voir la liste http://www.iana.org/root-whois/ Registry Services Corporation http://www.registrypro.pro/	Ouvert à tous sur Gandi.net (par exemple)	<15 € TTC (Gandi)
Museum Domain Management Association (MuseDoma) http://musedoma.museum/ et http://about.museum/	Souscrire à la charte `.museum` Exposer quel est l'objet du site web	100 $ de frais d'adhésion à l'association et de prise en compte du dossier d'éligibilité, puis 100 $ par an pour le nom de domaine à proprement parler.
DotCooperation LLC http://www.nic.coop/	En France : http://www.europe.domains.coop/	99 €
Afnic http://www.nic.fr/	Création conforme à la « Charte de nommage de l'Afnic ». Passer par un prestataire agréé par l'Afnic. Fournir un extrait de publication au JO (associations).	40 € HT (frais du prestataire intermédiaire en sus) Délais : 24 h (délais du prestataire intermédiaire en sus)

TABLEAU 3–1 **Tableau réunissant quelques un des différents suffixes de nom de domaine (fin)**

Extensions	Définition	Ouvert
`.dyndns.org`	Prévu pour les ordinateurs ne disposant pas d'une adresse IP fixe (idéal pour l'hébergement chez soi)	À tous
`.eu.org`	Sous-domaines destinés aux petits sites ou à ceux qui ne pourraient pas payer un nom de domaine.	Ne pas avoir de but lucratif
Domaines des hébergeurs : `.1901.org`, `.apinc.org`, `.associatif.org`, `.fdn.fr`, `.fdn.org`, `.lautre.net`, etc.	Clients des hébergeurs associatifs correspondants	Selon hébergeur

Le sous-domaine

La présence d'un sous-domaine est parfois nécessaire, c'est toujours une identification supplémentaire. Certains sous-domaines sont réservés à un secteur particulier comme :

- **.gouv.fr**, pour les sites de l'administration française ;
- **.asso.fr**, pour les associations françaises loi 1901, déclarées au Journal officiel.

À côté de ces sous-domaines officiels, il existe de nombreux sous-domaines, vendus par des particuliers ou des associations :

- Le domaine **.1901.org** est géré par Globenet.org, l'un des pionniers de l'Internet associatif en France. L'ouverture d'un sous-domaine fait souvent partie des prestations lors de l'achat d'un hébergement chez un prestataire. Il est comparable à la possibilité offerte par les fournisseurs d'accès, d'installer un site, un blog gratuitement si vous utilisez leurs

Organisme gestionnaire	Modalités	Coût annuel
http://www.dyndns.org/	Immédiat (formulaire en ligne)	Gratuit (mais on peut faire un don) Délai rapide
eu.org http://www.eu.org/	Le serveur DNS doit être configuré à l'avance (difficile et très technique).	Gratuit Délai long : 2 mois
Association détentrice du domaine	Être hébergé par l'hébergeur détenteur du domaine	Gratuit pour la plupart

services. Mais dans ce cas, il n'y aura pas de publicité et vous ferez véritablement partie d'une communauté reconnaissable.

- Le domaine gratuit .dyndns.org, bien qu'initialement prévu pour les ordinateurs ne disposant pas d'une adresse IP fixe, convient parfaitement pour un hébergement « conventionnel » (c'est le système qu'utilisent les auteurs, avec un hébergement dédié). Pour l'internaute que ce type de sous-domaine « bizarre » ne dérange pas, c'est une solution possible.
- Le domaine .eu.org n'est pas lié à une offre d'hébergement, il est gratuit. Il est réservé aux personnes ou associations qui disposent de peu de moyens financiers ou qui adhèrent à l'initiative des fondateurs de eu.org. Il fut créé alors que les prix des domaines étaient excessifs, et n'a plus vraiment de raison de perdurer, maintenant que le coût annuel peut être inférieur à 15 €, voire 8 € pour un .info.

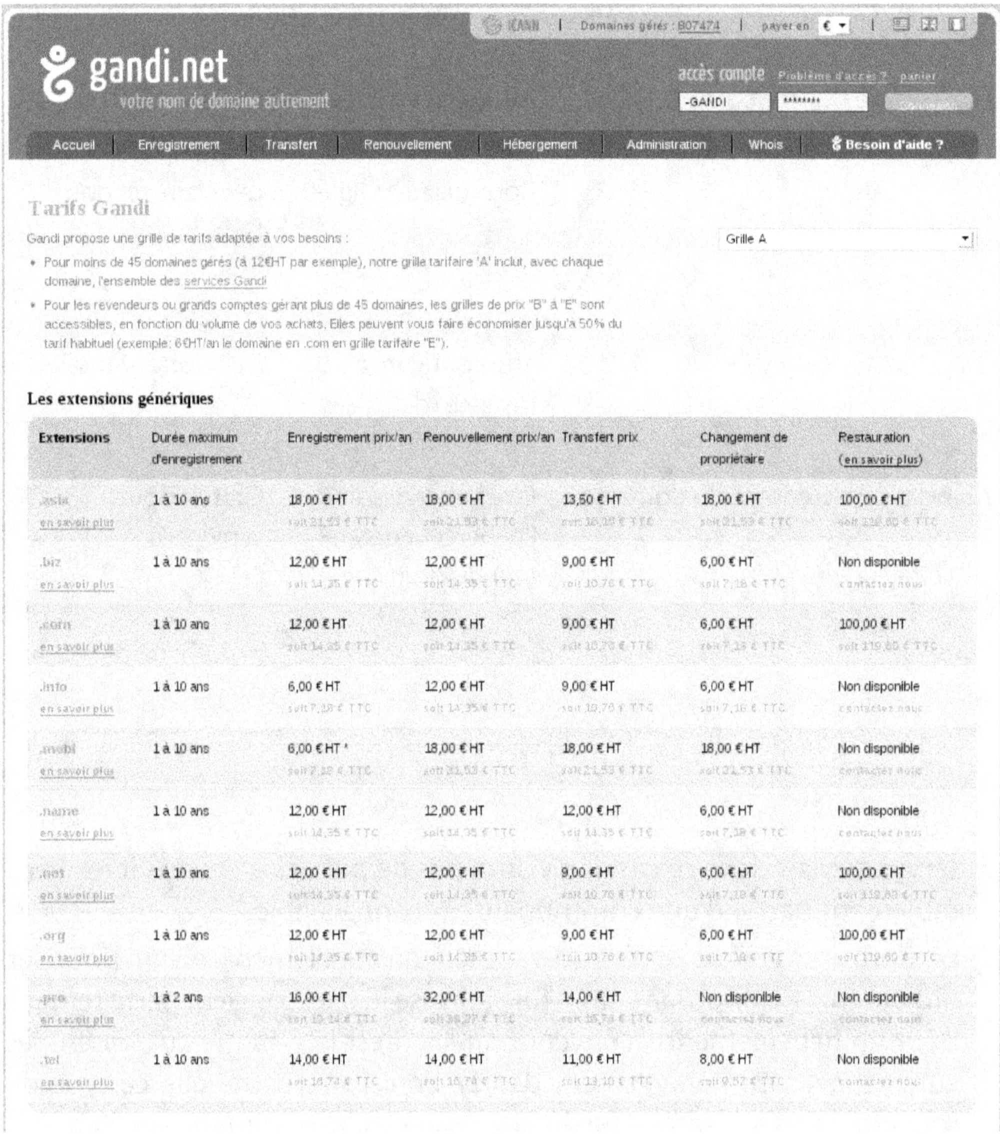

Tarifs Gandi

Gandi propose une grille de tarifs adaptée à vos besoins :

- Pour moins de 45 domaines gérés (à 12€HT par exemple), notre grille tarifaire 'A' inclut, avec chaque domaine, l'ensemble des services Gandi
- Pour les revendeurs ou grands comptes gérant plus de 45 domaines, les grilles de prix "B" à "E" sont accessibles, en fonction du volume de vos achats. Elles peuvent vous faire économiser jusqu'à 50% du tarif habituel (exemple: 6€HT/an le domaine en .com en grille tarifaire "E").

Les extensions génériques

Extensions	Durée maximum d'enregistrement	Enregistrement prix/an	Renouvellement prix/an	Transfert prix	Changement de propriétaire	Restauration (en savoir plus)
.asia	1 à 10 ans	18,00 € HT	18,00 € HT	13,50 € HT	18,00 € HT	100,00 € HT
.biz	1 à 10 ans	12,00 € HT	12,00 € HT	9,00 € HT	6,00 € HT	Non disponible
.com	1 à 10 ans	12,00 € HT	12,00 € HT	9,00 € HT	6,00 € HT	100,00 € HT
.info	1 à 10 ans	6,00 € HT	12,00 € HT	9,00 € HT	6,00 € HT	Non disponible
.mobi	1 à 10 ans	6,00 € HT *	18,00 € HT	18,00 € HT	18,00 € HT	Non disponible
.name	1 à 10 ans	12,00 € HT	12,00 € HT	12,00 € HT	6,00 € HT	Non disponible
.net	1 à 10 ans	12,00 € HT	12,00 € HT	9,00 € HT	6,00 € HT	100,00 € HT
.org	1 à 10 ans	12,00 € HT	12,00 € HT	9,00 € HT	6,00 € HT	100,00 € HT
.pro	1 à 2 ans	16,00 € HT	32,00 € HT	14,00 € HT	Non disponible	Non disponible
.tel	1 à 10 ans	14,00 € HT	14,00 € HT	11,00 € HT	8,00 € HT	Non disponible

FIGURE 3-3 *Gandi.net a été le premier à faire une politique de prix minimum dans un esprit associatif libre. Il n'a cessé d'être en pointe sur ce thème.*

Choisir le nom particulier

C'est la partie du nom que l'on choisit librement. Voici comment composer son nom de domaine particulier :

- Il doit comprendre entre 2 et 63 caractères, mais il est inutile d'espérer trouver un nom de moins de 4 lettres encore disponible, en particulier dans les TLD historiques : `.com`, `.net`, `.org`.
- Il doit être uniquement composé à partir des caractères suivants : A à Z, de 0 à 9 et le tiret.
- Le point n'est pas autorisé, puisqu'il est réservé à la séparation entre les noms de domaine et leurs sous-domaines. Le nom **mon.site.org** est en réalité la réservation, sous le domaine `.org`, du domaine `site.org`, puis de son sous-domaine `mon`. Chacun de ces trois domaines n'appartenant pas obligatoirement au même propriétaire.
- Aucune différence n'est faite entre les lettres majuscules et minuscules à ce niveau.
- Tous les autres symboles sont interdits (accents, points, apostrophes, espaces, lettres accentuées, etc.).

En pratique, on conseille un nom bref et intuitif, mais c'est de plus en plus difficile à réaliser. Un visiteur ne connaissant que l'objet du site ou, au contraire, que le nom de domaine, doit pouvoir trouver d'instinct, dans le premier cas le nom de domaine, dans le second, ce à quoi il se rapporte. Par exemple, bien que long, `labatailledulogiciellibre.info` est logiquement, le nom de domaine du livre éponyme...

Enregistrer son site en .org

L'exemple du `.org` est ici retenu parce que c'est le domaine le plus demandé par les associations.

Choisir son registraire

L'InterNIC ne gère pas à lui tout seul le système de nommage des sites Internet. Il accrédite des sociétés privées, appelées registraires, pour enregistrer les noms de domaine comme Gandi.net, Network Solutions.com... Une liste complète des registraires est disponible sur le site de l'InterNIC à l'adresse suivante : http://www.internic.net/regist.html. Chacun est libre de choisir l'organisme d'enregistrement qui lui convient, mais nous recommandons Gandi (http://www.gandi.net/) pour de multiples raisons :

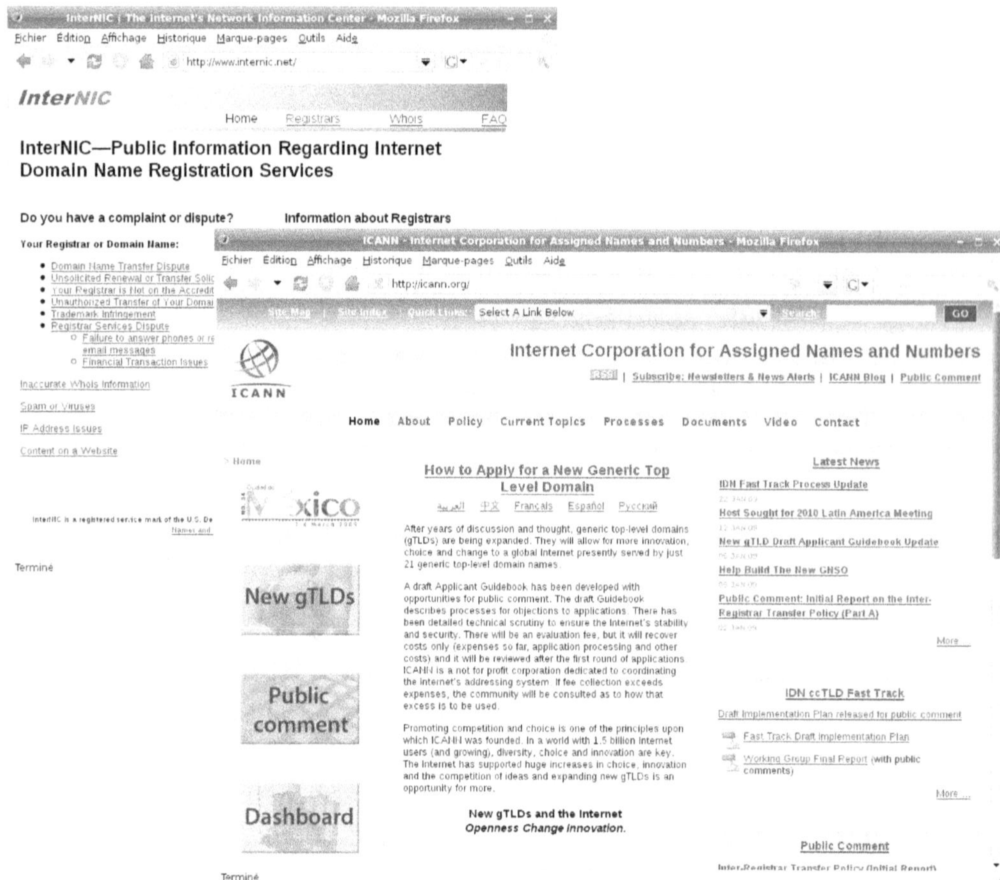

Figure 3-4 *Les sites web de l'InterNIC et de l'Icann donnent toutes les informations sur le système des noms de domaine.*

- Le coût d'enregistrement est le plus bas du marché.
- Le nom de domaine enregistré par le client est sa propriété. Gandi est un simple intermédiaire technique agissant au nom du client. C'est loin d'être le cas de tous.
- Toute la procédure d'enregistrement est complètement automatisée, ce qui signifie des délais très courts (au maximum 24 heures ; dans la pratique, souvent dans l'heure qui suit). Le site web est clair, accessible et sans fioritures : un modèle du genre !

Icann, InterNIC, registraires : diviser pour régner

L'InterNIC est le NIC chargé des gTLD. C'est une tâche titanesque : il y a plusieurs millions de domaines enregistrés directement sous les gTLD ! Depuis 1998, il existe donc une multitude de sociétés qui proposent l'enregistrement en `.com`, `.net`, `.org`, `.info`, etc. On les appelle des « registrars » ou « registraires ». L'InterNIC désigne aujourd'hui la fédération de tous les registraires et la base de données DNS qu'ils gèrent en commun.

Cette activité, du fait du nombre considérable de ses clients (toute la Terre, potentiellement), de l'immatérialité du bien vendu et de la location à vie, attirent une faune de spéculateurs : vendeurs de noms de domaine aux tarifs prohibitifs, cybersquatters qui achètent des domaines pour les revendre... Afin d'y mettre de l'ordre, l'ICANN (*Internet Centrality for Assigned Names and Numbers* – voir figure 3-4) conserve la gérance de l'InterNIC et y édicte notamment la procédure de résolution des conflits. Cet organisme, qui d'ordinaire s'occupe de normaliser et d'identifier toutes les informations relatives au fonctionnement de l'Internet (adresses IP, noms et numéros de protocoles, etc.), acquiert ainsi une envergure politique qui attise à son tour la convoitise des gouvernements, notamment américain.

- Toutes les modifications relatives au domaine (serveurs de noms, contacts des responsables, etc.) peuvent être faites en ligne, de manière sécurisée (par l'utilisation d'une connexion chiffrée), par les contacts, à tout moment. Les modifications sont appliquées automatiquement et sans traitement humain ultérieur.
- Gandi n'est qu'un bureau d'enregistrement et n'a pas d'activités d'hébergeur : chacun est libre de choisir l'hébergeur de son choix (pas de vente liée ou forcée – à nouveau, c'est l'exception plutôt que la règle).
- Gandi est techniquement et financièrement complètement indépendant de toute autre structure. Il est géré par des membres du milieu associatif, éminents défenseurs des libertés sur l'Internet. L'ensemble du service est réalisé avec des logiciels libres (y compris la base DNS/Whois, sous MySQL).
- Un blog gratuit, géré sous le logiciel libre DotClear, est disponible avec votre nom de domaine. Vous pouvez y accéder par le sous-domaine `blog`, son adresse sera donc **blog.monsite.org**.

> Référence **Manifeste de la gratuité**
>
> Pour plus d'informations sur Gandi, nous vous invitons à lire *Les Confessions d'un voleur* de Laurent Chemla, un des créateurs de Gandi.net :
>
> ▸ http://www.confessions-voleur.net/

Choisir les différents contacts

Sur le site web d'enregistrement, la personne qui s'occupe de l'inscription devra saisir les références de trois contacts. Un même individu peut remplir ces trois fonctions :

- Le contact administratif (*administrative contact*) : personne chargée de répondre aux questions légales au sujet du domaine (notamment en cas de litige sur l'attribution).
- Le contact financier (*billing contact*) : la personne qui reçoit les factures d'enregistrement et de renouvellement, ainsi que les courriels de rappel de renouvellement avant la date d'échéance.
- Le contact technique (*technical contact*) : personne ou organisme chargé de prendre les décisions techniques au sujet du domaine (qui contacter en cas de panne du serveur DNS, par exemple).

Attention **Le registraire ou l'intermédiaire fournit-il ses contacts ?**

Si l'on emploie un intermédiaire autre que Gandi pour enregistrer son nom de domaine, vérifier que l'on reste bien contact administratif et que les autres contacts sont des proches. On peut le faire avant de signer le chèque, en interrogeant la base Whois à propos d'un domaine d'un autre client du même prestataire (**http://www.gandi.net/whois/**). En effet, certains bureaux d'enregistrement peu scrupuleux se proposent comme propriétaire ou comme contact, ou bien ne précisent pas que vous serez le contact de votre nom de domaine, ce qui peut compliquer les démarches et rendre l'utilisateur techniquement dépendant du bureau d'enregistrement en question.

Déposer son nom de domaine sur Gandi.net

Les choix administratifs sont tranchés ? Parfait ! Il ne reste plus qu'à faire savoir au monde entier que **monsite.org**, c'est vous.

1 Choix du domaine à déposer : sur la page d'accueil, vous pouvez vérifier la disponibilité de votre nom de domaine, phase préparatoire à l'achat. Il faut choisir un nom de domaine et une ou plusieurs extensions. Vous pouvez proposer jusqu'à 50 noms de domaines, afin de voir rapidement les possibilités (voir figure 3-5).

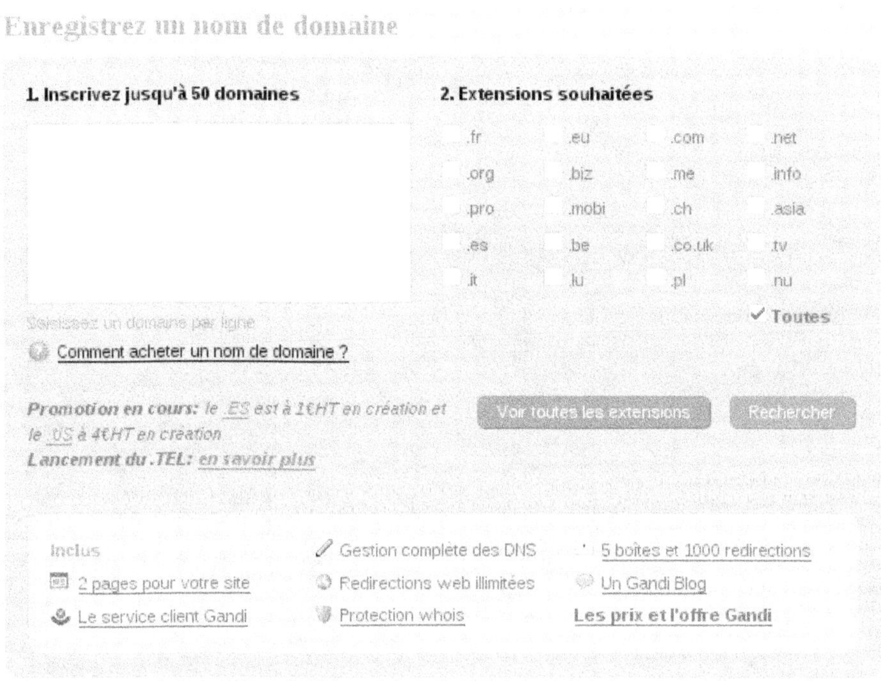

Enregistrez un nom de domaine

FIGURE 3-5 *Choix du domaine.*

2 Identification du propriétaire du nom de domaine : une fois le nom de domaine validé, préciser les coordonnées du contact administratif et un mot de passe de 8 lettres au minimum, à conserver soigneusement (figure 3-6).

3 Vérification des coordonnées et transmission par le registraire d'un identifiant à conserver précieusement, car c'est lui qui permettra tout changement chez Gandi.net ; notamment le renouvellement du domaine à son échéance ! C'est le *NIC-handle*.

Identifiez-vous

- Vous avez commandé un domaine en .FR, le contact propriétaire doit fournir une adresse valide en France ainsi que
  - ses date, lieu et département de naissance dans le cas d'un particulier
  - un Siren ou un numéro de marque (INPI ou OMPI) dans le cas d'une personne morale.
  - un numéro d'inscription au Journal Officiel ou un Siren pour une association

Créez un contact en remplissant le formulaire ci-dessous

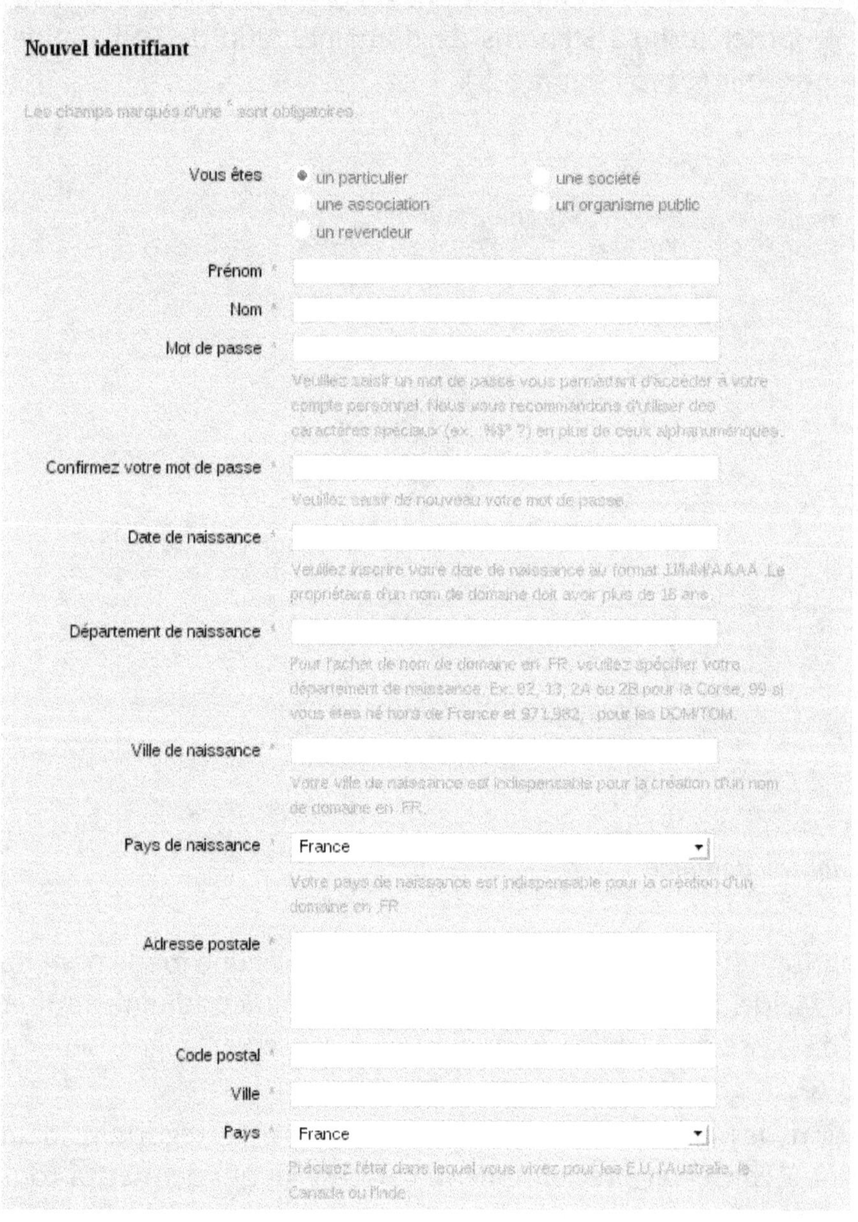

FIGURE 3-6 *Soumission des coordonnées.*

Le NIC-Handle

Lors de l'inscription du nom de domaine auprès d'un registraire, celui-ci doit vous attribuer un NIC-handle, certains le font automatiquement, d'autres vous demandent les renseignements pour vous l'attribuer : ce n'est rien d'autre qu'un nom de login qui permet d'accéder à ses domaines sur Gandi. Il est naturellement protégé par un mot de passe.

Un NIC-handle par personne suffit – s'en faire attribuer plusieurs provoquera une grande confusion. À chaque connexion chez Gandi.net, que ce soit pour changer d'hébergeur, pour accréditer un collaborateur comme contact technique, pour changer vos informations personnelles, ou pour toute autre raison, vous devrez montrer patte blanche, grâce à ce login (NIC-handle) et son mot de passe.

> PERSPECTIVES **Pourquoi ne saisit-on qu'un seul contact ?**
>
> Il s'agit de la procédure « simple » de Gandi, qui note ce contact comme propriétaire du nom de domaine, puis indique pour chacun des trois contacts le même. Cela permet de s'inscrire très vite, sans complications ni interminables formulaires à remplir. Une fois le nom enregistré, autrement dit, une fois le paiement acquis, on pourra revenir sur le formulaire complet, grâce au menu *Administration* et valider si nécessaire des contacts différents pour les objets différents. Chaque contact doit avoir son propre NIC-handle chez Gandi.net, auquel sera associé son propre mot de passe. On pourra changer de contact, donc de NIC-handle, autant qu'on le veut, pour chacun des trois postes de chacun des noms de domaine.

4 Présentation du contrat de Gandi : le lire attentivement avant de passer à l'étape suivante. Le paiement tient lieu d'acceptation du contrat.

5 Présentation de la facture : il vous faut à ce moment vérifier la validité des intitulés (notamment les coordonnées du propriétaire) et des montants (notamment TVA ou exonération éventuelle). Il ne sera pas possible au registraire de modifier la facture après paiement.

6 Paiement : on peut soit payer immédiatement par carte bancaire *via* le serveur sécurisé de la banque de Gandi.net, soit envoyer un chèque à l'adresse communiquée. Dans le cas d'un paiement par chèque, l'inscription n'est évidemment effective qu'à la réception du chèque par Gandi (prévoir par conséquent les délais nécessaires en sus).

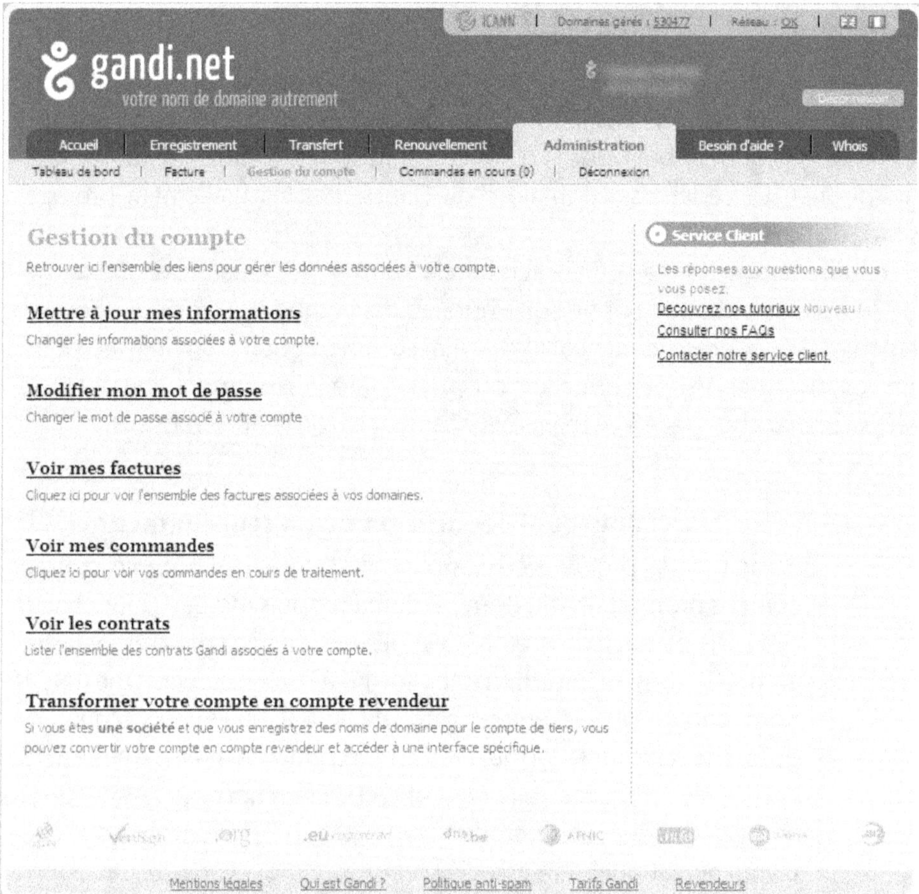

FIGURE 3–7 *On peut à tout moment accéder à la gestion de son compte via le menu Administration>Compte.*

PERSPECTIVES **Renouveler un nom de domaine**

On y procède de la même façon que lors de l'inscription en quelques étapes : choix du ou des domaines à renouveler et nombre d'années, confirmation, présentation du contrat, présentation de la facture, paiement. On doit réutiliser les mêmes NIC-handle et mot de passe que la première fois.

Afin de contrer les cybersquatteurs, Gandi envoie un courrier électronique d'avertissement quelques semaines avant l'échéance des noms de domaine loués chez eux. D'où l'importance de renseigner, et de mettre à jour ses informations personnelles (courrier électronique et numéro de téléphone) ! Faute de quoi, le domaine échu pourrait être racheté par n'importe qui ensuite.

			Date	Type	
	🔒	A T F	20.07.2007	DNS Externe	☐
	🔒	A T F	06.02.2007	Page par défaut Redirection	☑
	🔒	A T F	26.10.2007	Redirection	☐
	🔒	A T F	20.07.2009	DNS Externe	☐
	🔒	A T F	09.02.2008	DNS Externe	☐
	🔒	A T F	26.10.2007	Redirection	☐
	🔒	A T F	26.10.2007	Redirection	☐
	🔒	A T F	20.07.2009	Page par défaut Redirection	☐
	🔒	A T F	15.02.2007	DNS Perso	☑
	🔒	A T F	09.02.2007	DNS Externe	☑
	🔒	A T F	07.10.2007	DNS Externe	☐
	🔒	A T F	27.01.2007	DNS Externe	☑
	🔒	A T F	10.11.2007	Page par défaut Redirection	☐
	🔒	A T F	10.11.2007	Page par défaut Redirection	☐

FIGURE 3-8 *Le renouvellement des noms de domaine peut se faire de manière groupée, simplement en cochant les cases des domaines.*

Choisir un hébergeur

Héberger son domaine, c'est littéralement trouver une maison, sous la forme d'un ordinateur connecté à l'Internet en permanence et qui « servira » les pages web, voire les courriers électroniques, etc. En fonction de la taille du site et de son budget, on peut effectuer son choix entre plusieurs types d'hébergement – exactement comme quand il s'agit de louer ou d'acheter son appartement ou sa maison.

La contrainte « en état de marche 24 h/24 » exclut une gestion individuelle de l'hébergement, d'où la solution fréquente consistant à employer plutôt un ordinateur situé dans une « ferme », une grande salle des machines qui en comporte souvent des centaines, sise dans un lieu protégé des trop grandes différences de température (qui n'a nul besoin d'être tout près puisque l'Internet est mondial).

Serveur web

Il s'agit d'un programme qui distribue des pages web aux internautes visitant votre site, en fonction de leurs demandes, autrement dit de leurs clics. Par extension, on appelle aussi « serveur web » l'ordinateur qui fait tourner ce programme (voir aussi les chapitres 1 et 2 sur la définition de serveur web).

Le plus connu, le plus répandu et le plus fiable des (logiciels) serveurs web est Apache (http://www.apache.org/). C'est un logiciel libre qui équipe la majorité des serveurs, grâce à ses performances et sa fiabilité. Il peut accueillir des centaines d'extensions (*plug-ins*) tels que des langages de programmation, des systèmes d'analyse de fréquentation, etc.

ATTENTION **Nom de domaine et hébergement : éviter la confusion**

La plupart des hébergeurs proposeront de s'occuper des questions de DNS à votre place. Cette offre, qui peut paraître alléchante, est souvent bon marché, quand ce n'est pas un cadeau, mais ce n'est pas forcément une bonne chose. Techniquement, les différents services que sont l'attribution du nom de domaine, les serveurs DNS, le serveur web, le serveur de courrier électronique (et plus tard peut-être d'autres serveurs) peuvent être réalisés sur des ordinateurs différents, voire par des prestataires différents et concurrents.

Si un prestataire propose une offre complète pour ces différents services, c'est pour faciliter la vie de ses clients, mais pas seulement. Ce peut être une manière de rendre le client captif. Relire les petites lettres du contrat : les extensions au-delà du pack de base (certes abordable) ne sont-elles pas hors de prix, beaucoup plus chères que l'offre « en pièces détachées » qui laisserait le choix des prestataires pour chaque service ? Penser à la future croissance du site, et faire en sorte que vous ne soyez pas l'objet d'une relation possessive avec un unique fournisseur Internet, à moins d'avoir confiance en lui (parce que c'est un hébergeur associatif) ou encore si le rapport qualité-prix de l'offre « tout-en-un » est le seul à être abordable. Toutefois, si vous achetez votre propre nom de domaine, assurez-vous toujours que vous restez le seul et unique propriétaire, afin d'être libre de changer de prestataire tout en gardant le nom sous lequel tout le monde vous connaît.

Typologie des hébergements

Voici les types d'hébergement que l'on trouve le plus fréquemment aujourd'hui : ils sont classés du plus modeste au plus ambitieux. Le tableau 3-2 donne une vision d'ensemble de leurs avantages respectifs.

« Mon site est chez un copain »

Un ami, connaissant bien les arcanes de l'Internet, dispose déjà d'un hébergement et vous en fait profiter. Dans ce cas, lui-même se trouve dans l'une des situations ci-dessous (le plus simple est de le lui demander).

Chez un fournisseur d'accès à Internet

Vous disposez déjà d'un ou plusieurs comptes chez un fournisseur d'accès Internet. Celui-ci met le plus souvent à votre disposition un espace pour héberger vos pages web. Cette solution a de nombreux avantages :

- un coût nul en général (voir tableau 3-2 pour quelques comparatifs) ;
- un accès simple, documenté, conçu pour des non-techniciens ;
- des services supplémentaires déjà tout prêts : courrier électronique, langage PHP pour programmer le site web, base de données MySQL, etc.

ATTENTION **La gratuité n'est pas tout**

Les hébergements gratuits sont légion sur le Web ; presque tous les fournisseurs d'accès proposent de telles offres. L'espace d'hébergement alloué est souvent important et de nombreux outils sont fournis. Mais ils présentent des inconvénients. Tout d'abord, l'adresse de votre site n'est pas stable car soumise au changement de fournisseur d'accès. Ensuite, la médaille présente souvent un revers inacceptable pour un site soucieux de son image de marque : la publicité (sous forme de pop-ups ou de bannières publicitaires) qui peut être omniprésente, la lenteur de chargement des pages (parfois telle que l'on fait l'expérience d'expirations de délais, ce qui donne l'impression que le site ne fonctionne pas…) et les problèmes techniques récurrents.

Mais elle comporte aussi quelques inconvénients :

- Difficile de posséder un nom de domaine en propre : celui-ci est probablement lié à celui du fournisseur, par exemple, monsite.free.fr.

- Le niveau de service peut être aléatoire, vu que le fournisseur va avoir tendance à considérer que ces sites ne sont pas rémunérateurs car c'est d'abord de la fourniture d'accès qu'il vit, et non pas de la fourniture gratuite d'espaces web.

Hébergement mutualisé

Un peu comme pour louer un seul appartement dans une copropriété, on passe un contrat auprès d'un hébergeur qui dispose de ses propres ordinateurs et revend l'espace et la bande passante à plusieurs clients. On peut sans problème héberger un domaine qu'on détient par ailleurs sur ce type d'accès. Il suffit d'indiquer dans la gestion du nom de domaine, chez Gandi.net par exemple, les adresses DNS de l'hébergeur, d'une part, et le nom de domaine chez l'hébergeur d'autre part, pour que l'accès à votre nom de domaine débouche sur les pages créées chez votre hébergeur. Le fait que sur le même ordinateur seront hébergés de nombreux noms de domaine sera transparent pour tout le monde : pour vous, qui aurez accès à un tableau de bord pour gérer votre domaine et tous ses paramètres, et pour les visiteurs de votre site.

Certains hébergeurs mutualistes sont de plus constitués en association, régie par la loi de juillet 1901, ou en coopérative et proposent donc des tarifs correspondant au plus près à la qualité technique de leurs serveurs et de leur connexion à l'Internet (que l'hébergeur paye, bien sûr). Si le site web d'un hébergeur associatif ne parle pas d'une fonction technique non mentionnée sur la description (les listes de diffusion, par exemple) ou d'un volume dont vous avez absolument besoin, il y a fort à parier que toute solution est envisageable, et qu'il faut donc leur exposer, dans un e-mail, vos demandes.

Hébergement mutualisé avec accès shell

Vous disposez d'un service technique supplémentaire : un compte shell, c'est-à-dire la possibilité d'intervenir à distance directement dans le système d'exploitation de l'ordinateur. La différence avec le cas précédent, c'est l'autonomie technique : en cas de « ce serait bien si... » pressant, plutôt que de payer plus cher ou d'attendre un consensus mou du collectif des colocataires, on peut passer à l'acte soi-même et installer les logiciels qui manquent.

Il existe aujourd'hui des offres d'hébergement de type mutualisé avec accès shell, où les ressources matérielles d'une même machine sont partagées, mais où chacun des hébergés dispose de son propre système par le biais de la virtualisation. Ces offres sont quasiment identiques à un hébergement dédié, mais moins coûteuses car les ressources matérielles sont partagées. C'est à la fois un avantage et un inconvénient :

- Un avantage car vous êtes libre d'installer le site qui vous convient, ainsi que des services supplémentaires (par exemple, un gestionnaire de listes de diffusion).
- Un inconvénient si vous n'avez pas les compétences techniques requises (voir le tableau 3-2) : il faut savoir un peu « bidouiller » pour tirer parti d'un tel type d'hébergement.

Gandi (dont nous avons parlé un peu plus tôt pour la réservation de nom de domaine) propose par exemple une offre de ce type, d'autant plus intéressante qu'elle est modulable en fonction des besoins estimés du serveur (voir http://www.gandi.net/hebergement/).

TECHNIQUE **Virtualisation**

La virtualisation consiste à faire fonctionner sur un même ordinateur plusieurs systèmes d'exploitation à la fois. Chacun des systèmes d'exploitation fonctionne de manière cloisonnée. Si vous optez pour une offre d'hébergement mutualisé de ce type, vous pouvez donc sans crainte effectuer toutes les manipulations de votre choix sur « votre » serveur : personne d'autre que vous n'en pâtira si vous cassez complètement votre système !

S'héberger soi-même sur une machine à la maison

Vous possédez un ordinateur à domicile, avec l'ADSL, le câble ou un autre type de connexion permanente à Internet. À condition que le fournisseur d'accès (celui qui loue le tuyau) ne soit pas trop regardant sur la bande passante, ou vous la fasse payer forfaitairement, vous avez alors toute liberté de devenir votre propre hébergeur et de vous occuper seul de la maintenance :

- On doit procéder à une installation sécurisée (pare-feu, et zone démilitarisée si, ce qui est probable, la connexion Internet sert aussi à d'autres usages). L'annexe C ne donne que des pistes sur la question, et ne couvre pas le vaste sujet de l'installation sécurisée d'un serveur : il faut pour cela un expert de la question.

- Le serveur doit être allumé jour et nuit.
- Il faudra composer avec le fait que le serveur puisse changer d'adresse IP de temps en temps, selon votre fournisseur d'accès, il faut donc mettre en place un automatisme pour le suivi de cette adresse IP dans le DNS ; par exemple, celui de Ouvaton, http://www.ouvaton.coop/ – DynDNS, évoqué dans le tableau 3-1, ne convient pas à moins d'accepter d'avoir un domaine en `.dyndns.org`. Certains FAI comme Free proposent une adresse IP fixe.
- En cas de panne, quelqu'un devra bien sûr être capable de relancer le serveur et de récupérer les données tout seul, ce qui peut se faire à distance. Il faudra donc prévoir un système de surveillance à distance, et courir le risque d'interruption du site...
- Vous hébergez le serveur, à vous d'assurer la « hotline » : critiques aigres-douces des proches en cas de panne, harcèlement téléphonique...

Toutefois, cette solution peut être intéressante car faible en coût – n'oubliez pas la consommation électrique 24h par jour –, tout en offrant les pleins pouvoirs. Par ailleurs, elle présente sur l'hébergement dédié (section suivante) l'avantage de ne pas nécessiter une machine spéciale : un ordinateur de bureau peut faire l'affaire... À réserver aux administrateurs réseau aguerris !

Hébergement dédié

Dans ce mode, vous disposez de votre propre machine, comme dans le cas précédent (qui, en raison de contraintes de place, a souvent la forme d'une boîte de pizza : on les dit « rackables » ou « 1U »), mais partagent la connexion réseau, c'est-à-dire le « tuyau » qui relie une grappe de ces machines (typiquement empilées en une tour de 2,50 m de haut) à l'Internet.

Ce service a un coût légèrement plus important, puisque vous êtes possesseur d'une seule machine et devez payer son entretien total. Il existe toutefois aujourd'hui des offres d'hébergement dédié « sur mesures », qui permettent de moduler les éléments matériels (processeur, mémoire, espace disque) en fonction de vos besoins (voir par exemple http://www.kimsufi.com/, service d'hébergement dédié proposé par OVH, ou http://www.dedibox.fr/, service proposé par Free).

 Atmosphère hawaïenne

> Le marché de l'hébergement est encore un havre où, malgré une concurrence importante, de petites entreprises peuvent prospérer à l'abri des méga-fusions. Ainsi certaines d'entre elles fonctionnent avec une équipe de deux à quatre personnes, pouvant vivre dans des pays sans hiver... Il en existe dans toutes les régions et dans toutes les langues, mais il leur faut tout de même, un jour ou l'autre, se rendre physiquement là où sont les machines pour aller réparer un disque dur flambé. Ou bien déléguer ce rôle à quelqu'un d'autre.

En revanche, il offre les avantages de l'hébergement chez soi (vous n'êtes plus copropriétaire, mais bien propriétaire à part entière) tout en évitant une partie des inconvénients : selon le contrat passé avec l'hébergeur, celui-ci pourra s'occuper de faire les sauvegardes du système, de le surveiller, d'installer un pare-feu, de louer ou vendre l'ordinateur rackable lui-même, etc.

 Transformer un hébergement dédié en plusieurs mutualisés avec accès shell

Il est tout à fait envisageable de s'associer pour colouer un hébergement dédié. Deux conditions pour cela :

- Avoir confiance les uns en les autres – être plus qu'un assemblage de vagues connaissances, pour éviter que l'un des « copropriétaires » ne commette des dégâts sur le serveur commun.
- Compter parmi ses futurs compères au moins une ceinture noire en gestion réseau, qui se chargera de l'installation du système, des applications graphiques pour les moins calés, de leur formation... et du support technique par courrier électronique.

Remarquons que c'est exactement ce qu'a fait l'APINC (http://www.apinc.org/) ; alors pourquoi ne pas adhérer à l'APINC tout simplement ?

Hébergement dédié en bande passante garantie

Lorsque votre site connaît ou va connaître une fréquentation soutenue, le partage du « tuyau » avec les voisins peut devenir un obstacle à l'« irrigation » : il faut alors devenir également propriétaire d'une fraction de la largeur de la rue. On dit qu'il faut *acheter de la bande passante*, c'est-à-dire une garantie de l'hébergeur concernant les transferts, qui se mesurent en méga-octets par seconde ou par mois. Cette garantie prend la forme de *Service Level Agreements*, ou SLA, dans lesquels l'hébergeur s'engage à rembourser une partie du prix (élevé !) de la location si cette bande passante fait défaut de son fait (coupure de la liaison Internet pendant plus de 2 heures, par exemple).

Naturellement, un tel contrat coûte cher, il ne se justifie que pour un gros site.

✍ Bande passante et trafic mensuel

La locution « bande passante » vient de la théorie des signaux en électronique ; elle désigne le débit maximal d'une connexion Internet et s'exprime en kilo-octets ou méga-octets par seconde. C'est l'équivalent de l'intensité nominale d'un compteur électrique : une grande maison a besoin d'un compteur plus gros qu'un appartement. Le trafic mensuel, pour poursuivre cette analogie, s'apparente à la consommation électrique et mesure la quantité d'informations effectivement transférées (en méga-octets ou giga-octets par mois). Exactement comme EDF, l'hébergeur facture séparément l'« abonnement » (la bande passante) et la « consommation » (le trafic).

Être son propre FAI

Si vous possédez déjà un réseau interne, relié à Internet par une liaison spécialisée « ancien modèle » type T3 ou plus moderne type SDSL, vous pouvez alors décider d'héberger vos serveurs web dans vos locaux. Selon toute probabilité, ce livre n'est alors pas l'ouvrage qui vous convient... Ou en tout cas, une équipe technique compétente a déjà abordé la question du site web, et le mieux est de faire connaissance avec eux.

ALTERNATIVE Un serveur web d'intégration

Outre son serveur hébergé, il est recommandé d'avoir un autre ordinateur (ou un autre compte) qui sert à essayer les nouvelles pages ou fonctionnalités du site avant de les mettre en ligne. Il est souhaitable que la configuration de ce serveur (dit d'intégration) soit aussi proche que possible de celle du vrai : un autre compte chez le même FAI ou un ordinateur de même puissance et de même système d'exploitation que l'ordinateur hébergé (mais il peut s'agir d'un PC ordinaire, qui peut très bien demeurer à votre domicile).

Quel hébergement pour un site Spip ?

Les propositions d'hébergement sont donc variées mais certains critères vont guider votre choix :

- La compétence : comme mentionné plus haut, il ne faut pas se lancer dans un hébergement à domicile à moins d'être calé en systèmes et réseaux.
- Le niveau de disponibilité et de sécurité exigible du site web, qui découle directement de son importance stratégique dans votre projet. S'il est vital que le site web ne soit jamais éteint plus de quelques heures (par exemple, parce qu'un webmail hébergé dessus est utilisé pour la communication avec des collègues sur le terrain), l'hébergement à domicile est exclu. Si les données du site sont confidentielles (cas d'une ONG par exemple) ou juridiquement sensibles, ne pas être propriétaire du serveur est inacceptable et l'hébergement en France est une mauvaise idée.
- La taille du site et sa fréquentation : au-dessus de quelques centaines de visiteurs par jour, un hébergement chez Free commencera à faire un peu léger. Au-dessus de quelques milliers, c'est l'hébergeur mutualisé qui vous priera gentiment mais fermement d'envisager les options tarifaires supérieures.
- D'un point de vue technique, il faut savoir qu'un gestionnaire de base de données MySQL et que le langage de script PHP doivent être présents sur le serveur d'hébergement pour faire fonctionner Spip. Ce n'est plus un cas exceptionnel.

Alternative

Les offres d'hébergement évoluent très vite et les nouvelles versions de PHP et de MySQL vont de pair avec les versions de Spip. Il faut prévoir la compatibilité entre eux.

Les principaux problèmes techniques qui peuvent être rencontrés lors de l'hébergement sont répertoriés ci-dessous. La solution la plus simple est de changer d'hébergeur. Ils sont désormais nombreux, proposent une large gamme de prix, à partir de 0 €, et satisfont tous les goûts ; il n'est donc peut-être pas plus utile de bidouiller pour tenter de s'adapter à l'hébergement :

- Les publicités envahissantes provoquent des erreurs d'affichage. En effet, certaines pubs créent des cadres (frames) au-dessus de votre Spip, ce qui bloque certaines fonctionnalités, surtout dans la partie administration (recalcul de pages, récupération de la base, mise à jour de Spip...).

TABLEAU 3–2 **Typologie des hébergements de site web**

Type d'hébergement	Compétences requises
Chez un FAI	Webmestre (transferts fichiers, HTML...)
Hébergement mutualisé	Idem + programmation PHP/MySQL
Hébergement mutualisé avec accès shell	Compétences du système d'exploitation (shell, installation de programmes...)
Hébergement chez soi	Administrateur système chevronné
Hébergement dédié	Connaissance basique du système d'exploitation installé (ou plus si pas d'assistance de la part de l'hébergeur)
Hébergement dédié + bande passante garantie	Idem
Être son propre FAI	Demi-dieu

- La syntaxe des fichiers de sécurité (`.htaccess`) est spécifique, ce qui peut poser des problèmes de sécurité.
- La version de PHP n'est pas compatible, typiquement trop ancienne, et Spip 2.0 fait appel à des fonctions inconnues du PHP installé.

Pour vous aider à sélectionner votre hébergeur, nous vous recommandons vivement de consulter la page du wiki consacrée à ce sujet. Elle est mise à jour en permanence. Contribuez en partageant votre expérience :

▸ **http://www.spip-contrib.net/Liste-des-Hebergeurs**

Temps mensuel pour l'informaticien	Fournisseurs
Aucun (tant que ça marche)	Free, Orange, Neuf-Cegetel...
Idem	Ça va, ça vient ! Le site 123hebergement en propose un classement réalisé sur la base des notations d'internautes (http://www.123hebergement.fr/classement)
Idem	Par exemple, trilingue, (http://www.csoft.net/) ou bien rechercher sur Google : « shell account web hosting » et faire son marché
Activité de la machine : jour et nuit ; activité d'administration : quelques jours par mois	
Quelques jours par mois (veille de sécurité au minimum)	Mêmes remarques que « hébergement mutualisé ».
Idem	Idem
Plein temps, même la nuit	Colt (http://www.colt.net/fr), Oléane

ALTERNATIVE **Héberger son site à l'étranger**

Le marché de l'hébergement en France est largement en retard par rapport aux États-Unis par exemple, historiquement à cause du monopole que France Télécom a longtemps maintenu sur les télécommunications, mais plus récemment à cause d'une législation qui n'encourage guère l'initiative citoyenne (consulter la rubrique « LEN » sur http://www.odebi.org/). On peut donc trouver des hébergements outre-Atlantique (les hébergements coopératifs y sont plus rares – c'est moins dans l'esprit du pays – mais les hébergements commerciaux à prix cassés y sont légion).

Ouvrir un compte à la coopérative Ouvaton.coop en une demi-journée

Vous avez besoin de peu de choses pour ouvrir un compte chez Ouvaton. De plus, vous avez la possibilité de vous désengager librement et gratuitement dans un délai de 30 jours si jamais les services proposés ne correspondaient pas à vos attentes. Qui dit mieux ?

FIGURE 3-9 *La page d'accueil présente les grands principes de fonctionnement de la coopérative, des informations sur la vie de la structure et l'état de la plate-forme. Le menu en haut de page comporte quatre rubriques (Coopérative, Hébergement, Valeurs, Aide) pour vous informer sur les principes et le fonctionnement d'Ouvaton. Pour s'inscrire, il suffit de cliquer sur le lien Devenir hébergé-hébergeur coopérateur d'Ouvaton dans le menu à droite de l'écran.*

> Perspective **Pourquoi Ouvaton.coop ?**
>
> Nous avons choisi de présenter Ouvaton parce qu'il s'agit d'une coopérative : « Les hébergeurs hébergés ». On n'y consomme pas, on y participe. Le coût est faible et l'administration est faite par les coopérateurs, sans intermédiaire.
>
> ▸ **http://ouvaton.coop/**

Voici les éléments dont vous aurez besoin pour procéder à l'ouverture de votre compte :

1 **Vos coordonnées.** Vous devrez remplir un formulaire en ligne pour fournir vos coordonnées (voir figure 3-10). Les champs en rouge sont obligatoires. Remplissez-le soigneusement et veillez à mettre en lieu sûr le login et le mot de passe que vous avez choisis.

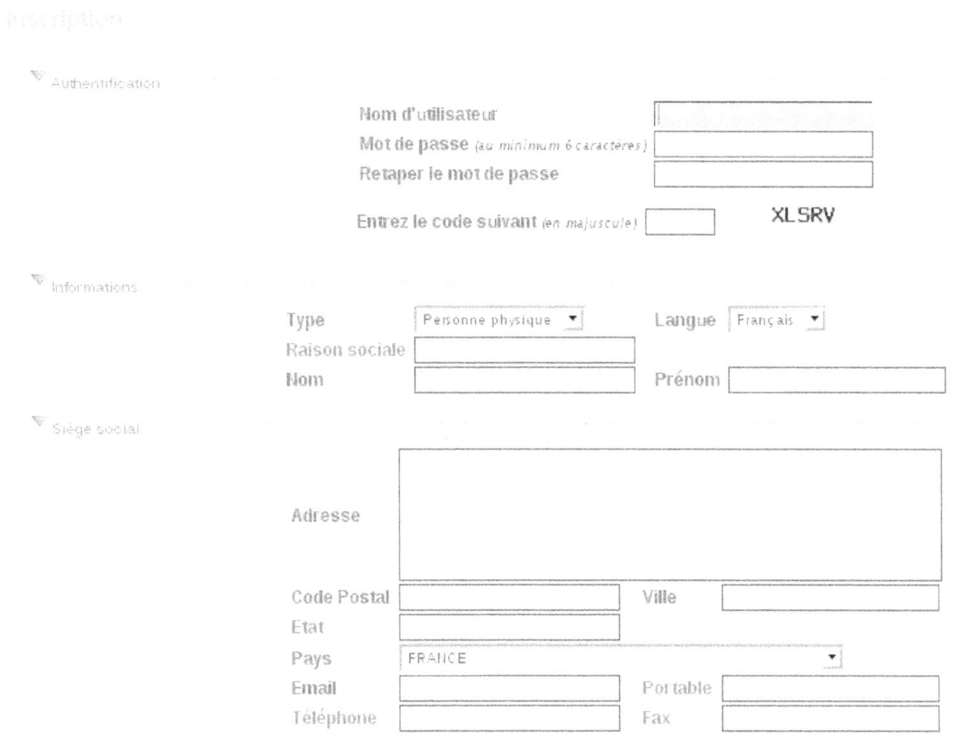

Figure 3–10 *Renseignez correctement tous les éléments requis dans le formulaire.*

Faites défiler l'écran : vous devez aussi cocher une case indiquant votre adhésion à la charte Ouvaton (voir figure 3-11). Vous pouvez consulter cette charte en cliquant sur le lien associé. Lorsque vous avez terminé, cliquez sur le bouton *S'inscrire*.

FIGURE 3–11 *N'oubliez pas de cocher la case avant de valider votre inscription.*

2 **Ouvaton vérifie la validité de votre adresse e-mail.** La correspondance se fera toujours par e-mail, il faut donc vérifier sa validité.

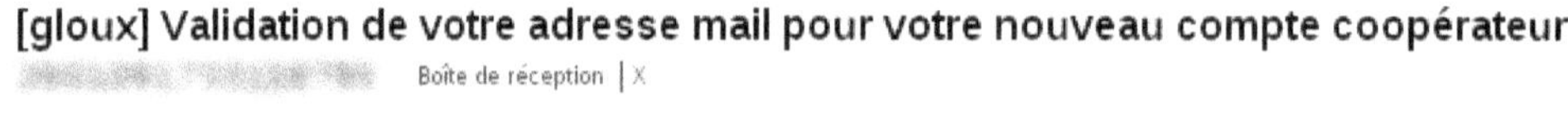

FIGURE 3–12 *C'est la première étape de l'inscription, tournez-vous vers votre logiciel de messagerie et guettez l'arrivée de l'e-mail d'Ouvaton. Normalement, son arrivée est immédiate, ou presque.*

3 **L'e-mail arrive.** Il vous indique qu'il faut vous rendre à une adresse, compliquée, sur laquelle vous n'avez qu'à cliquer pour confirmer que votre e-mail fonctionne correctement.

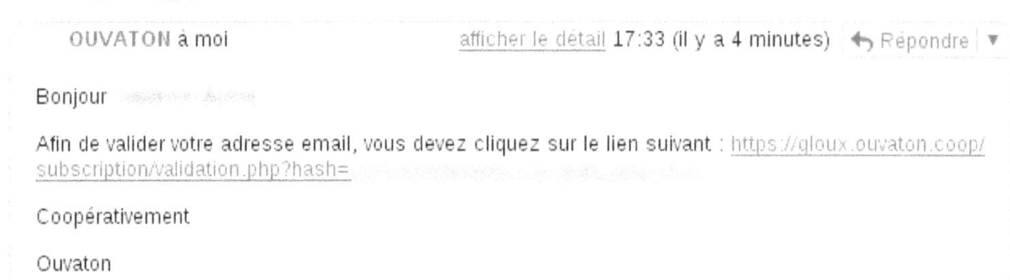

FIGURE 3–13 *L'e-mail envoyé par Ouvaton vous indique comment confirmer que l'adresse e-mail, fournie au préalable, est opérationnelle.*

4 **Validation par un administrateur d'Ouvaton.** Une fois votre adresse e-mail vérifiée, votre demande d'inscription doit être approuvée par un administrateur d'Ouvaton (figure 3-14). La procédure prend quelques heures au maximum et vous êtes informé par e-mail dès que votre inscription a été validée (figure 3-15).

Inscription terminée

Un administrateur va prendre en compte votre demande d'inscription et la valider si toutes les informations que vous avez fourni sont correctes. Vous serez averti par mail lorsque votre compte deviendra actif.

FIGURE 3–14 *La demande d'inscription doit maintenant être validée par un administrateur.*

À réception de cet e-mail, votre compte est officiellement créé. Vous pouvez vous connecter à votre interface d'administration à l'aide du login et du mot de passe que vous avez choisis lors de la phase d'inscription. Pour cela, vous pouvez soit suivre le lien fourni dans l'e-mail de confirmation, soit saisir votre login et votre mot de passe dans le bloc intitulé *Panel* visible sur la page d'accueil du site (voir figure 3-9).

[gloux] Activation de votre compte   Boîte de réception | X

OUVATON à moi   afficher le détail 21:09 (il y a 7 heures)   ↩ Répondre | ▼

Bonjour

Nous venons d'activer votre compte coopérateur

Veuillez vérifier vos informations clients :

FRANCE

Vous pouvez dès à présent aller administrer vos informations et vos ressources sur le nouveau panel à votre disposition à l'adresse suivante : https://gloux.ouvaton.coop/login

- Votre identifiant :
- Votre mot de passe : Celui fourni lors de l'inscription

Pour le moment, sur notre nouvelle plateforme, les scripts d'achat de parts ne sont pas finalisé...

Après votre mois d'essai, vous pourrez payer la location des services d'hébergement via votre panel ou bureau d'hébergement. Pour devenir coopérateur vous allez devoir acheter une ou plusieurs parts en payant par chèque réservé à cet achat. C'est une autre comptabilité que la vente des services.

soit un montant d'un multiple de 16 € selon le nombre de parts souhaitées. Vous enverrez ce chèque à Ouvaton co Me Joly 7 rue Charlemagne 75004 Paris.

Coopérativement

Ouvaton

FIGURE 3–15 *L'e-mail de validation de votre inscription : votre compte est maintenant créé*

Vous disposez d'un mois pour tester la plate-forme et, si elle vous satisfait, maintenir votre compte. Le panel est clair, bien documenté et vous y trouverez une aide appréciable sur le sous-domaine **aide.ouvaton.org**.

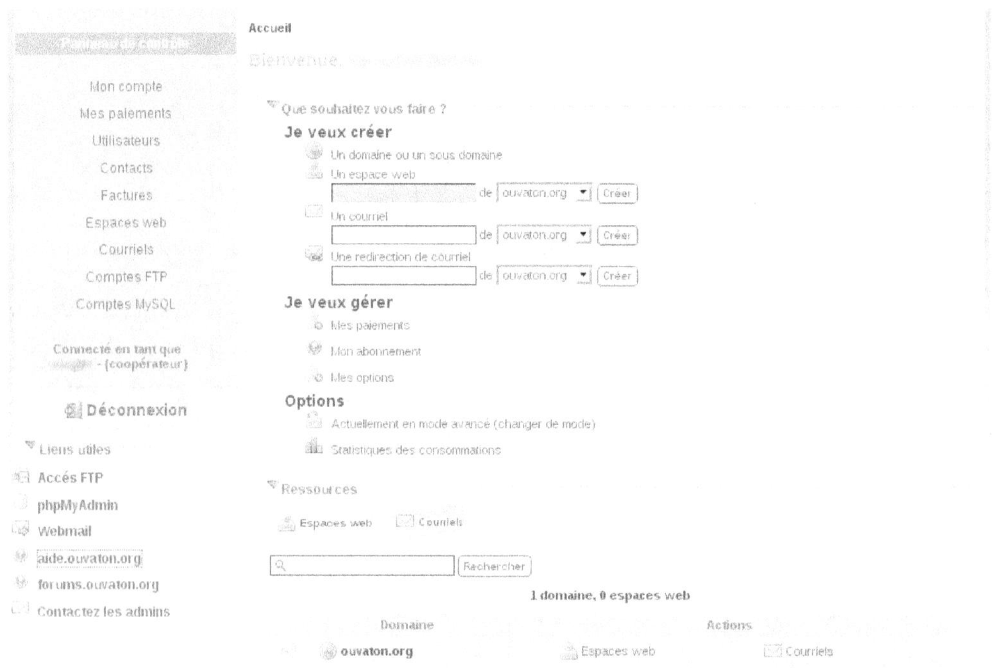

FIGURE 3–16 *Le panel d'administration de votre site*

Ouvaton est une coopérative, et chaque coopérateur doit y prendre des parts. Le minimum est une part, mais vous pouvez évidemment en prendre plus. Si, au bout des 30 jours d'essai, vous n'avez pas fait parvenir votre règlement à la coopérative, votre compte sera supprimé. Si vous avez choisi d'adhérer en tant que coopérateur, lorsque vous quitterez l'organisation, cette valeur vous sera remboursée. Vous pourrez augmenter le nombre de parts que vous avez dans la coopérative à tout moment.

L'hébergement de base (ou « plaque » de base) est facturé 15 € TTC par an (voir figure 3-17 pour le descriptif). Vous pouvez aussi, au besoin, faire appel aux options pour augmenter les capacités de votre compte. La facturation de l'hébergement (qui est un service fourni) est distincte de l'achat de parts dans la coopérative (adhésion à une organisation).

▽ Votre produit

Référence	PACK-BASE	Nom	Pack de base
Date d'achat	26/01/2009	Période	Annuelle
	Prix total HT		Prix total TTC
Prix HT	12.54 €	Prix TTC	15.00 €
Avec options	12.54 €	Avec options	15.00 €

▽ Composition du produit

Composants de base

Référence	Nom	Quantité
DNS	Nom de domaine	3 Pcs
FTP	Compte FTP	Illimité
MAIL	Compte Email	Illimité
VHOST	Espace web	Illimité
HTTPBW	Utilisation de la bande passante	2000 Mo
HTTPDISK	Utilisation d'espace disque HTTP	40 Mo
MAILDISK	Utilisation d'espace disque MAIL	100 Mo
DNSENTRY	Enregistrement DNS	Illimité

FIGURE 3-17 *Les caractéristiques de l'hébergement de base.*

En résumé...

Qu'il soit à l'état de maquette ou à peine conçu, notre site a déjà désormais un nom et un toit. Il est temps de réfléchir à ce qu'il contiendra et d'en concevoir l'architecture.

Le petit prince, qui assistait à l'installation
d'un bouton énorme, sentait bien qu'il en sortirait
une apparition miraculeuse, mais la fleur
n'en finissait pas de se préparer à être belle,
à l'abri de sa chambre verte.
Elle choisissait avec soins ses couleurs.
Elle s'habillait lentement, elle ajustait
un à un ses pétales.

Le Petit Prince, A. de Saint Exupéry

Concevoir son site Spip

Soignez les quatre dimensions de votre site : la largeur et la hauteur définies par l'espace offert par l'écran, la profondeur, créée par la navigation hypertexte qui permet de se déplacer dans les différents contenus du site, et enfin le temps, qui permet à votre site d'être dynamique par ses nouveautés et son renouvellement.

À qui s'adresse le site ?

Le choix du lectorat, autrement dit des personnes auxquelles s'adresse un site, est la première étape. Un petit site destiné à ceux qui veulent se mettre au golf et un site culturel consacré à l'une des sept Merveilles du monde destiné à tous les visiteurs potentiels n'auront probablement ni le même contenu, ni la même apparence.

TABLEAU 4-1 **Critères de choix d'un lectorat**

Critères	Détails	Enjeux
Type de personnes	Individus, entreprises, associations, organismes ou institutions	Style des pages et contenu
Origine géographique	France, Europe, monde, univers	Langues utilisées
Origine sociale	Tout public ou résolument ésotérique	Style et niveau de langage
Âge	Enfants, adultes, tout public	Style, couleur, image, animations, forum
Membres ou non	Les seules personnes intéressées par le site ou un lectorat plus large	Prévoir un espace réservé aux membres, style plus neutre ou familier, richesse du contenu...

L'identification du ou des lectorats influe sur le choix des informations présentées : chacun d'eux aura une attente particulière, donc un besoin particulier d'information.

La deuxième étape est une phase de *brainstorming* au cours de laquelle on liste en vrac les éléments qu'il semble important d'insérer dans le site. Ces éléments doivent être classés dans un premier temps par domaines spécifiques et par public. Ce travail fixe les modes d'accès à l'information, c'est-à-dire la navigation du site et les options de recherche, de manière à satisfaire tout aussi bien le lecteur qui vient en curieux pour la première fois, que celui qui revient périodiquement pour consulter vos mises à jour, ou celui enfin qui recherche une information précise.

Enfin, la troisième étape est la conception de la charte graphique. Cette charte redéfinit la façon de rendre votre site ergonomique, facile et agréable à consulter. Pour la concevoir, deux solutions s'offrent à vous : soit vous avez l'âme d'un graphiste et là, une feuille de papier, votre imagination et votre talent suffiront, soit vous devrez faire appel à des spécialistes de la création graphique dans le domaine du Web.

Sans vouloir être exhaustif, nous avons identifié cinq grands types de sites qui peuvent être mis en œuvre facilement avec Spip :

- **Sites personnels** – Sous la forme traditionnelle ou au travers d'un blog. L'avantage de Spip dans ce cadre précis est de proposer un ensemble des modules disponibles sous forme de greffons (plug-ins), contributions qui peuvent répondre à de très nombreuses attentes des particuliers.
- **Sites d'association** – De nombreuses associations ont déjà adopté Spip pour son côté collaboratif, sa facilité d'utilisation, son faible coût de mise en œuvre et le dynamisme de son évolution.
- **Sites institutionnels ou d'entreprises** – Pour fluidifier la publication de leurs informations, de grandes organisations publiques (ministère de l'Agriculture, ministère de la Défense, ministère des Affaires étrangères), collectivités locales et territoriales ou entreprises ont migré leurs sites vers Spip.
- **Sites culturels** – Du fait de la grande liberté laissée par Spip au niveau du graphisme et de l'organisation des pages, même les demandes les plus exigeantes graphiquement peuvent être prises en compte.
- **Sites intranet divers** – Avec un peu de pratique et de connaissances en matière de sécurité, on peut bâtir des intranets simples avec Spip en limitant l'accès à certaines pages du site à des utilisateurs membres et authentifiés.

Le cas des sites de commerce électronique dépasse le cadre de cet ouvrage, mais il existe des outils libres de commerce électronique, compatibles avec Spip, tels osCommerce (http://www.oscommerce-fr.info/) et, plus récemment, Thelia (http://www.thelia.fr/).

📖 *Créer son site e-commerce avec osCommerce*, Mercer, trad. S. Burriel, Eyrolles 2007

JARGON **Blog**

Un blog est un site web proposant un journal en ligne, généralement tenu par une personne. Les premiers blogs sont apparus aux États-Unis à la fin des années 1990. Ils se composaient d'un carnet de bord recensant les hyperliens (vers des pages web) que l'auteur avait jugé intéressants, accompagnés de commentaires concernant ces pages. Les premiers weblogs francophones sont apparus en 1996. Le point commun de toutes les formes de blogs est qu'on y retrouve à intervalles irréguliers les impressions et sentiments de l'auteur du blog sur des sujets variés (enfin, sauf dans le cas des photoblogs, video-blogs...). Mais sur le fond, un blog n'est rien d'autre qu'un site web.

Créer son blog en 5 minutes, C. Béchet, Eyrolles 2006

Le nom de votre site

Le but est de trouver un nom facilement mémorisable, et pas trop long, car les risques de faute de frappe augmentent avec la longueur de l'URL à taper. Rappelons les règles de base pour le nommage, dont nous avons déjà parlé dans le chapitre précédent :

- Le nom de votre site ne peut être composé que des caractères suivants : lettres (non accentuées), chiffres et trait d'union (-).
- Vous ne pouvez pas utiliser de signes de ponctuation, ni de caractère souligné (*underscore*, _) ou encore d'espace.

Pour vérifier si le site n'existe pas déjà, vous pouvez utiliser un service de « WHOIS » (http://www.internic.net/whois.html), qui permet de retrouver le propriétaire d'un nom de domaine, si celui-ci bien entendu a déjà été réservé.

Organisation par rubriques

L'articulation des informations sur votre site Spip ne doit pas être linéaire, comme nous le faisons, au contraire, sur des documents papier (livres, revues). Votre organisation, relayée par une navigation appropriée, devra guider le lecteur d'une manière discrète et efficace.

Référence **Ergonomie**

Si l'ergonomie de votre site est véritablement un point critique, l'ouvrage d'Amélie Boucher se révélera une mine d'or.
Ergonomie web, 2e *édition*, A. Boucher, éditions Eyrolles 2009

« Pas plus de trois clics pour trouver un contenu sur le site ! » : il faut garder cette règle à l'esprit pour éviter une trop grande profondeur dans l'organisation du site (la profondeur n'est en général pas souhaitable, sauf dans certains cas, par exemple pour faciliter l'accessibilité des rubriques lorsqu'elles sont lues par un synthétiseur vocal). Tâchez aussi d'organiser l'information de manière à ce que chaque rubrique soit suffisamment dense pour mener à un nombre conséquent d'informations, et donc de pages au niveau inférieur.

Avec Spip, on gère l'arborescence du site comme on le souhaite. Nous verrons aux chapitres 6 à 8 comment créer et supprimer des rubriques et des sous-rubriques. L'architecture du site peut évoluer dans le temps car toutes les composantes du site peuvent être déplacées aisément, grâce à l'interface conviviale d'administration.

De plus, les accès et les droits des rédacteurs sont configurables, et la publication d'un article par un rédacteur requiert l'accord d'un administrateur.

Hiérarchiser les rubriques ou comment définir la navigation du site

Ce travail peut être effectué sur un croquis papier, qui permettra plus tard de conserver l'architecture pour la retravailler ou la présenter.

Il faut identifier chaque page et décrire son contenu en quelques mots puis les hiérarchiser :

- Niveau 1 : les rubriques principales sont présentées par une page d'accueil spécifique, avec un texte introductif et un sommaire interne à la rubrique.
- Niveau 2 : les sous-rubriques. Le nombre dépend de la volonté des créateurs du site, tout comme le nombre de niveaux de ces sous-rubri-

ques. Cependant, si la hiérarchie est trop profonde, il existe un risque de perte d'accès.

- Niveau 3 : les contenus. Ce sont les pages d'information pure.

Chaque ouverture de rubrique est ainsi à la fois une page de navigation, qui mène vers les sous-rubriques, et un contenu.

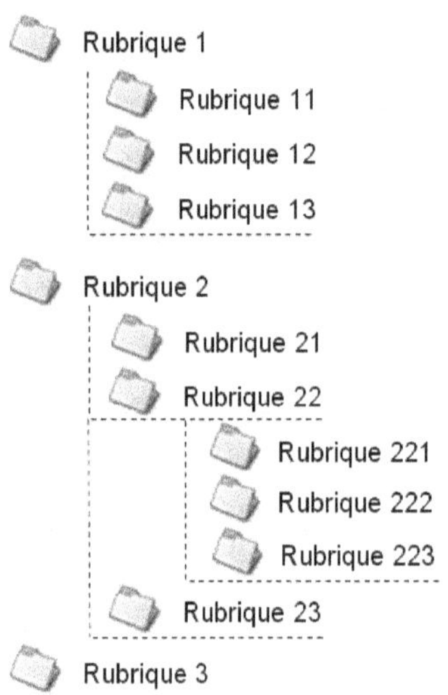

FIGURE 4–1 *La hiérarchie de rubriques est à la base des données dans Spip.*

Il vous faut ensuite trouver des titres pour les rubriques et sous-rubriques. N'oubliez pas que ces dénominations seront celles que vous utiliserez, intégralement ou abrégées, dans votre barre de navigation, ou fil d'Ariane, et vos menus. Elles doivent donc être claires et immédiatement compréhensibles pour être significatives.

Pour qu'il soit efficace, le fil d'Ariane doit être présent sur chaque page, sous forme très discrète, en privilégiant un système texte. Il précise le chemin intégral à partir de la page d'accueil en présentant chaque étape de la navigation sous la forme d'un lien.

La présence d'un fil d'Ariane sur votre site est indispensable puisqu'il permet au visiteur de savoir où il se trouve : beaucoup de visiteurs, après une recherche par un moteur de recherche, peuvent arriver sur n'importe quelle page de votre site. Ils doivent immédiatement savoir qu'ils sont sur votre site et chercheront la barre de navigation pour découvrir les autres contenus.

Importance de la page d'accueil

Votre page d'accueil est tout à la fois votre carte de visite, votre devanture et votre « Une » de journal. Il faut qu'elle contienne les informations permettant aux visiteurs de vous contacter, et qu'elle lui donne envie d'aller plus loin dans la visite.

Sur cette page, certains éléments sont essentiels :

- Le nom de votre site, et son logo (s'il existe) : ainsi votre visiteur saura au premier coup d'œil où il se trouve.
- Votre ou vos adresses électroniques et si besoin l'adresse postale, le téléphone et le fax.
- Vos rubriques de premier niveau, appelées secteurs.
- Les informations utiles au visiteur (crédits, FAQ...), en général en bas de page.

L'internaute étant d'un naturel zappeur, il est indispensable que cette page d'accueil soit rapide à charger. Il faut trouver le bon compromis entre images et textes qui constituent l'accroche de votre site. De plus, Spip vous aide par son système de cache qui permet l'affichage de la page mise en mémoire et non pas chargée et recalculée à chaque passage d'un internaute.

On peut réaliser une typologie des différents types de page d'accueil en fonction de la nature des informations proposées.

- La page d'accueil « couverture » : certaines pages d'accueil se contentent, comme la couverture d'un livre, de présenter le nom du site et son logo, pour mettre en valeur un certain impact visuel (avec les différents contacts, adresses, fax et e-mails en tout petit). Cela fait perdre un clic d'internaute (essayez de respecter autant que possible les trois clics), mais peut être recommandé pour une présentation d'artiste par exemple.
- La page d'accueil « sommaire » : de nombreux sites proposent, dès la page d'accueil, du contenu, souvent un éditorial, en y incluant la barre de navigation générique. Vous devez veiller à ce que cette barre soit présente de la même manière dans toutes les pages de votre site, afin d'en installer la logique dans la mémoire de votre lecteur.
- La page d'accueil « à la Une/Actualités » : pour les sites d'actualités, il peut être intéressant de « monter en Une » un article ou une rubrique particulière, quitte à avoir une page d'accueil plus chargée en texte. Une

mise en garde toutefois : la mise à jour de cet élément devra être faite de manière régulière de façon à dynamiser la vie de votre page d'accueil.

- La page d'accueil « fourre-tout » : souvent malheureux mélange des trois premiers types de page, ces pages d'accueil peuvent donner l'idée d'un site désorganisé et ainsi repousser ou perdre les lecteurs, même ceux de bonne volonté.

Une dernière remarque : votre page d'accueil sert à présenter vos choix graphiques : couleurs et assemblage des couleurs, fond et texte, barre de navigation, équilibre textes/images, ambiance générale. Elle fonde une identité visuelle qui sera maintenue dans toutes les pages de votre site.

Indépendance des rubriques

Les règles élémentaires de l'ergonomie obligent à concevoir des parties indépendantes les unes des autres. Une architecture de site a intérêt à voir ses rubriques totalement étanches, c'est-à-dire qu'il ne doit pas y avoir de redondances thématiques entre les différentes rubriques. Pour être indépendantes les unes des autres, les rubriques doivent avoir une thématique forte. Elles rassemblent des éléments de contenu prédéfinis à la création, mais sont assez ouvertes pour pouvoir être enrichies au fur et à mesure de la croissance du site.

En effet, dans le cas contraire, un visiteur qui serait obligé de passer de rubrique en rubrique pour trouver l'information qu'il cherche risquerait de prendre rapidement la fuite.

À juste titre, Spip interdit de mettre un article dans deux rubriques à la fois. Toutefois, il est possible de créer un système de navigation transversal, en complément du système hiérarchique des rubriques, à l'aide des mots-clés, constitués en groupes, que l'on peut attribuer, selon ses propres choix, à tout ou partie des objets gérés par Spip : rubriques, articles, brèves, sites, etc. Vous trouvez de plus en plus souvent ce type de navigation, qui enrichit les contenus du site, avec des liens du type « Pour en savoir plus », « Dans le même thème », « Pour cette section, voir aussi »...

Les liens permanents sur toutes les pages

À côté des liens de rubriques, articles, brèves, mots-clés et autres informations contextuelles, certaines informations doivent absolument être accessibles quel que soit l'endroit où le visiteur se trouve. Par exemple :

- Le contact et, plus généralement, une page d'information sur les créateurs du site, de l'association, le logiciel utilisé, etc.
- Un plan du site ou une page d'aide.
- Une « FAQ » (comprendre *Frequently Asked Questions* ou, en bon français, Foire aux questions) : il s'agit d'une documentation constituée à partir des questions que l'on pose le plus souvent au webmestre, avec leurs réponses.
- Un moteur de recherche.
- Un glossaire.
- L'accès à la partie administration.

Quelques mots sur la charte graphique

La charte graphique est un ensemble d'éléments visuels qui facilitent la vie de l'utilisateur : ces derniers sont clairs, s'affichent rapidement, sont toujours là où on pense les trouver, remplissent correctement une seule et même fonction, et rendent explicites ce que vous venez de définir : le rubricage, grâce à une navigation efficace. La charte graphique rend votre site ergonomique, facile et agréable à consulter.

Les pages des sites Internet se décomposent en plusieurs espaces bien distincts :

- La zone de présentation, habituellement un bandeau situé en haut de page avec nom, logo, moteur de recherche, etc.
- La zone de navigation, le menu, en colonne de gauche ou de droite, ou bien encore horizontalement sous le bandeau.
- La zone de liens annexes mais présents partout, bandeau étroit situé en bas de page.
- La zone de contenu, située au milieu de la page.

Toutes ces zones ne sont pas obligatoires, parfois elles sont redondantes. Mais il est préférable de garder des références simples et uniformes tout au long du site.

Chaque élément doit conserver un unique comportement sur votre site : le logo ramène à la page d'accueil. Présent sur toute les pages, il devra apporter la même fonctionnalité au visiteur.

Au-delà du graphisme, la typographie, la présentation du texte grâce aux caractéristiques des lettres (police de caractère, corps, interlignage, couleur, niveaux de titres, etc.) est également un élément clé en matière d'ergonomie.

Voici une liste non exhaustive des éléments que vous aurez à définir lors de la conception de votre charte graphique :

- Définir les zones (navigation et contenus) qui sont reprises pour toutes les pages.
- Le bandeau supérieur : il est composé d'éléments dominant la page et qui consistent généralement en votre logo, le nom de votre association/organisation... A priori, l'en-tête est inchangé sur toutes les pages, c'est lui qui permet à votre lecteur de reconnaître votre site.
- Aspect de la barre de navigation générique (version image et version texte).
- Reprendre la gamme de couleurs et les typographies utilisées dans les pages.
- Déterminer l'organisation dans l'espace des différents éléments.
- Voir si la présentation du site peut être utilement complétée, enrichie, par une image.
- Prévoir une zone pour la navigation en texte seul et pour des éléments que vous voulez fournir discrètement, comme votre adresse, votre téléphone, votre e-mail...
- Couleur du fond des pages, couleur et représentation des éléments de navigation si celle-ci est sous forme d'images.
- Couleurs des liens en mode survol (au moment où on passe la souris dessus, sans cliquer) et visités.

- Codes pour les différents niveaux de lecture des éléments du texte dans la zone d'information : titre, sur-titres et sous-titres de la rubrique, intertitres, texte simple, navigation locale si vous en avez parfois besoin.

Tous ces éléments sont naturellement inclus dans le gabarit qui vous servira à réaliser vos pages.

Si vous n'êtes pas graphiste, un seul conseil pour débuter votre charte graphique : recherchez des sites similaires à celui que vous souhaitez développer, sachez les analyser et les apprécier, et inspirez-vous en.

L'importance du respect des normes et standards

Internet a été conçu dès l'origine comme un instrument d'échange reposant sur des standards universels de communication. Le W3C, organisme auteur des standards régissant Internet, stipule que les sites web doivent être conçus de façon à pouvoir être exploités correctement quel que soit l'utilisateur et quel que soit son équipement. L'accessibilité est intrinsèquement liée à l'esprit fondateur du Web.

Initiée par le W3C, la WAI (*World Accessibility Initiative*) est l'organisme émetteur des recommandations précises d'accessibilité, les WCAG (*World Contents Accessibility Guidelines*). L'idée forte du WAI est que la page web doit être encodée de façon unique. Il n'y a donc pas de version « avec » et de version « sans », mais simplement une seule et même version, diffusant un seul et même contenu, exploitée par des équipements divers capables de restituer par des moyens différents ce même contenu.

Par ailleurs, en France, l'association Braillenet est à l'origine de la vulgarisation des recommandations d'accessibilité du WAI. Braillenet a mis en place un label d'accessibilité, Accessiweb, reposant sur les critères du WAI associés à des critères complémentaires.

Toutes les pages doivent être lisibles par tout internaute. On entend par lisibles qu'elles peuvent techniquement être vues par tous, quels que soient le système et le navigateur. Évidemment, il vaut mieux qu'elles soient aussi rédigées dans un style clair et compréhensible !

Pour une meilleure accessibilité, il faut s'attacher, lors de la conception des modèles de pages avec Spip, à respecter le plus possible les 95 critères définis par le label Accessiweb.

C'est le cas pour de la distribution des squelettes, la présentation livrée avec Spip.

> ATTENTION **L'interopérabilité et les standards du Web**
>
> Contrairement à ce que la majorité des sources de documentation sur le sujet laisse supposer (livres, sites d'aide en ligne et surtout pages prises comme exemple sur la vaste toile), le rédacteur d'un site web ne saurait se contenter d'un processus de « bidouillage » par essai-erreur et recettes de cuisine, qui culminerait au trop célèbre « chez moi, ça marche » en guise de démarche qualité ! L'Internet, en effet, est toujours plus vaste qu'on ne l'imagine. On y trouve une grande diversité de navigateurs, y compris les navigateurs audio ou braille pour les aveugles ou malvoyants, qui sont évoqués dans l'annexe D. Afin d'attirer l'audience la plus large possible, votre site se doit évidemment de fonctionner avec chacun de ces logiciels, qui ont leurs particularités, leurs fonctions multimédias spécifiques (incompatibles avec le reste du monde, évidemment) et surtout, leurs bogues. Effectuer des tests avec tous les navigateurs existants serait une tâche titanesque, s'il n'y avait pas le travail des organismes de standardisation comme le W3C, que nous verrons notamment au chapitre 5.
> En réalisant votre site avec les techniques décrites dans cet ouvrage (HTML/CSS, vérification de la correction syntaxique de ces documents à l'aide d'outils en ligne comme expliqué au chapitre 5, utilisation de formats de fichiers standards pour les images et les autres documents multimédias, respect des conseils d'accessibilité de l'annexe D), vous marcherez sous les bons auspices du W3C, mais tous les navigateurs ne visualiseront pas vos pages de la meilleure façon possible, même si vous restreignez les risques.

Une excellente source d'informations sur les standards du Web est le site OpenWeb : http://openweb.eu.org/.

Prenons un cas concret

Pour illustrer la suite de cet ouvrage, nous vous proposons de créer un site association pour le club photo « Tendance Photo ». Les principaux objectifs de cette association sont les suivants :

- faire partager la passion de la photographie d'une façon générale ;
- disposer d'un outil de communication pour les membres de l'association (articles, comptes rendus ateliers, agenda des manifestations) ;
- pouvoir publier facilement les meilleures photos des membres.

La cible visée est en premier lieu les membres de l'association, mais l'internaute doit aussi trouver un espace convivial lui permettant de visualiser les photos, échanger et pourquoi pas devenir membre à son tour.

Les rubriques identifiées sont les suivantes :

- Le Club en bref ;
- Compte rendu des réunions ;
- Calendrier des activités ;
- Souvenirs et Photos ;
- Expositions ;
- Liens.

Pour la charte graphique, on doit faire avec les moyens du bord...

En résumé...

Nous avons vu qu'un site Spip doit être pensé par rubriques et qu'il y a des erreurs courantes à éviter pour ne pas compromettre l'évolution du site. Mais avant d'attaquer l'installation et la configuration de Spip, nous verrons au chapitre suivant d'indispensables rappels en HTML et CSS.

On ne connaît que les choses que
l'on apprivoise, dit le renard.
Les hommes n'ont plus le temps
de rien connaître.
Ils achètent des choses toutes
faites chez les marchands.

Le Petit Prince, A. de Saint Exupéry

Initiation au HTML et à CSS

Même si l'on opte pour un site éditorial de type Spip, il est *très* fortement conseillé de faire un apprentissage minimal des principaux langages de codage du Web. La technique du Web sémantique faisant intervenir les feuilles de style CSS, présentée dans ce chapitre, permet d'économiser un temps considérable par rapport à une méthode HTML « classique ».

Nous avons vu au chapitre 2 qu'il fallait tenir compte de l'ampleur de la tâche à accomplir pour choisir ses outils.

Spip fournit des pages modèles dans sa distribution, ce qui permet une utilisation immédiate sans connaissance d'aucune sorte. Toutefois, si l'aspect générique ne vous plaît pas, il vous faudra soit récupérer des squelettes disponibles, soit fabriquer les vôtres. Mais même dans le premier cas, il est fort possible que vous ayez envie de changer une couleur par-ci, une position par-là. C'est pourquoi quelques notions de HTML et de CSS pourront vous être utiles, même si vous ne pensez pas créer vos pages dans leur intégralité.

Cette section présente donc pas-à-pas la création d'une à quelques pages, depuis la page d'accueil rubriquée, jusqu'à la barre de navigation – le tout en utilisant les feuilles de style CSS !

Créer une première page HTML en une heure

Le but est de comprendre les concepts de base du langage HTML afin d'obtenir rapidement des résultats satisfaisants sans apprentissage fastidieux. Avec un éditeur de texte et un navigateur pour les essais, vous êtes paré.

Une page web met en page le texte, les images et autres objets que l'on souhaite publier grâce à des balises HTML.

Mise en forme de texte

Les balises sont des codes entourés de chevrons (par exemple : `<html>`). La plupart des commandes HTML comprennent une balise d'ouverture (`<codedelabalise>`) et une balise de fermeture (`</codedelabalise>`). Toutes les informations qui se trouvent entre les deux balises sont influencées par la commande en question. Par exemple, la balise `<strong>` indique qu'un mot doit être renforcé. Le navigateur la traduit par du gras, l'ensemble des textes à mettre en gras se trouve entre cette balise et la balise fermante `</strong>`.

```
<strong>Attention !</strong> Chute de pierres.
```

Dans cet exemple, seul le mot « Attention ! » s'affichera en gras dans le navigateur.

HTML et XHTML

Le HTML (*Hypertext Mark-up Language*) est le langage des pages web. Il est conçu pour être compris par les logiciels, sans pour autant être trop difficile à gérer. Un document HTML est composé de texte et de balises (ou *tags* en anglais). Ces commandes permettent de structurer le texte (ceci est un titre, ceci est un paragraphe, ceci est un lien, etc.). Le langage HTML a été créé en 1992 à partir du même système de balises qu'un langage plus vaste, SGML (devenu depuis XML), et il est développé par le W3C (*World Wide Web Consortium*). La « dernière » version de HTML (4.0.1) a été publiée en 1999, une version 5 est en préparation et devrait voir officiellement le jour courant 2009.

▸ http://www.w3.org/html/

Depuis, le langage a également donné le jour à une nouvelle branche, XHTML (combinant à la fois XML et HTML), dont la version 2 est actuellement en préparation. Quelle différence avec le HTML ? XHTML applique au HTML la rigueur du XML, il est donc un peu plus strict. Les principes sont toutefois les mêmes, et la majeure partie des balises est commune aux deux langages.

▸ http://www.w3.org/MarkUp/

De fait, dans ce chapitre, nous présentons la syntaxe XHTML. Pourtant, par abus de langage, on continue d'utiliser le terme HTML, ne serait-ce que parce que les fichiers de code XHTML portent toujours l'extension `.html`...

EN PRATIQUE **Lançons-nous !**

Inutile d'attendre, il vous suffit d'ouvrir votre navigateur pour voir fonctionner les petits extraits de HTML que nous donnons ci-dessous. Un simple navigateur web et un éditeur de texte suffisent :

1. Ouvrir un éditeur de texte, le plus simple possible suffit.
2. Taper le texte d'un exemple, en respectant bien l'orthographe spécifique des balises (pour le texte, les erreurs sont moins graves).
3. Enregistrer le fichier sous l'extension `.html` ou `.htm`. Ne pas quitter l'éditeur de texte mais en réduire simplement la fenêtre.
4. Ouvrir le navigateur de votre choix et sélectionner le menu *Fichier*, puis l'option *Ouvrir* ou *Ouvrir un fichier* (et non pas *Ouvrir une URL* ni *Ouvrir une adresse*).
5. Sélectionner le fichier qui vient d'être créé, puis cliquer sur *OK*. La page apparaît dans le navigateur.
6. Sans fermer ni le navigateur, ni l'éditeur, on peut continuer à modifier le texte dans ce dernier, sauvegarder, puis cliquer sur le bouton *Recharger* du navigateur. Grâce à ce mouvement de va-et-vient, on corrigera la page jusqu'à obtenir le résultat voulu.

Titres et sauts de ligne

Des balises autonomes marquent à la fois le début et la fin, et s'écrivent alors d'une façon qui ressemble à la fois à un début et une fin, comme `<br />` qui indique un retour à la ligne :

```
Après cela, je veux revenir à la ligne <br />
C'est fait !
```

Les balises peuvent être imbriquées. Par exemple, si l'on veut mettre une expression en anglais dans un titre de premier niveau (`<h1>`) :

```
<h1>Histoire de l'adage <emph>small is beautiful !
</emph></h1>
```

Ce morceau de HTML serait rendu à peu près ainsi (voir figure 5-1) :

Histoire de l'adage *small is beautiful*

FIGURE 5-1 *Exemple de rendu d'un texte avec la balise emphasis*

Comme on peut le constater, toute la phrase (du début à la fin de `h1`) est un titre, mais seule l'expression en anglais est mise en valeur au sein de ce titre. On peut donc observer que les balises ouvrantes et fermantes désignent très précisément une zone du texte. On voit aussi qu'il faut respecter la règle « dernier ouvert, premier fermé ». En effet, il n'est pas permis d'écrire :

```
<h1>Mais où ce titre se termine-t-il?
<strong>hein?</h1></strong>
```

NORME **Être tolérant : un devoir pour le navigateur !**

L'exemple mal imbriqué présenté ci-dessus peut très bien fonctionner dans certains navigateurs. En effet, celui-ci fait de son mieux pour essayer de comprendre ce que l'auteur de la page a voulu dire, même en cas d'omissions ou d'erreurs. En toute rigueur, aucun des exemples de ce paragraphe n'est correct au sens de la norme HTML, parce qu'il manque le cadre de page minimal suivant :

```
<html><body>Insérer l'un des exemples ici</body></html>
```

Cette tolérance du navigateur est évidemment une bonne chose, parce qu'ainsi, le visiteur du site ne se cassera pas le nez sur un message d'erreur à la moindre coquille dans le code HTML. De façon générale, dans tout système informatique complexe faisant intervenir plusieurs programmes, il est important de prévoir un peu de « jeu » à leur jonction : cela s'appelle le principe de robustesse, décrit dans la RFC1122 (voir l'annexe A) dans les termes suivants : « Être tolérant pour ce qu'on accepte, et pointilleux pour ce qu'on envoie ». Le navigateur respecte donc les standards de l'Internet en acceptant les pages incorrectes. Mais l'auteur de pages doit malgré tout faire de son mieux pour produire du HTML correct !

Insérer des images, des hyperliens et des ancres

Certaines balises attendent des détails outre leur nom ; c'est le cas de la balise `<img>` par exemple, qui permet d'insérer une image… Encore faut-il préciser laquelle :

```
<img src="jolie-image.jpg" />
```

> B.A.-BA **URL**
>
> Une URL (*Uniform Resource Locator*) est une suite de caractères qui indique un chemin vers un document en permettant d'y accéder. Une URL a comme valeur un lien hypertexte ; par exemple, **http://mon-site.org/index.html** est une URL.
>
> Dans l'attribut `href` des liens, comme dans l'attribut `src` des images, on attend une telle adresse. Le cas le plus simple est illustré dans les exemples ci-dessus, mais on peut également faire des liens vers un fichier ou une image se trouvant dans un autre répertoire, ou sur un autre site. Voir pour plus de détails à ce sujet le chapitre 3 ou l'une des documentations en ligne proposées dans l'encadré Documentations et outils pour HTML de ce même chapitre.

L'expression `src=...` s'appelle un attribut et prend place dans la balise d'ouverture (ou dans la balise unique si ouverture et fermeture sont confondues, comme précédemment). Par exemple, on crée un hyperlien d'une page à l'autre de la manière suivante :

```
Pour plus d'infos, voir <a href="une-autre-page.html">
l'autre page</a>
```

Dans cet exemple, c'est l'expression « l'autre page » qui sera le lien (rendu en bleu souligné, par exemple) et, lorsqu'on clique dessus, c'est la page `une-autre-page.html` qui s'affichera.

En pratique **Faire des tests avec plusieurs pages : attention aux noms de fichiers !**

Pour essayer les images et les liens entre pages, avec les balises <img> et <a> dont la syntaxe est expliquée ici, il faut placer les nouveaux fichiers dans le même répertoire et s'assurer que les noms de fichiers présents dans le document HTML sont les mêmes que les noms véritables. Si tel n'était pas le cas, il faudrait indiquer le chemin entier pour que la page retrouve l'image. Attention, le Web est sensible à la différence de casse, autrement dit aux majuscules et aux minuscules, il faut donc vérifier cela aussi ! C'est une source de problèmes fréquente que l'on ne détecte qu'une fois le site mis en ligne : en cas de désaccord (exemple : `Index.html` dans une page contre `index.html` sur le disque dur), tout marche bien « en local »... mais une fois téléchargé par FTP, rien ne va plus ! En réalité de nombreuses confusions sont dues au fait que le système MS-Windows ne fait pas de différence entre les casses, alors que les systèmes Unix le font.

TABLEAU 5–1 **Balises HTML**

Balise	Description
Structure de document	
`<html></html>`	Cadre de tout document HTML. Le squelette de toute page est : `<html><head>...</head><body>...</body></html>`.
`<head></head>`	En-tête d'un document HTML (métadonnées telles que titre, langue...).
`<title></title>`	Intitulé qui apparaît dans la barre de titre (à imbriquer dans `<head>...</head>`).
`<meta />`	Indication d'informations supplémentaires (métadonnées) sur le document (notamment la langue dans laquelle le texte est écrit).
`<body></body>`	Corps d'un document HTML (à savoir ce qu'on lit dans la fenêtre principale).
`<address >...</address>`	Contenu de type adresse (par exemple, coordonnées de l'auteur).
`<h1>...</h1>, ...<h6>...</h6>`	Titres et sous-titres (6 niveaux).

TABLEAU 5–1 **Balises HTML (suite)**

Balise	Description
Mise en forme de paragraphe	
` `	Saut de ligne.
`<p>...</p>`	Paragraphes (saut de paragraphe = 2 structures de paragraphe l'une après l'autre).
`<blockquote>...` `</blockquote>`	Citation en exergue.
`<div>...</div>`	Plage de texte ayant une fonction particulière (ex : menu de navigation).
`<hr />`	Insère une ligne horizontale.
Mise en forme de mots et phrases	
`<em>...</em>`	Emphase (mot étranger...).
`<strong>...<strong>`	Style fort (phrase importante...).
`<code>...</code>`	Exemple de programme informatique, commande...
Liens hypertextes et ancres	
`<a href="http://` `www.xxx">...</a>`	Lien hypertexte. Attribut `href` : cible du lien. Contenu des balises : texte du lien.
`<sub>...</sub> ;` `<sup>...</sup>`	Pour les indices et exposants, respectivement.
Listes	
`<ul>` `  <li>...</li>` `  <li>...</li>` `</ul>`	Liste à puces. Chaque item est contenu entre `<li>...</li>`.
`<ol>` `  <li>...</li>` `  <li>...</li>` `</ol>`	Liste numérotée (même remarque). La numérotation est automatique.

TABLEAU 5-1 Balises HTML (suite)

Balise	Description
| ```html
<dl>
  <dt>Terme</dt>
  <dd>Définition</dd>
  <dt>Autre terme</dt>
  <dd>Autre définition
  </dd>
</dl>
``` | Liste de définitions (comme dans un dictionnaire ou un glossaire). |
| **Images et sons** | |
| ```html
<img/>
``` | Insertion d'une image. |
| ```html
<embed/>
``` | Insertion d'un élément multimédia (musique, animation...) (nécessite un plug-in du navigateur). |
| **Tableau** | |
| ```html
<table>
<caption>...</caption>
<thead>
  <tr><td>...</td>
      <td>...</td></tr>
</thead>
<tbody>
  <tr><td>...</td>
      <td>...</td></tr>
  <tr><td>...</td>
      <td>...</td></tr>
  <tr><td>...</td>
      <td>...</td></tr>
</tbody>
<tfoot>
  <tr><td>...</td>
      <td>...</td></tr>
</tfoot>
</table>
``` | Définit un tableau avec titre, en-tête et pied de tableau (tous optionnels). Les cellules du tableau sont contenues entre `<td>` et `</td>`, présentées en lignes (`<tr>...</tr>`). |

Créer une page HTML complète

On délimite le début et la fin du document à l'aide de la balise `<html>`, comparable à la reliure d'un livre qui définit « l'objet livre » :

```
<html>
...
</html>
```

Outils **Les éditeurs de HTML**

Nous allons voir plus loin comment écrire en HTML avec un éditeur Wysiwyg (*What You See Is What You Get*), c'est-à-dire montrant directement le résultat visuel des balises, sans va-et-vient entre éditeur et navigateur.

Nous conseillons, dans la plupart des cas, d'utiliser un éditeur de texte, pour contrôler précisément le balisage. On vérifie ensuite le résultat à l'aide de son navigateur (fonction *Fichier>Ouvrir*). On peut obtenir le même effet en rédigeant du HTML dans les éditeurs Wysiwyg, option source de la page.

Le document HTML comporte deux parties : l'en-tête (`head`) qui donne des informations sur le texte (titre, description, auteur, mots-clés) et le corps du texte (`body`) qui correspond au document lui-même. Ces deux éléments sont comparables d'une part aux données contenues dans les premières et dernières pages d'un livre (titre, auteur, édition, tableaux, index) qui constituent le paratexte, et d'autre part au contenu du livre proprement dit ou texte.

L'en-tête et le corps sont eux-mêmes subdivisés en plusieurs parties. L'en-tête comprend au moins le titre du document. Les éléments de l'en-tête ne sont pas fondamentaux a priori car ils ne sont pas affichés dans le navigateur, sauf le titre qui figure dans la barre de titre de la fenêtre de navigateur. Pourtant, ces informations sont utiles car elles permettent aux navigateurs, visiteurs et moteurs de recherche, de repérer le site web sur l'Internet. De façon comparable, dans une bibliothèque, on trouve facilement l'ouvrage recherché grâce au dos de la couverture qui indique le titre, l'auteur et l'éditeur du livre. L'ossature pour la première page est donc la suivante :

```html
<html>
<head>
<title>La loutre d'Europe</title>
</head>
<body>
<h1>La loutre d'Europe (<em>lutra lutra</em>)</h1>
<h2>Caractéristiques</h2>
<p>La loutre d'Europe (<em>lutra lutra</em>): carnivore de
la famille des mustélidés aquatiques. Elle est munie de
pattes palmées et se nourrit de poissons. Elle mesure un
mètre environ. Voici une jolie photo de loutre:</p><br />
<p><img alt="photo de loutre" title="photo de loutre"
src="loutre.jpg" /></p>
</body>
</html>
```

Les figures 5-2 et 5-3 présentent un exemple de page HTML avec son rendu visuel dans Mozilla Firefox.

Il est vrai que le rendu est quelque peu triste. Vivement la prochaine section !

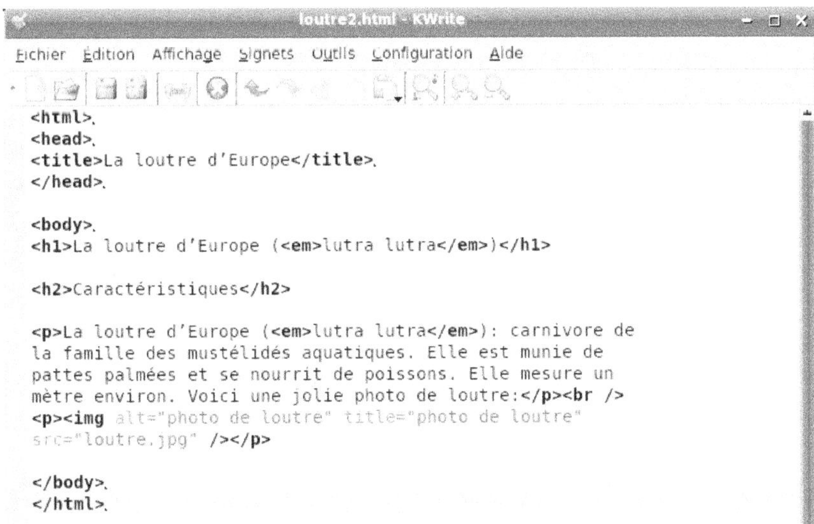

FIGURE 5-2 *Une page en HTML rédigée dans l'éditeur de texte Kwrite...*

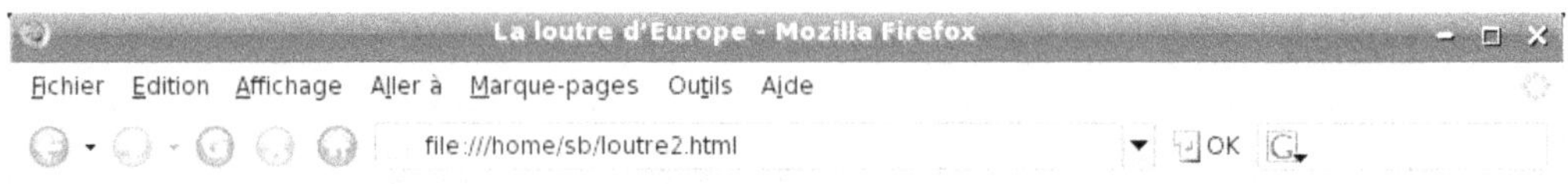

La loutre d'Europe (*lutra lutra*)

Caractéristiques

La loutre d'Europe (*lutra lutra*): carnivore de la famille des mustélidés aquatiques. Elle est munie de pattes palmées et se nourrit de poissons. Elle mesure un mètre environ. Voici une jolie photo de loutre:

FIGURE 5–3 *... et son rendu visuel dans Firefox*

RÉFÉRENCE **Documentations et outils pour HTML**

Voici quelques liens pratiques pour affiner sa maîtrise du HTML :

- Le site web du W3C (**http://www.w3.org/**) : propose la définition technique du HTML en anglais (**http://www.w3.org/TR/xhtml1/**) et en français (**http://www.la-grange.net/w3c/xhtml1/**). Les recommandations du W3C sont assez ardues, comme tout texte de précision technique. C'est la référence en cas de divergence entre plusieurs versions.
- Un tutoriel de base pour débuter : **http://www.eleves.ens.fr/tuteurs/internet/web/html/**.
- Un tutoriel complet et respectueux des standards : **http://www.snv.jussieu.fr/archambault/cours/html/**.
- Un validateur de HTML, indispensable pour vérifier la qualité de votre HTML (**http://validator.w3.org/**) : réussir à voir sa page dans son navigateur n'est pas suffisant pour déclarer son travail terminé...
- Un vérificateur de liens (**http://validator.w3.org/checklink**) : à passer de temps en temps sur vos pages pour traquer les liens cassés lors des phases de maintenance du site.

Simplicité et élégance avec les feuilles de style

Jusqu'ici nous n'avons examiné que les éléments de structure qui peuvent composer une page, mais rien pour la décorer si ce ne sont les images. Au vu du résultat, et surtout comparé aux sites que nous avons l'habitude de fréquenter, nous sommes en droit de nous attendre à quelque chose de plus joli ! C'est l'objectif de cette section que de vous y amener.

Essayer deux feuilles de style

À l'aide de l'éditeur de texte, créons une feuille de style que nous enregistrerons sous le nom `riviere.css`, dans le même répertoire que la page, et insérons-y les styles suivants :

```
/* feuille de style CSS
« rivière »
/*
/* Oh non, encore un langage de
balises à apprendre !...
/* Tous les détails ci-dessous,
section Comment faire sa feuille
de style ?
*/

body {

background-image:
url("riviere.jpg");
background-attachment: fixed;
background-repeat: no-repeat;
position: justify;
margin: 3%;
padding: 3%;
color: #021609;
font-family: Verdana, sans-
serif;
}
```

◄ Commentaires, non pris en compte.

◄ Partie définissant la présentation pour la page.

◄ Ne pas oublier de placer dans le répertoire courant le fichier `riviere.jpg`

Définitions de présentation du texte, *hors* éléments fixes (barres de navigation...).	▸
Définition de présentation pour les titres de niveau 1 dans le texte.	▸
Définition de présentation pour les mots en exergue contenus dans des titres de niveau 1.	▸
Définition de présentation pour les images.	▸
Définition de présentation pour les mots en exergue contenus dans les paragraphes.	▸

```css
div#texte {
padding: 0 2% 3em 2%;
color: #fff;
background-color: #333;
border: 1px solid #666;
line-height: 150%;
/* Astuce : le centrage vaut
pour l'image (ce réglage est
montré ci-après pour le texte,
voir "div#texte p") */
text-align: center;}

div#texte h1 {
background: white;
padding: 1em 1em 1em 0;
color: #133f22;
letter-spacing: 0.5em;
font-family: Times, sans serif;
font-size: x-large;
border: solid #133f22;}

h1 > em {
/* exergues contenus dans H1 */
font-weight: bold;
letter-spacing: 0.5em;}
div#texte p {
text-align: left;}
h2 {
font-family: Verdana, sans-
serif;
font-weight: bold;
color: #fff;}

img {
border: 1px solid ;
margin-left: auto;
margin-right: auto;}

p > em {
text-decoration: underline;}
```

Dans cette feuille de style, l'image `riviere.jpg` constitue le fond d'écran : il ne faut pas oublier de la placer dans le répertoire courant. Nous pourrions la placer dans un autre répertoire, il faudrait alors indiquer le chemin complet pour la trouver.

Ouvrons à nouveau la page HTML créée précédemment. Nous y ajoutons uniquement l'appel à la feuille de style, à la fin de l'en-tête HTML (donc juste avant `</head>`) :

```
<html>
<head>
<title>La loutre d'Europe</title>
<link rel="stylesheet" type="text/css" media="screen"
title="riviere" href="riviere.css" />
</head>
<body>
...
```

Modifions également légèrement le contenu de la page, afin d'utiliser la présentation de texte définie dans la feuille de style :

```
<body>
<div id="texte">
<h1>La loutre d'Europe (<em>lutra lutra</em>)</h1>
<h2>Caractéristiques</h2>
<p>La loutre d'Europe (<em>lutra lutra</em>): carnivore de
la famille des mustélidés aquatiques. Elle est munie de
pattes palmées et se nourrit de poissons. Elle mesure un
mètre environ. Voici une jolie photo de loutre:</p><br />
<p><img alt="photo de loutre" title="photo de loutre"
src="loutre.jpg" /></p>
</div>
</body>

</html>
```

Rechargeons-la dans le navigateur... Et voilà le résultat !

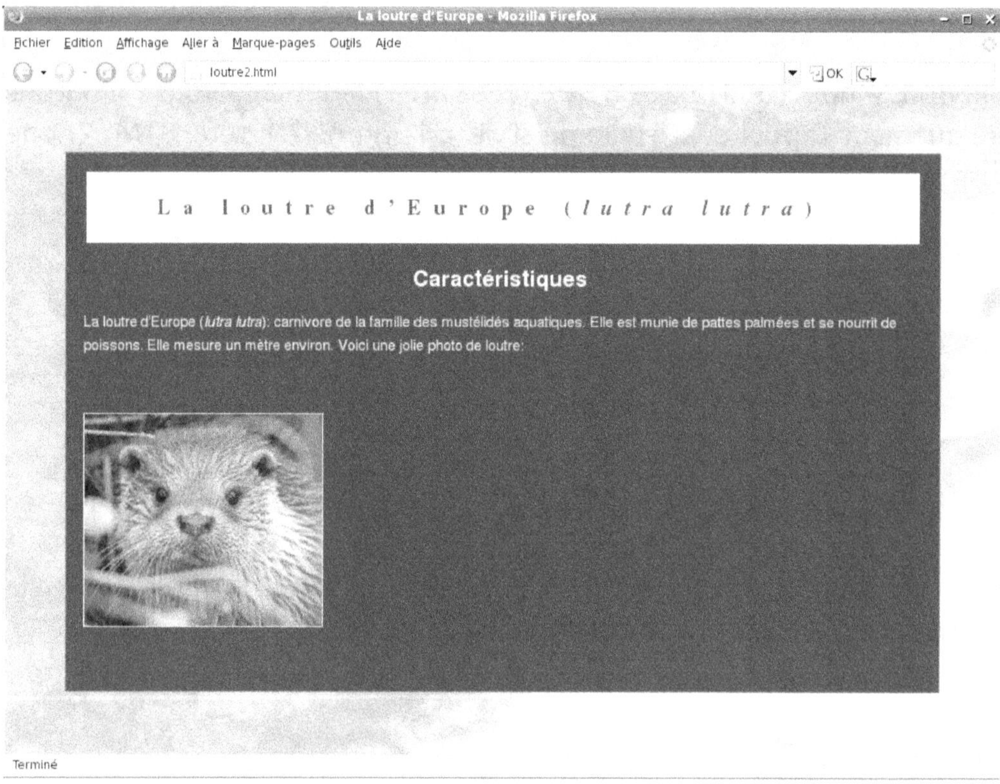

FIGURE 5-4 *Une page « loutre sur fond de rivière » grâce aux feuilles de style*

Un deuxième essai ? Voici une autre feuille de style à saisir dans l'éditeur de texte (sous le nom `mystere.css`) :

```
# feuille de style CSS « mystere »
body{
   background-color: black;
   position: center;
   margin: 25px;
   padding: 25px;
   color: white;
   font: 14px Times, sans-serif;}
p > em{
   font-size:12;}
```

```css
h1{
   color: #c7f2a4;
   text-align: center;
   font: 17px Verdana, sans-serif;}
h2{
   color: #c7f2a4;
   font: 15px Times, sans-serif;
   font-weight: bold;}
img{
   padding: 10px;
   border: 1px solid ;
   width: 150px;
   height: 132px;}
```

Comme précédemment, il faut ajouter une ligne à la page HTML :

```html
<html>
<head>
<title>La loutre d'Europe</title>
<link rel="stylesheet" type="text/css" media="screen"
title="riviere" href="riviere.css" />
<link rel="alternate stylesheet" type="text/css"
media="screen"
title="mystere" href="mystere.css" />
</head>
<body>
...
```

Rechargeons-la dans le navigateur : rien ne se passe... Cependant, dans le menu *Vue* (ou un équivalent comme *Affichage*) du navigateur, on peut choisir *Feuille de style*, et le visiteur peut choisir l'un ou l'autre des deux habillages graphiques (voir ci-après la figure 5-5).

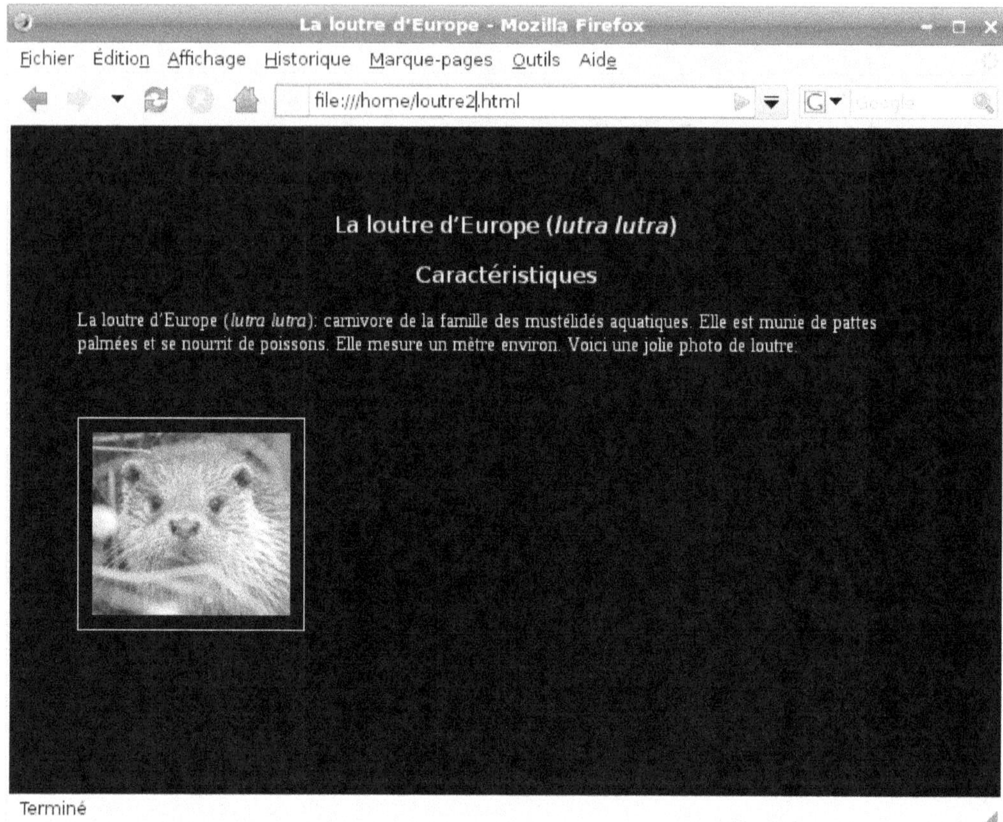

FIGURE 5-5 *Une loutre mystérieuse sur fond noir*

En détail : la syntaxe de base CSS

Voici un exemple de règle CSS pour afficher un en-tête de premier niveau `<h>` en bleu :

```
h1 { color: blue }
```

Une règle CSS est composée de deux parties : un sélecteur (ici `h1`) et une déclaration (`color: blue`). Cette dernière est elle-même divisée en deux parties : la propriété (`color`) et la valeur (`blue`).

Les sélecteurs sont les éléments HTML de la page (ou des pages) qui ont appelé la feuille de style CSS. Pour chaque élément HTML, on peut appeler plusieurs déclarations. Dans l'exemple ci-après, l'élément `<h1>` comprend trois déclarations :

```
h1 {
color: blue;
font-weight: bold;
text-align: center;
}
```

Entre chaque déclaration, on met un point-virgule. Le point-virgule final n'est pas obligatoire, mais il vaut mieux le mettre pour ne pas l'oublier par la suite si l'on ajoute des déclarations. On peut également regrouper une description qui s'applique à plusieurs sélecteurs. Dans l'exemple suivant, les caractères des en-têtes de niveau 1 et des paragraphes seront en bleu :

```
h1, p {
color: blue;
}
```

Appliquer un style à un sous-élément

On peut décrire un sous-élément d'un élément HTML. La syntaxe est la suivante si l'on souhaite que tous les items d'une liste soient décalés d'un centimètre entre eux :

```
ul li {
margin-top: 1cm;
}
```

Attention ! Cette syntaxe s'applique à n'importe quel degré de descendance ; autrement dit, elle ne distingue pas les items de la liste principale et ceux d'une éventuelle sous-liste. Si on veut juste décaler les items de la liste principale, il faut écrire :

```
ul > li {
margin-top: 1cm;
}
```

Le résultat comparé des deux syntaxes est illustré ci-après par les figures 5-6 et 5-7.

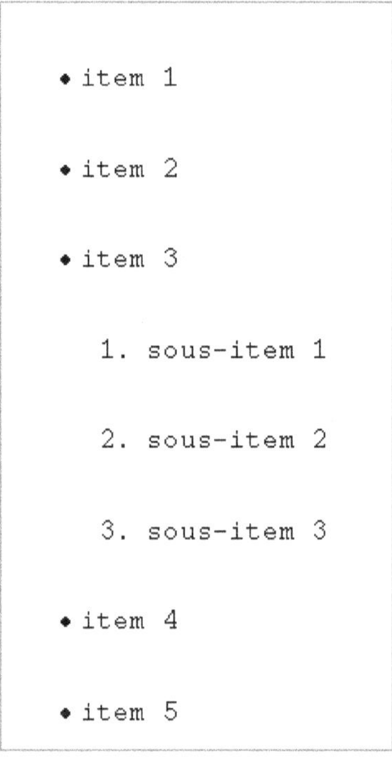

FIGURE 5–6 *On a appliqué le même style pour tous les niveaux de la liste*

FIGURE 5–7 *Seuls les éléments de la liste principale sont décalés.*

Faire des classes d'éléments

On peut avoir envie d'appliquer des styles différents à un même élément : par exemple, un paragraphe d'en-tête, un paragraphe normal et un paragraphe d'exemple. Au style de la feuille de style correspond une `class`, appelée par la balise HTML à laquelle on veut l'appliquer. Dans la feuille de style, on aura :

```
p.entete{
margin-left: 2cm;
font-weight: bold;}
p.exemple {border-left: solid blue 2px;}
```

Dans la page HTML, on fera précéder chaque paragraphe choisi de `<p class=entete>`, `<p>` ou `<p class=exemple>` pour obtenir le résultat présenté à la figure 5-8.

Les loutres

Définition: les loutres sont des carnivores aquatiques de la famille des mustélidés

La loutre est bien sympathique. Son museau et ses petites oreilles rondes feraient fondre le plus endurci d'entre nous. Pourtant les loutres sont encore chassées pour leur fourrure.

En l'an de grâce 1824, la loutre se promène en toute quiétude dans les marais poitevins. Mais un chasseur surgit, le fusil à la main, prêt à faire un massacre.

FIGURE 5-8 *On distingue facilement le paragraphe d'en-tête, le paragraphe normal et l'exemple.*

Mais, avec cette syntaxe, on ne peut pas mettre un exemple de plusieurs paragraphes, parce que la ligne bleue ne se poursuivrait pas le long d'un autre paragraphe. Il n'est pas davantage possible d'inclure dans l'exemple une liste ou un tableau. Il est donc préférable d'utiliser `div` :

```
# ma feuille de style
div.exemple{ border-left: solid blue 2px; }

# ce qui donne dans le document HTML
<div class="exemple">
<p>L'exemple</p>
<p>Suite de l'exemple dans plusieurs paragraphes</p>
</div>
```

À SAVOIR **Classes et identificateurs**

Ce sont deux notions proches de la norme CSS : toutes les deux permettent d'appliquer un style à un élément. Mais l'identificateur s'applique à un objet unique (une même page ne peut comporter deux éléments de même identificateur) tandis que la classe peut s'appliquer à plusieurs éléments. L'identificateur est donc particulièrement intéressant pour positionner des éléments de façon précise dans la page (car deux éléments distincts ne peuvent occuper le même emplacement). L'identificateur peut aussi être manipulé par JavaScript : c'est donc une solution à envisager si votre site fera appel à ce langage.

Dans la feuille de style CSS, les classes sont définies en étant précédées d'un point (`.nom_de_classe`) tandis que les identificateurs sont précédés d'un symbole dièse (`#nom_d_identificateur`).

Les loutres

Définition: les loutres sont des carnivores aquatiques de la famille des mustélidés

La loutre est bien sympathique. Son museau et ses petites oreilles rondes feraient fondre le plus endurci d'entre nous. Pourtant les loutres sont encore chassées pour leur fourrure.

En l'an de grâce 1824, la loutre se promène en toute quiétude dans les marais poitevins. Mais un chasseur surgit, le fusil à la main, prêt à faire un massacre. Que va-t-il se passer?

la loutre sent la menace, elle plonge et disparait dans l'eau.

C'est un animal
- malin
- rapide

FIGURE 5-9 *div permet de définir le style de plusieurs paragraphes.*

Il existe des pseudo-classes. On retiendra particulièrement la syntaxe pour attribuer des styles différents à un même lien en fonction de son type d'activation :

```
a:link{ color: blue; }       /* lien non visité en bleu */
a:visited{ color: purple; }  /* lien visité en violet */
a:hover{ color: red; }       /* lien survolé en rouge */
a:active{ color: green;}     /* lien activé en vert */
```

RÉFÉRENCE **L'intégralité des feuilles de style CSS 2, clairement expliquées par le W3C et en français !**

> ▸ **http://www.yoyodesign.org/doc/w3c/css2/cover.html**

ATTENTION **Importance de l'ordre d'appel**

Les styles fonctionnant en cascade, il est impératif de conserver cet ordre : `link`, `visited`, `hover`, `active` pour qu'ils réagissent comme on le veut.

Quatre bonnes raisons de créer des feuilles de style

Dans le tableau 5-1, on peut constater que certaines balises HTML ne présentent à dessein aucun style de mise en page (du type texte en gras, centré police Helvetica 20 points, caractères blancs sur un aplat rouge avec une marge de 3 cm, etc.), mais au contraire uniquement des balises qui dénotent le sens à attribuer au texte (texte important, titre de niveau 1, citation en exergue, etc.).

Les balises de mise en page n'en existent pas moins et on peut choisir de les utiliser.

Cependant, l'utilisation des styles associés aux balises de sens facilite le travail :

- en clarifiant le code source ;
- en permettant de changer l'aspect de manière simple, uniquement par les feuilles de style ;
- en séparant clairement la fabrication des pages de l'esprit de hiérarchie de présentation d'une part, et des détails de cette dernière d'autre part.

Enfin, tous les visiteurs n'accéderont pas au contenu du site de la même manière. Au-delà des considérations esthétiques, il faut songer à tous, quels que soient leurs types de vue : daltoniens, malvoyants et aveugles, entre autres. Une page HTML purement sémantique ne véhicule que des idées et sera compréhensible par tous, que ce soit par les yeux (texte en gras) ou les oreilles (faire parler la voix artificielle plus fort). Au contraire, une page dans laquelle sont mélangés la forme et le fond peut faire perdre du temps et de la patience à un lecteur qui veut aller droit au contenu.

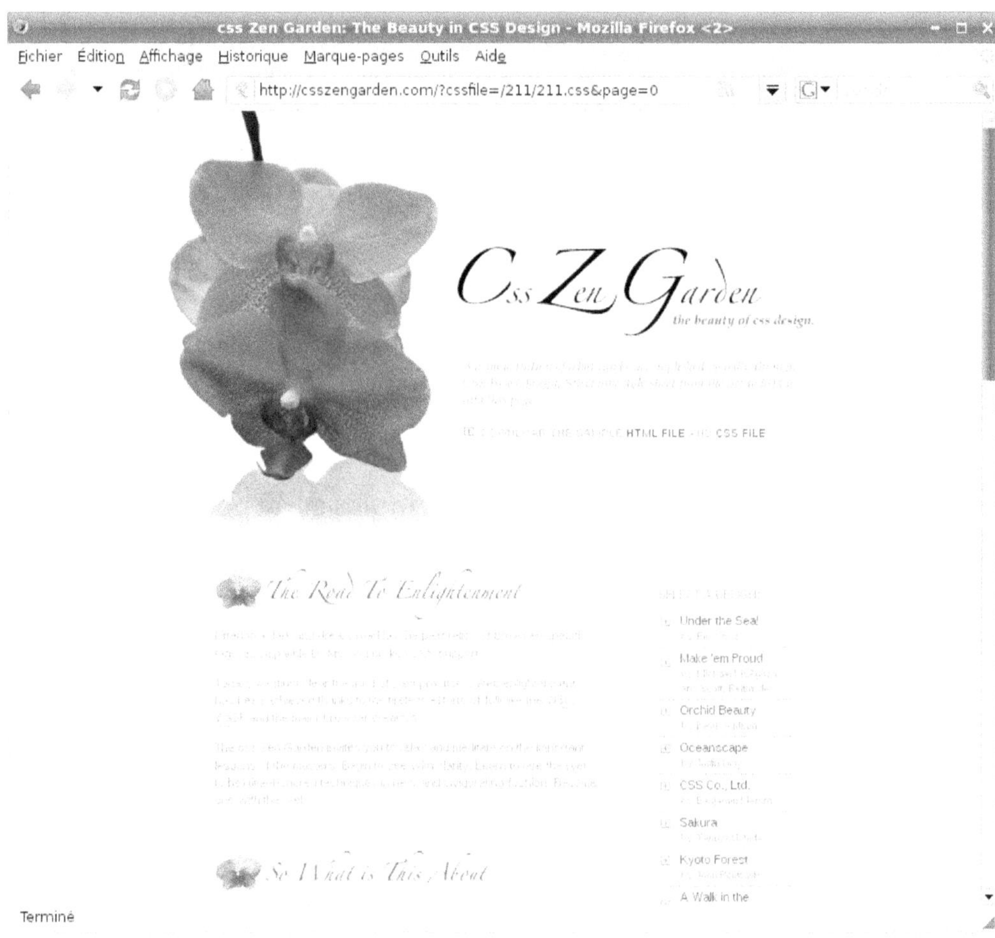

FIGURE 5-10 *Le très beau site CSS Zen Garden*

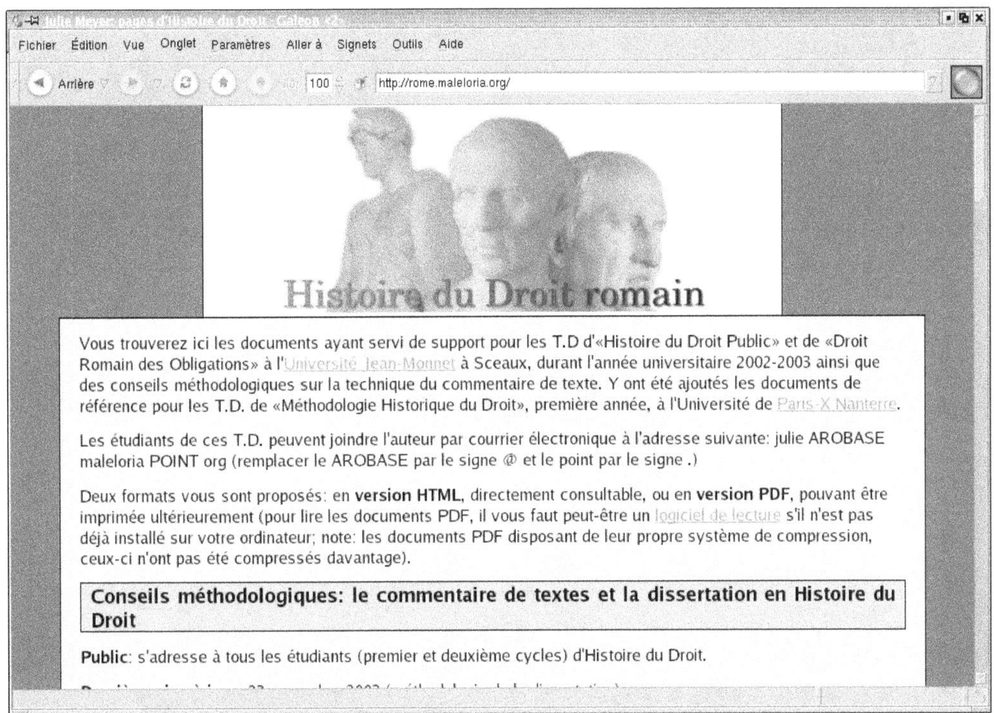

FIGURE 5-11 *Une page sémantique*

PERSPECTIVES **Utiliser XML**

Pour obtenir du contenu largement utilisable par tous supports, sans se soucier de la forme, on utilisera le XML, langage de balisage générique, format de document ultra-standard cousin d'HTML, qui a notamment l'avantage de permettre une sortie du document sur tous les supports possibles. On commence par créer des modèles de pages en XML répondant uniquement à des considérations sémantiques, car n'intéressant que la structure du document. À partir de là, il convient de déterminer à quelle utilisation on voue le document :

• soit à une publication sur le Web. Dans ce cas, on transforme le XML en HTML, grâce à une feuille de style CSS ;
• soit à une impression. Dans ce cas, on fait une feuille de style spécifique qui transforme le XML en document imprimable (avec par exemple le langage de feuille de style XSLT).

La première mouture des documents prend beaucoup de temps, mais une fois la cascade de scripts et de feuilles de style mise en place, tout va très vite. Le portail des copains **http://rezo.net/** est conçu sur cette base (voir figure 5-12).

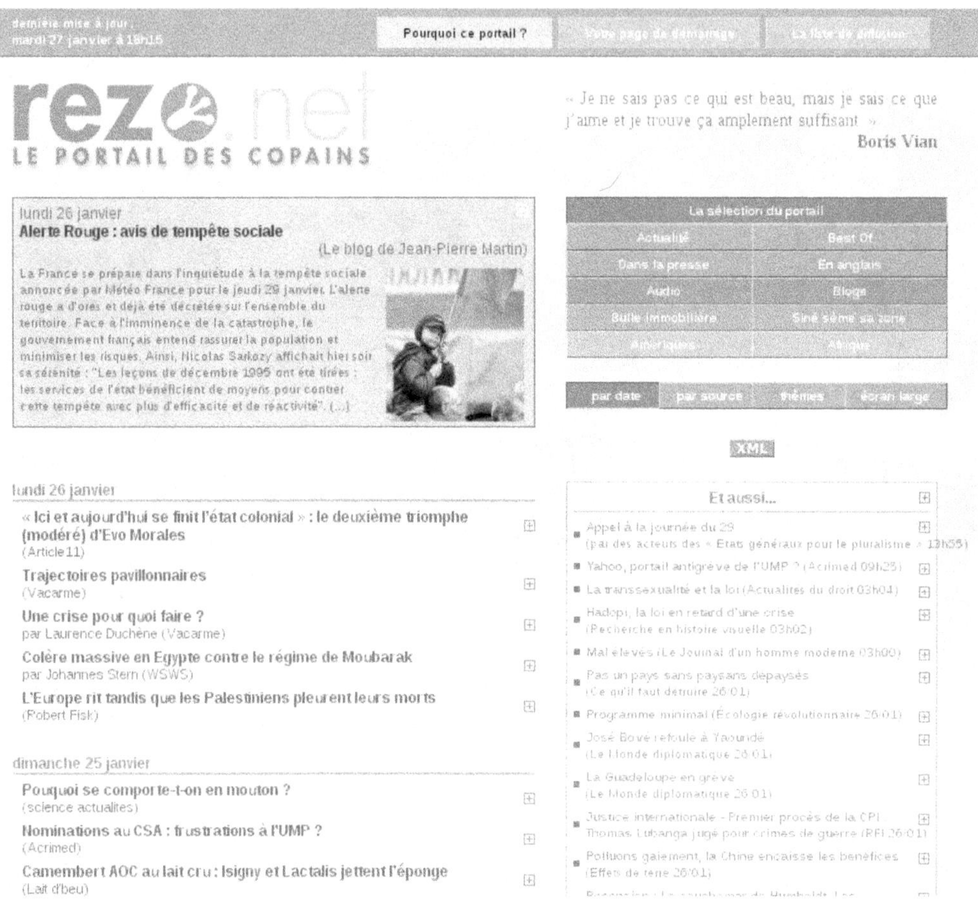

FIGURE 5–12 *Un site d'agrégation de contenu, grâce à XML*

Les principales propriétés CSS

Le tableau 5-2 dresse la liste des propriétés les plus utilisées dans les feuilles de style CSS.

Tableau 5-2 Propriétés CSS

Propriétés CSS	Valeurs possibles	Usage
`font-family: Verdana;`	`Verdana`, `Times`, etc.	Nom de la police de caractères utilisée.
`font-style: italic;`	`normal`, `italic`, `oblique`.	Style de la police de caractères.
`font-weight: bold;`	`normal`, `bold`, `bolder`, `lighter`, `100`, `200`, `300`... `900`.	Épaisseur de la police de caractères.

`font-size: small;`
`font-size: 11pt;`
`font-size: 50%;`
	`xx-small`, `x-small`, `small`, `medium`, `large`, `x-large`, `xx-large`, `larger`, `smaller`.
	Une valeur absolue (ex.: `11 pt`).
	Une valeur exprimée en pourcentage.
		Taille de la police de caractères.

`text-align: center;`	`left`, `right`, `center`, `justify`.	Alignement du texte.
`text-decoration: underline blink;`	`none`, `underline`, `overline`, `line-through`, `blink`.	Décoration du texte (possibilité de combiner plusieurs valeurs).
`text-transform: uppercase;`	`capitalize`, `uppercase`, `lowercase`, `none`.	Texte ou première lettre en majuscule ou en minuscule.

`color: blue;`
`color: #4c41c6;`
`color: rgb(125,32,98);`
	Valeur donnée en texte, hexadécimal, décimal.	Couleur du texte.

Tableau 5-2 **Propriétés CSS (suite)**

Propriétés CSS	Valeurs possibles	Usage
`background-color: black;`	Valeur donnée en texte, hexadécimal, décimal.	Couleur du fond.
`body { background-image: url("loutre.jpg"); }` `p { background-image: none; }`	Une url ou `none`.	Ajout d'une image en fond.
`margin-top: 1em;` `margin-bottom: 2ex;` `margin-left: 12px;` `margin-right: 2cm;`	`1 em` (hauteur d'un caractère dans la police courante); `1 ex` (hauteur du x dans la police courante); `1 px` (1 pixel); `1 in` (1 inch); `1 cm` (1 centimètre); `1 mm` (1 millimètre); `1 pt` (1 point = 1/72 inch); `1 pc` (1 pica = 12 pt).	Les marges situées respectivement en haut, en bas, à gauche et à droite.
`margin: 1em 2cm 2ex 12px;`		Raccourci pour spécifier les quatre marges d'un coup (sens des aiguilles d'une montre en partant du haut, soit dans cet ordre : haut, droite, bas, gauche).
`border-style: hidden;`	`none, hidden, dotted, dashed, solid, double, groove, ridge, inset, outset`.	Style de la bordure.
`border-width: medium;`	`thin, medium, thick,` ou une mesure.	Épaisseur de la bordure.

En résumé...

Ce chapitre a rappelé les principes élémentaires du HTML et des feuilles de style CSS, que vous aurez l'occasion d'utiliser lors de l'étape de personnalisation graphique du site. Mais avant cela, voyons au chapitre suivant comment installer et configurer Spip.

Mon étoile, ce sera pour toi
une des étoiles.

Le Petit Prince, A. de Saint Exupéry

Créer son site en une après-midi avec Spip

Les bases du Web, ses langages et ses outils n'ont plus de secret pour vous. Mais tout cela ne vous est pas indispensable pour installer et utiliser Spip. Juste pour vous donner envie d'en changer l'aspect et la présentation des données.

Installer et configurer Spip

Une fois votre hébergement disponible et en place, vous pourrez transférer vos pages web de votre ordinateur vers la partie du serveur qui vous est allouée afin de les mettre en ligne. Vous n'avez besoin pour cela que de l'accès FTP. Ensuite, pour gérer le contenu de votre site proprement dit – son administration et l'intégration du contenu –, il vous suffira d'un navigateur et d'une connexion Internet, tout se déroulera dans le système d'édition.

> Alternative **Spip et les autres hébergeurs**
>
> Selon les hébergeurs, vous aurez à disposition plus ou moins de fonctions, de rapidité et d'efficacité. Vous pourrez être tenté d'en changer si les performances du vôtre, et notamment le prix de votre abonnement, ne vous conviennent pas. Le site Spip-contrib, régulièrement mis à jour, fournit une liste des hébergeurs compatibles avec Spip à l'adresse indiquée ci-après.
>
> ▸ http://www.spip-contrib.net/Liste-des-Hebergeurs

> À retenir **La configuration requise pour installer Spip**
>
> Il faut disposer d'un hébergeur fournissant :
> - **un accès FTP** pour l'installation des fichiers ;
> - **la prise en charge de PHP** ;
> - **un accès à une base de données MySQL.**

Installation de Spip chez son hébergeur

L'installation de Spip est très simple. Nous expliquons pas-à-pas ci-après toutes les démarches afférentes. Le site web de Spip présente également une documentation complète sur son installation (http://www.spip.net/fr_article402.html).

1 Se rendre sur le site web de Spip (http://www.spip.net/fr) et cliquer sur le bouton *Télécharger* qui figure en haut à droite de la page et pointe vers la dernière version disponible (voir figure 6-1).

2 On dispose de deux méthodes pour installer Spip (voir figure 6-2) : dans le premier cas, on dépose un fichier `spip_loader.php` sur le serveur web. L'appel de ce fichier depuis votre navigateur web lance l'exécution de scripts qui recherchent automatiquement tous les fichiers du paquetage de Spip sur Internet et les installent directement de serveur

à serveur, ce qui est plus rapide. Si cette procédure échoue, on peut télécharger et installer soi-même le paquetage de Spip.

FIGURE 6-1 *Télécharger la dernière version directement sur le site de Spip*

FIGURE 6-2 *Spip propose une installation automatique ou manuelle.*

La procédure d'installation automatique

1 Sur la page http://www.spip.net/fr_download, repérer le paragraphe Installation automatique. Vous y trouverez un bouton *Télécharger* (voir figure 6-3).

FIGURE 6–3 *Le bouton Télécharger dans la section Installation Automatique.*

2 Cliquer avec le bouton droit de la souris sur ce « logo-lien », et sélectionner dans le menu contextuel *Télécharger le lien* ou *Enregistrer la cible du lien*, selon votre navigateur, afin de récupérer le fichier `spip_loader.php`.

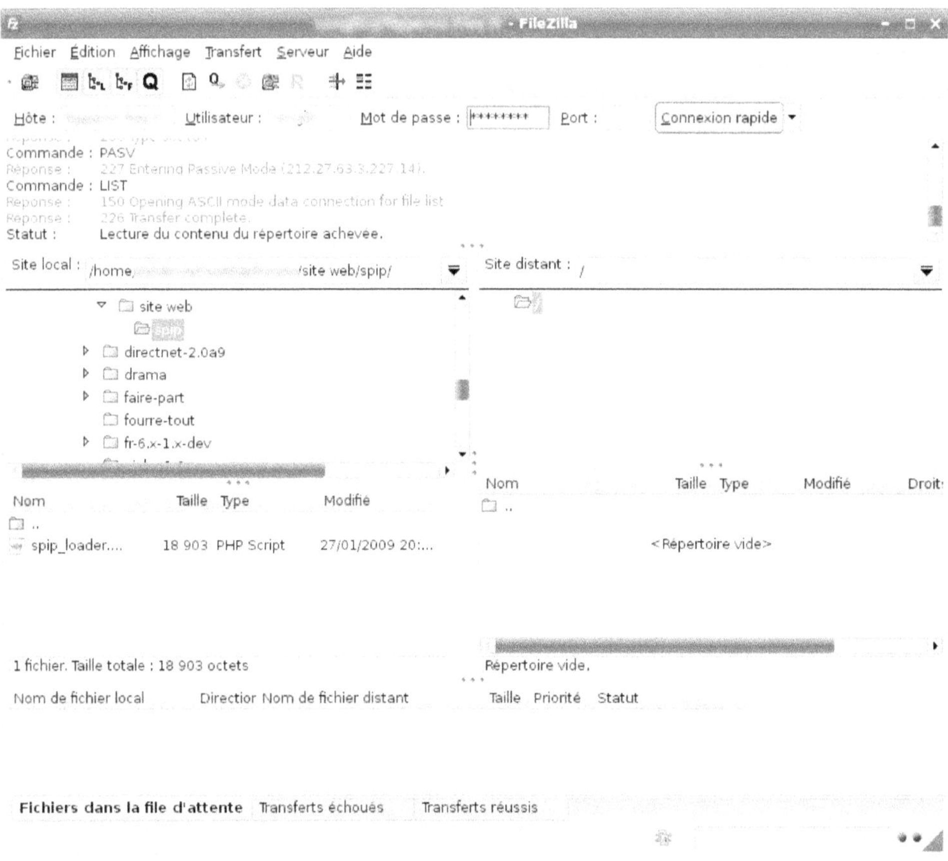

FIGURE 6–4 *Transfert du fichier d'installation de Spip par FTP*

3 Choisir un répertoire pour le stockage temporaire du fichier : par exemple, le *Bureau* ou encore *tmp*.

4 Ouvrir son client FTP et entrer les codes d'accès au serveur web. Pour Ouvaton, l'hôte est **ftp.ocsa-data.net** ; le login et le mot de passe, ceux que vous avez choisis à votre inscription à la coopérative.

5 Transférer le fichier sur le serveur (suivant votre outil, par glisser-déposer, ou en cliquant sur une flèche dont la cible est le serveur web) comme sur la figure 6-4.

6 Ouvrir un navigateur et se rendre sur le fichier `spip_loader` du serveur web. L'URL sera du type : **http://www.monsite.org/spip_loader.php**. Choisir la langue d'installation et cliquer ensuite sur le bouton *Commencer l'installation* (voir figure 6-5).

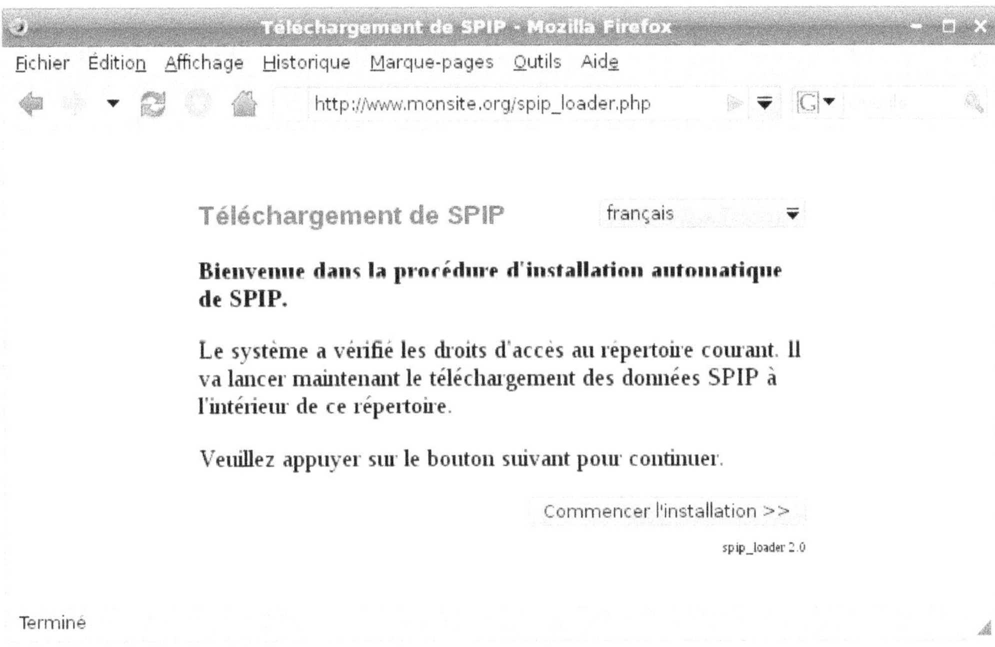

FIGURE 6-5 *Une fois le fichier* `spip_loader` *transféré sur le serveur web, il suffit d'un clic pour installer Spip.*

7 Si la procédure fonctionne, le fichier va rechercher les fichiers de Spip sur Internet et l'installer directement sur votre serveur. C'est plus rapide et plus sûr, car aucun fichier ne sera perdu et aucune connexion stoppée.

Attention cependant, cette méthode ne fonctionne pas sur tous les types de serveur. Si elle échoue dans votre cas, vous devrez alors procéder manuellement, autrement dit déposer vous-même l'ensemble des fichiers Spip sur votre serveur.

> ATTENTION **Version bêta**
>
> Si vous êtes audacieux, au lieu d'installer la dernière version stable, vous pouvez travailler sur la version de la nuit précédant votre téléchargement, forcément instable. Après avoir installé la dernière version en cours de développement, vous ne pourrez prétendre à une quelconque réclamation en cas de problème. À l'évidence, cette installation est réservée à ceux qui veulent participer au débogage Spip.

La procédure d'installation manuelle

1 Sur la page http://www.spip.net/fr_download, au lieu de la section *Installation automatique*, rechercher la section correspondant à la version la plus récente de Spip (généralement la première de la page). Cliquer sur le bouton *Télécharger* correspondant, pour lancer le téléchargement du paquetage complet de Spip (compressé en `.zip`).

2 Choisir un emplacement sur le disque dur (`Bureau` ou `tmp`, par exemple) et télécharger le fichier `.zip` (voir figure 6-6).

3 Une fois le téléchargement effectué, se rendre à l'endroit où a été enregistré le paquetage. Il faut commencer par le décompresser sur votre ordinateur personnel en utilisant un logiciel de décompression, par exemple, 7-Zip sous MS-Windows, stuffIt sous Mac ou en entrant unzip Spip.zip sous Linux.

4 On obtient un dossier `Spip` contenant l'ensemble des fichiers du système Spip.

5 Lancer le client FTP et transférer le contenu de ce dossier sur le serveur web par FTP, dans le dossier qui sera la racine de votre site, comme on le fait habituellement pour installer des pages sur un site. Attention, il faut transférer le contenu du paquetage et non le répertoire renfermant les fichiers.

6 Se connecter avec son navigateur sur son site, dans un dossier intitulé `ecrire`, par exemple `http://www.monsite.org/ecrire/`, où vous pourrez configurer votre Spip.

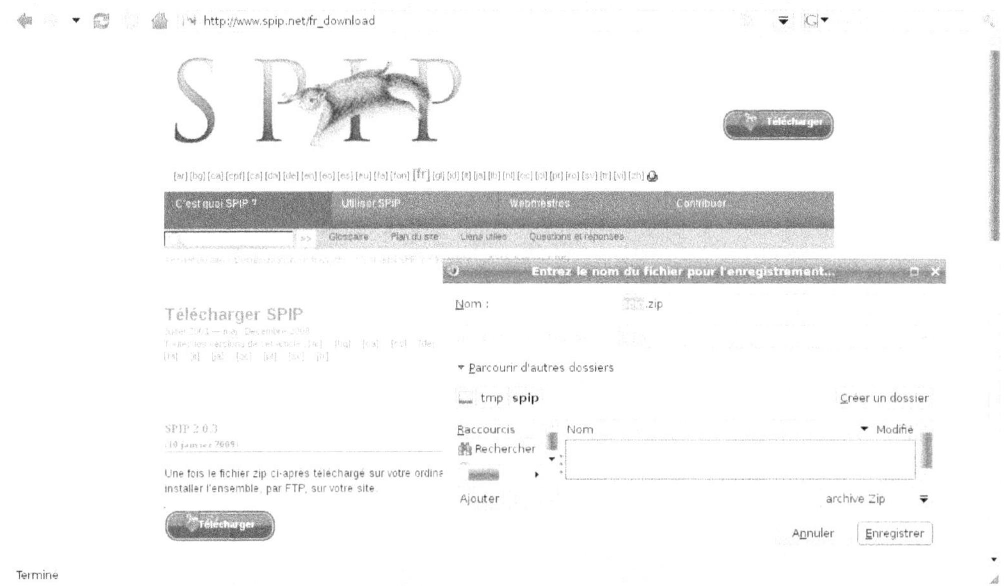

Figure 6-6 *Télécharger le paquetage Spip sur son ordinateur personnel*

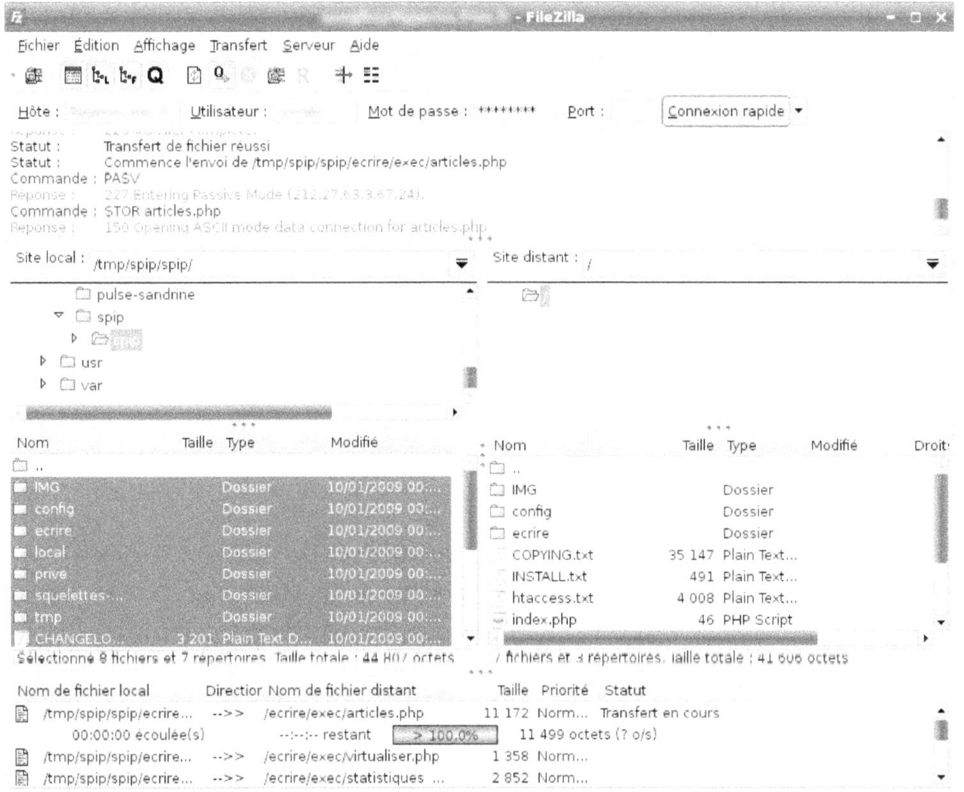

Figure 6-7 *Transfert de Spip par FTP*

Configuration de Spip

Pour configurer le système, rendez-vous sur le site de l'hébergeur en saisissant une URL similaire à celle-ci : **http://www.monsite.org/ecrire/** (figure 6-8).

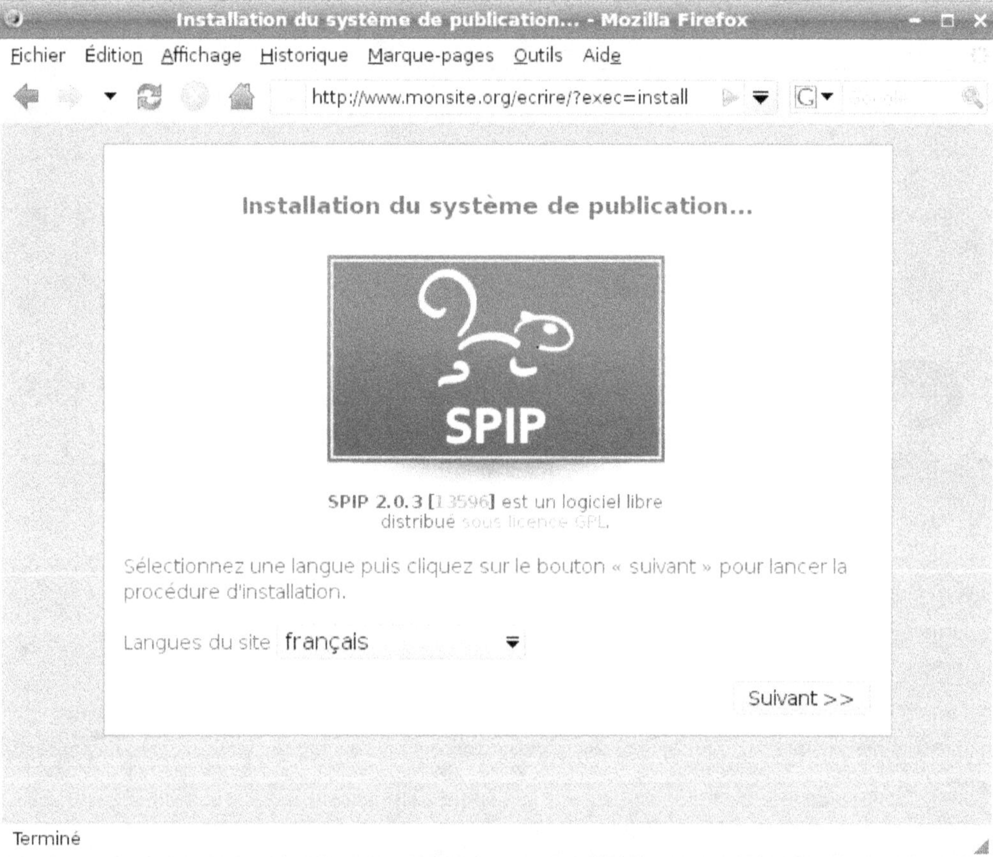

FIGURE 6–8 *Page d'accueil de la configuration du site éditorial Spip*

À partir de ce moment, l'hébergeur n'intervient plus du tout, ni le navigateur, ni la connexion Internet, ni le lieu où vous vous trouvez. Tout se passe par la Toile, quels que soient les outils utilisés. Vous devrez fournir les informations suivantes.

1   Les codes de connexion au serveur de la base de données MySQL. Ces données sont fournies par la documentation technique du site de l'hébergeur. Chez Ouvaton, l'adresse de la base de données vous est donnée dans votre panel d'administration, le login et le mot de passe

sont ceux que vous avez choisis lors que votre inscription. Si vous administrez vous-même votre serveur, en particulier si vous installez Spip localement sur votre ordinateur personnel, à la maison, saisissez `root` comme login et n'entrez pas de mot de passe. Validez et passez à l'étape suivante en cliquant sur le bouton *Suivant* (voir figure 6-9).

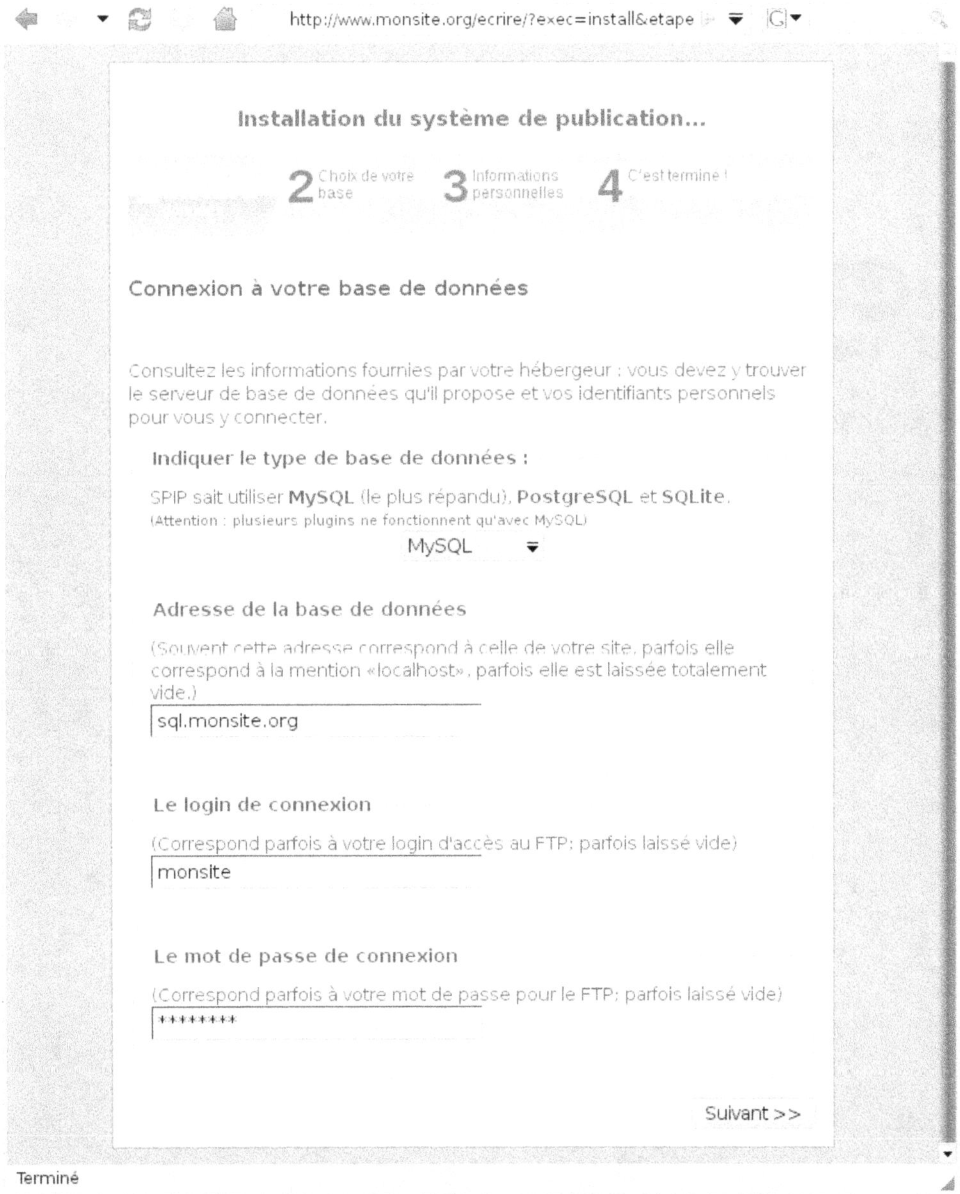

FIGURE 6-9 *Donner les codes de connexion à la base de données MySQL*

2 Il faut ensuite indiquer le nom de la base de données que vous destinez à ce Spip, choisi dans le *panel* dans la rubrique *Comptes MySQL*.

3 Spip vous crée un accès personnalisé : entrez votre nom, votre adresse e-mail et vos identifiants de connexion (login et mot de passe, de votre choix). Ce sont grâce à eux que vous pourrez accéder à l'espace privé, notez-les car il est impensable de les oublier (voir figure 6-10).

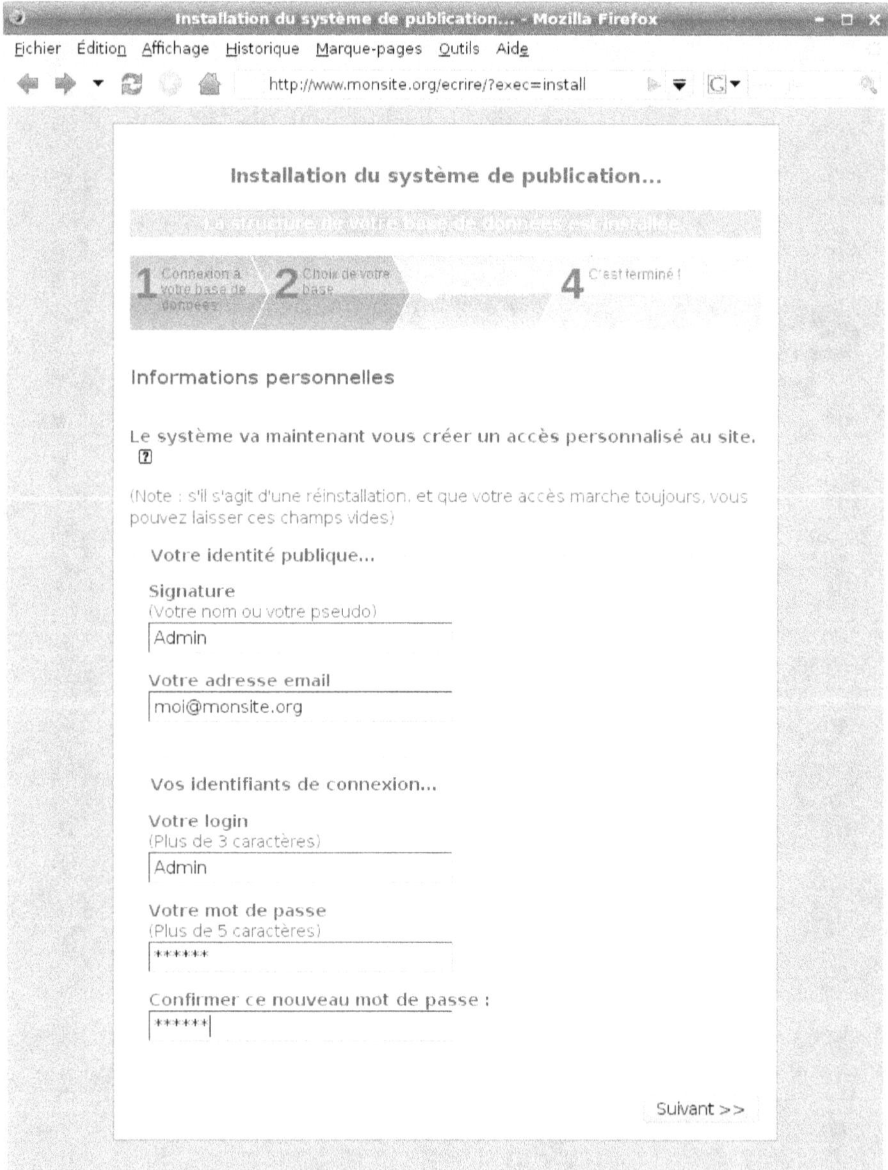

FIGURE 6-10 *Créer un accès personnalisé*

4 Si toutes les opérations ont réussi, vous passez à la dernière étape intitulée « C'est terminé ! » et vous pouvez maintenant utiliser votre système Spip. Pour ce faire, cliquez sur le bouton *Espace privé* et, comme
   indiqué à la figure 6-11, saisissez votre login et votre mot de passe.

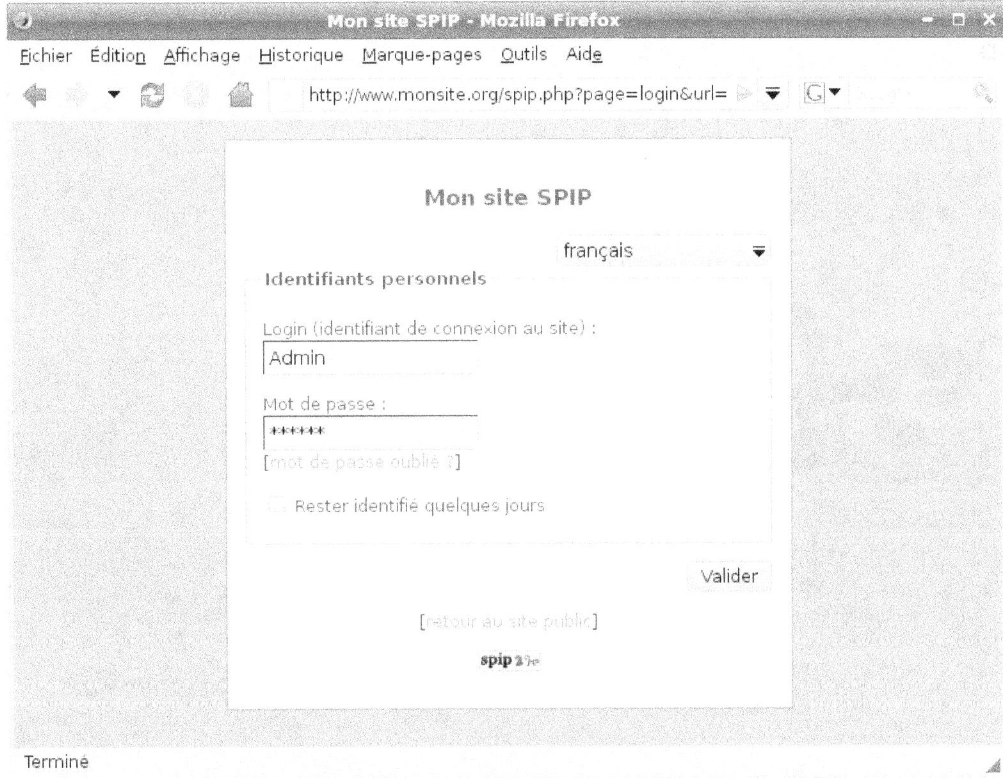

FIGURE 6-11 *Accéder à l'interface d'administration de Spip*

Spip est maintenant totalement installé et vous êtes connecté à votre interface d'administration. Vous pouvez donc commencer à travailler sur le site.
La publication des pages sera immédiate, dès que vous la demanderez.

> ASTUCE **Je me suis trompé !**
>
> En cas d'erreur (la plus courante : vous avez tout oublié concernant
> votre accès au site), pour « relancer » cette procédure d'installation, il
> faut utiliser le logiciel FTP et effacer les fichiers suivants : `/config/`
> `connect.php` et, s'il existe, `.htaccess`. La procédure de confi
> guration recommencera à son tout début lorsque vous vous recon
> necterez à **http://www.monsite.org/ecrire/**.

Créer des articles et des rubriques pour structurer le site Spip

L'interface de Spip est conviviale et intuitive (voir figure 6-12). La meilleure façon de procéder est de se familiariser avec l'outil en faisant une page d'essai.

FIGURE 6-12 *L'interface d'administration et de rédaction de Spip est très conviviale.*

En effet, pour le rédacteur, publier une page est très aisé. Toutes les manipulations se font au moyen d'un navigateur web, ce qui ne nécessite de connaissance particulière ni en programmation, ni en édition de page web. Une fois sur le site, le rédacteur se rend dans l'interface d'administration en entrant son mot de passe. Il est ensuite guidé pas-à-pas lorsqu'il rédige et propose des articles, des photos, des liens.

En revanche, seuls les administrateurs du site peuvent créer des rubriques, c'est-à-dire les dossiers qui constituent la charpente et la hiérarchie du site. Ce sont eux aussi qui publient les documents créés par les rédacteurs.

L'interface d'administration est également très simple et bien documentée : des liens en forme de *[?]* renvoient à l'aide en ligne. Pour la bonne gestion du site, il est préférable de laisser des personnes qui savent ce qu'elles font, éditorialement et techniquement, assurer la responsabilité de l'administration. En revanche, le nombre d'administrateurs, comme celui des rédacteurs, est illimité.

Créer une rubrique

Pour écrire un article, il faut d'abord créer une rubrique. Pour cela, il faut :

1 Se rendre sur l'interface d'administration de la forme http://www.mon-site.org/ecrire/, telle qu'elle apparaît plus haut à la figure 6-12.

2 Cliquer sur l'icône *Édition du site* (voir figure 6-13).

FIGURE 6–13 *L'icône d'édition du site dans l'interface Spip*

3 Puis sélectionner directement l'icône *Créer une rubrique*, qui ajoutera une rubrique à la racine. Ensuite, pour créer d'autres rubriques, vous pourrez soit naviguer dans l'arborescence du site, pour que la nouvelle rubrique puisse être une sous-rubrique d'une rubrique créée, soit créer une rubrique à partir de n'importe où et préciser alors la rubrique mère que vous lui réservez.

4 Dans la page d'édition de la rubrique, indiquer son titre, qui est obliga-toire, et, éventuellement, ajouter une description ou un texte explicatif : dans l'exemple de la figure 6-14, nous avons créé une sous-rubrique *Notre projet* dans la rubrique *Mes tests avec Spip*.

5 Enfin, cliquer sur *Enregistrer* en bas de la page.

La condition pour qu'une rubrique apparaisse sur le site est de ne pas être vide, c'est-à-dire qu'elle doit contenir au moins un article, une brève ou une image, ou bien une sous-rubrique qui, elle, ne soit pas vide.

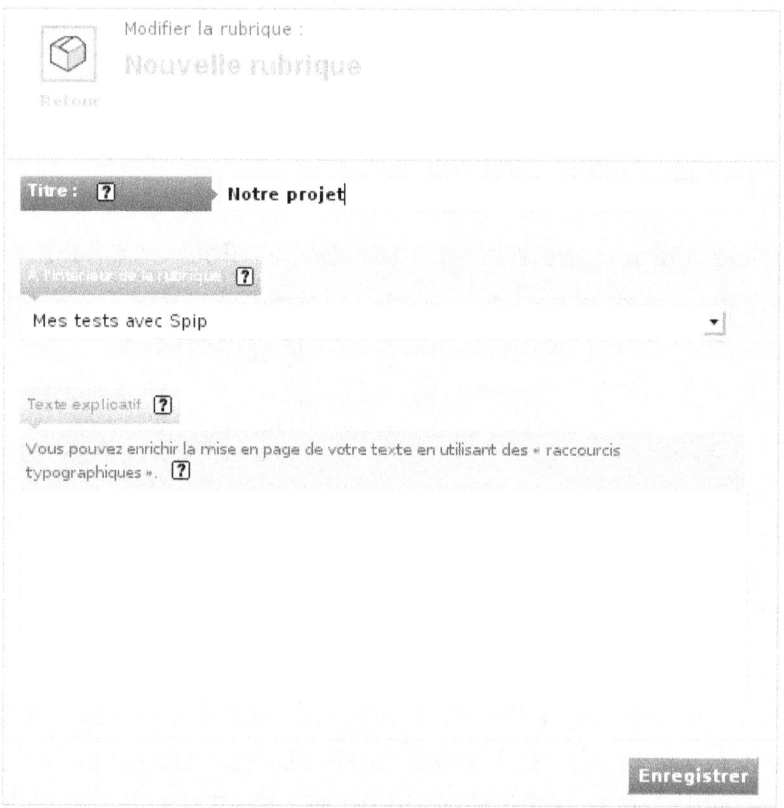

FIGURE 6–14 *Création d'une rubrique dans Spip. Si l'on souhaite changer l'emplace-ment de la rubrique (ou de la sous-rubrique), on peut en sélectionner un autre dans l'arborescence (voir le menu déroulant représenté à la figure 6-15).*

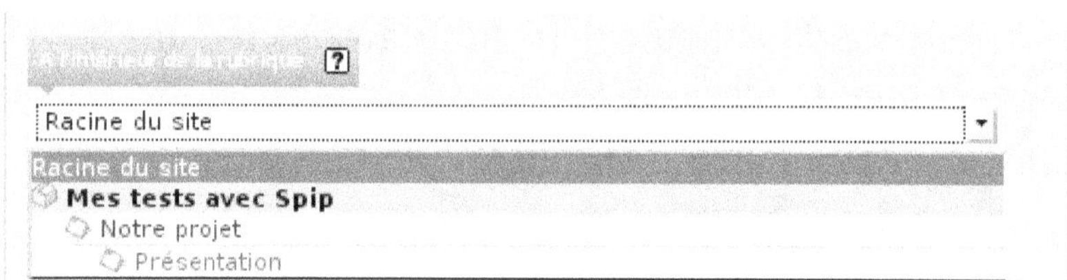

FIGURE 6–15 *Il est aisé de changer une rubrique de place.*

Créer un article

> **Astuce Que faire des documents existant sur un autre site que l'on veut intégrer sous Spip ?**
>
> On peut tout à fait intégrer à son site Spip des textes qui existent dans un autre site. Pour cela, on doit commencer par activer l'option *Articles virtuels* dans la page de *Configuration du site* (par défaut, dans la version 2.0 de Spip, cette option est désactivée). Cette option permet de créer un « article virtuel », c'est-à-dire que son titre, sa date et ses auteurs sont enregistrés dans votre site Spip, mais il pointe vers une autre adresse.
>
> Ensuite on crée l'article qui va servir de support, dans Spip, à la redirection. Une fois l'article enregistré (il suffit de ne renseigner que le titre), la fonctionnalité *Redirection d'article* apparaît dans la barre de navigation de gauche. Cliquez dessus pour faire apparaître le champ de saisie et renseigner l'URL de la page cible.

La première rubrique du site est créée. Il faut à présent y insérer un article.

1. Se rendre dans *Édition du site*, comme cela a été vu, en cliquant sur l'icône du menu de navigation située en haut de la page d'accueil du site.
2. Naviguer dans l'arborescence jusqu'à l'endroit où l'on souhaite placer l'article.
3. Cliquer sur l'icône située à gauche (on la retrouve aussi à droite) de l'écran *Écrire un nouvel article* (voir figure 6-16), puis remplir les champs présentés à la figure 6-17.

   Selon la maquette du site, l'administrateur général peut préciser les composantes à utiliser pour un article. Ces éléments sont précisés dans la partie *Administration du site /Contenu des articles* : sur-titre, sous-titre, post-scriptum... Par défaut, seul le texte est configuré pour apparaître (le titre est obligatoire, il n'est donc pas soumis à une décision de l'administrateur). Les éléments choisis figurent dans le formulaire de saisie, tandis que les éléments non utilisés n'apparaissent pas.
4. Quand l'article est achevé, cliquer sur *Enregistrer* à la fin de la page.

Une fois validé, l'article s'affiche comme sur la figure 6-18.

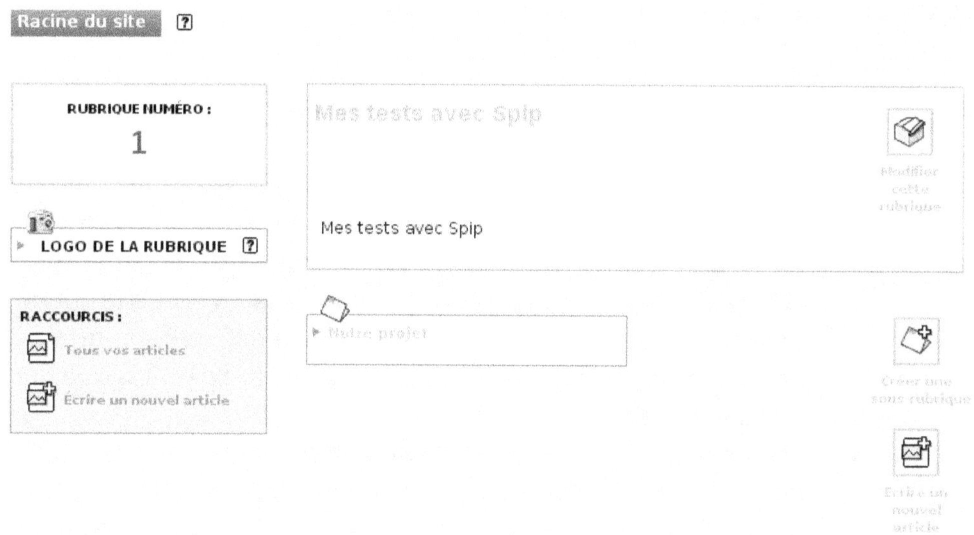

FIGURE 6-16 *Une fois dans la bonne rubrique, cliquer sur le bouton Écrire un nouvel article.*

FIGURE 6-17 *Les champs d'édition d'un article*

FIGURE 6–18 *Un article rédigé dans Spip*

B.A.-BA **Différence entre article et brève**

Les brèves, comme leur nom l'indique, sont des petits articles. L'usage d'une brève, et non d'un article, est tout indiqué quand on veut insérer, par exemple, un mémo des événements dans une rubrique agenda, ou encore si l'on souhaite inclure un « flash actualité » sur la page d'accueil de son site. Une brève ne possède pas certains champs des articles tels le sur-titre, le sous-titre ou l'auteur.

Dès lors, de nombreuses possibilités vous sont offertes : modifier l'article, ajouter un auteur, retirer l'auteur, ajouter un mot-clé associé à l'article, ajouter une image privilégiée (appelée logo) à l'article, le soumettre à la validation, le publier, le refuser, etc.

ASTUCE **Les raccourcis de Spip**

Avec l'interface de Spip vous pouvez gérer la structure syntaxique de votre texte de manière quasi intuitive au moyen de raccourcis typographiques (voir figure 6-19). Il faut éviter à tout prix de rédiger en HTML, afin de ne pas mélanger les genres. Les raccourcis de Spip sont d'un emploi plus simple et facilitent le traitement automatique des pages. On peut utiliser la barre typographique au-dessus du champ *Texte*, ou bien écrire directement les codes de raccourcis, par exemple :

- Pour créer des paragraphes, il suffit de sauter une ligne, comme dans un e-mail.
- Pour insérer une liste à puces, on commence chaque ligne de la liste par un tiret suivi d'un espace.
- On fabrique un lien hypertexte grâce à une paire de crochets et une flèche composée d'un tiret et d'un signe supérieur : `[Spip->http://www.spip.net/fr/]`.
- On indique un texte en italique en le plaçant entre accolades simples : `{a priori}`.
- On indique un texte en gras en le mettant entre accolades doubles : `{{Attention !}}`, etc.

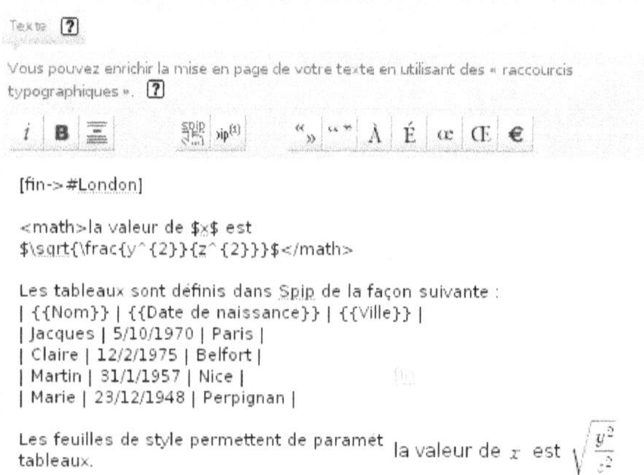

Les tableaux sont définis dans Spip de la façon suivante :

Nom	Date de naissance	Ville
Jacques	5/10/1970	Paris
Claire	12/2/1975	Belfort
Martin	31/1/1957	Nice
Marie	23/12/1948	Perpignan

Les feuilles de style permettent de paramétrer finement l'affichage de ces tableaux.

FIGURE 6-19 *Des raccourcis permettent une mise en page simplifiée pour un résultat de grande qualité.*

Insérer une image dans l'article

On peut insérer une image dans un article.

1 Sélectionner l'article souhaité en naviguant dans l'arborescence du site.

2 Cliquer sur l'icône *Modifier cet article*.

3 Un élément *Ajouter une image* figure dans le menu de gauche de la page d'édition de l'article (voir figure 6-20).

4 Cliquer dans le champ texte pour ouvrir la boîte de recherche du fichier, ou sur le bouton *Parcourir*, puis sélectionner l'image que l'on souhaite attacher à l'article depuis son ordinateur.

5 Cliquer ensuite sur *Télécharger*, attendre que le fichier soit chargé sur le serveur : plus le fichier est gros, plus le transfert sera long.

6 Pour faire apparaître l'image dans l'article, il suffit d'insérer dans le champ texte ou descriptif les codes qui apparaissent une fois l'image téléchargée : `<imgxx|left>` pour aligner l'image à gauche du texte, d'un paragraphe, `<imgxx|center>` pour l'aligner au centre, `<imgxx|right>` pour l'aligner à droite, où xx sera incrémenté automatiquement (voir figure 6-21).

7 Il est possible d'ajouter un titre ou une description à l'image : pour les faire apparaître sous l'image en guise de légende, on doit alors intégrer l'image à l'aide du code `<docxx|left>`,`<docxx|center>`, `<docxx|right>`. Si l'on utilise uniquement `<imgxx|position>`, l'image apparaît sans légende (la description n'apparaît pas du tout) et son titre est utilisé en guise de balise `alt`. Tant que l'article est « en cours de rédaction », le rédacteur peut supprimer le titre ou la description. Mais une fois l'article publié, seul un administrateur aura le droit de l'enlever.

8 Cliquer enfin sur le bouton *Enregistrer* en bas de la page.

Joindre un document

Sous Spip, il est très aisé de joindre toutes sortes de documents à un article ou une rubrique, lorsque l'administrateur l'a autorisé. Pour ce faire, celui-ci doit autoriser les documents joints aux articles et/ou aux rubriques, en sélectionnant les options correspondantes dans le menu *Configuration* puis *Contenu du site*.

FIGURE 6-20 *La boîte de dialogue d'ajout d'une image*

FIGURE 6-21 *Les paramètres d'une image*

On peut alors procéder à l'ajout de documents :

1 Sélectionner dans l'arborescence la rubrique ou l'article auquel on veut joindre un document.

2 Dans le menu de gauche, la boîte d'ajout d'image est maintenant intitulée *Ajouter une image ou un document* : elle est l'unique point d'entrée pour ajouter un document, quel qu'il soit (voir figure 6-22).

3 Cliquer dans le champ de texte ou sur le bouton *Parcourir* pour sélectionner un document depuis son ordinateur. Cliquer sur le triangle noir développe un encart donnant des détails sur les possibilités qui s'offrent à vous.

4 Cliquer sur *Télécharger*. En tant qu'administrateur de Spip, on peut également faire passer des fichiers par FTP et les inclure dans le répertoire

`tmp/upload`. On peut insérer toutes sortes de documents, Spip vous en donne la liste dans l'aide et également référencer directement des documents déjà disponibles sur l'Internet.

5 Pour insérer le document dans le texte de l'article, il suffit de retranscrire les codes qui apparaissent à la fin du téléchargement du document, exactement comme on l'a vu plus haut pour insérer des images : `<doc2|left>` pour placer le document à gauche, etc.

FIGURE 6-22 *Boîte de dialogue pour joindre un document*

6 Cliquer sur le bouton *Enregistrer* en bas de la page.

ATTENTION

Il n'y a aucune possibilité d'insérer des fichiers exécutables : .php, .exe, etc. Pour des raisons de sécurité, Spip ne les acceptera pas.

Voici un article dans lequel on vient d'insérer une image et un texte en document joint (voir figure 6-23).

Figure 6-23 *Un article avec image et document joint*

Proposer l'article à la publication

- Une fois l'article terminé et enregistré, le rédacteur le propose à la validation en sélectionnant *Proposé à l'évaluation* dans la synthèse relative à l'article (voir figure 6-24) qui apparaît dans la page d'aperçu de l'article.

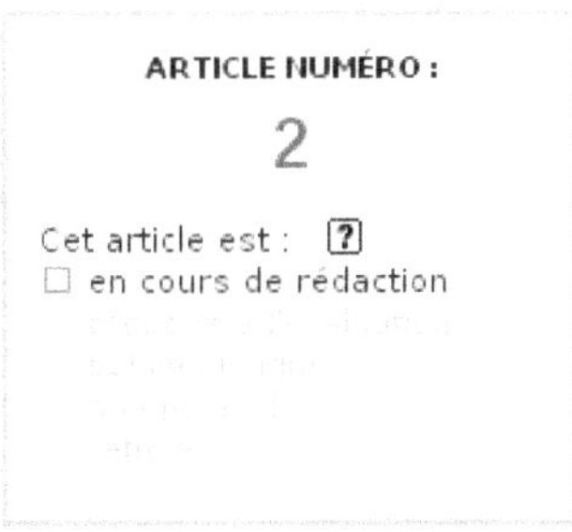

FIGURE 6-24 *Menu permettant de définir le statut de l'article*

- Le carré blanc qui précédait « en cours de rédaction » disparaît, un carré orange apparaît devant « proposé à l'évaluation », et ce statut passe également en orange.
- Les autres participants choisiront collectivement de le publier ou de le refuser. L'article est alors indiqué sur la page « à suivre » de tous les utilisateurs de l'espace privé qui sont ainsi invités à venir en débattre par l'intermédiaire du forum de discussion interne placé à la suite de l'article (voir figure 6-25).

Quand les lecteurs deviennent rédacteurs

Le système de contrôle de droits d'un logiciel éditorial vous permet d'envisager une évolution intéressante : faire contribuer des proches (ou même de simples visiteurs) au contenu du site, tout en gardant un contrôle complet sur la ligne éditoriale. Au chapitre suivant, consacré à la gestion des membres, nous analyserons cette possibilité.

- Toutefois, si le rédacteur pense que c'est préférable, il peut étaler la rédaction de l'article sur plusieurs jours en ne modifiant pas son statut « en cours de rédaction ». Mais un administrateur peut juger bon de modifier l'article ou de le publier.

FIGURE 6–25 *Spip propose un forum pour chaque article, autorisant ainsi la critique et plus largement le travail collaboratif au sein du site*

Seuls les administrateurs peuvent décider de publier un article, de le modifier éventuellement et de le diffuser directement sur le Web. Une fois le document publié, ils ont le droit de le modifier (voir figure 6-26).

Le carré blanc de « en cours de rédaction », devenu orange pour « proposé à l'évaluation », deviendra vert si un administrateur le publie, rouge s'il est refusé et noir s'il est supprimé.

La date de mise en ligne est gérée automatiquement, mais il est possible de la modifier ; une seconde date peut être associée à un article dans des cas très spécifiques, par exemple s'il a fait l'objet d'une publication antérieure dans un livre ou un magazine.

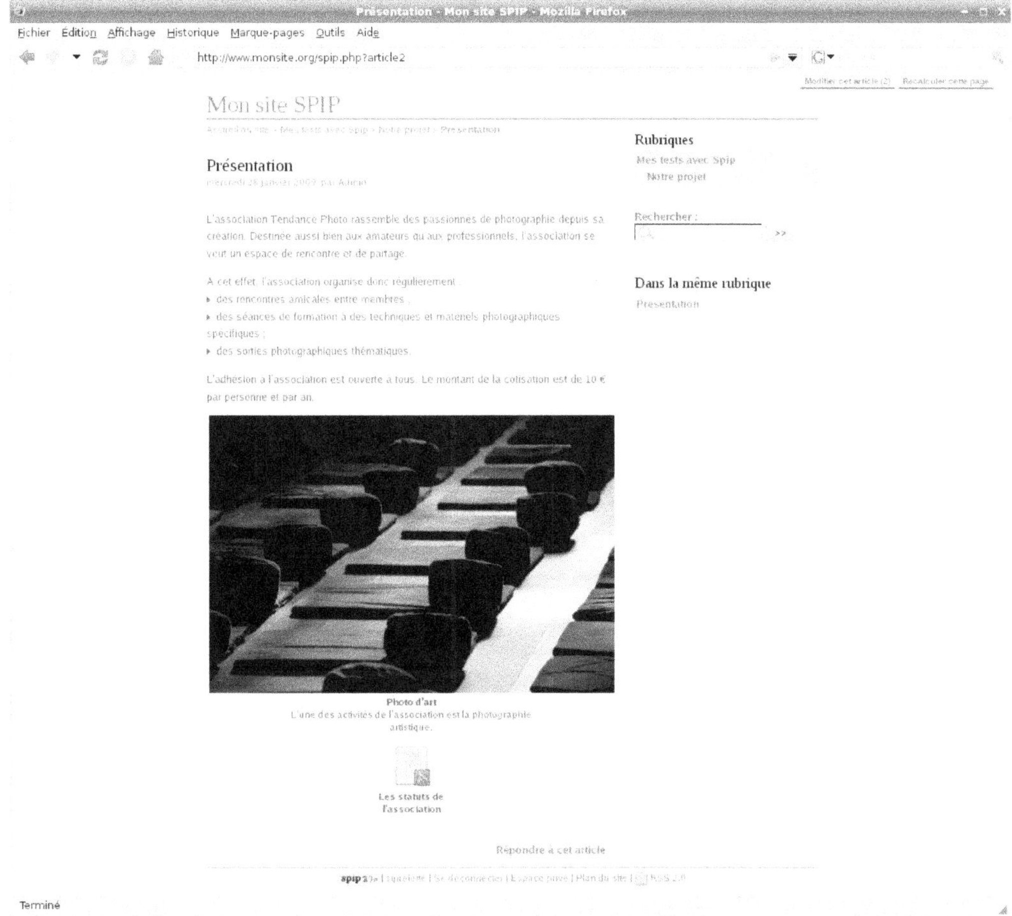

FIGURE 6–26 *Cette capture d'écran montre à quoi ressemble un article publié.*

En résumé...

Nous venons d'installer Spip, ce qui nous permet de mettre en ligne nos publications.

La personnalisation du site n'est pas obligatoire, mais devient vite une envie, sinon un besoin !

De plus, les plug-ins permettent d'ajouter de nombreuses et différentes fonctionnalités, que nous aborderons par la suite pour certaines d'entre elles.

Le premier soir je me suis donc endormi
sur le sable à mille milles de toute terre
habitée. J'étais bien plus isolé qu'un
naufragé sur un radeau au milieu de
l'Océan. Alors vous imaginez ma surprise,
au lever du jour, quand une drôle de
petite voix m'a réveillé. Elle disait :
" S'il vous plaît...
dessine moi un mouton ! "

Le Petit Prince, A. de Saint Exupéry

Personnaliser l'aspect de son site sous Spip

Dans cette section, nous verrons comment personnaliser le site afin de créer celui de notre club photo « Tendance Photo ».

Introduction aux squelettes Spip

La mise en page du site est effectuée au moyen de pages-patrons HTML nommées *squelettes*. Les squelettes utilisent un métalangage de programmation très simple, permettant d'indiquer quelles sont les informations de la base de données à placer, où et comment les présenter.

À la fin du chapitre précédent, nous avons créé un premier article. Mais le résultat, s'il est tout à fait opérationnel et permet de connaître l'ensemble des informations (articles, brèves) que vous avez fait paraître dans la hiérarchie (rubriques) indiquée, est pour le moins un peu aride.

QUI S'EN OCCUPE ? **Un débrouillard à l'œuvre**

Ce court tutoriel n'a d'autre objet que de guider le profane courageux, pas-à-pas, dans la création d'un habillage personnalisé. Toutefois, une personne qui maîtrise les outils bureautiques et qui n'a pas peur de « bidouiller », mieux, un esthète, sera mieux armé pour réaliser ce travail. Pour en savoir plus sur le HTML et les feuilles de style, consulter les chapitres 4 et 5.

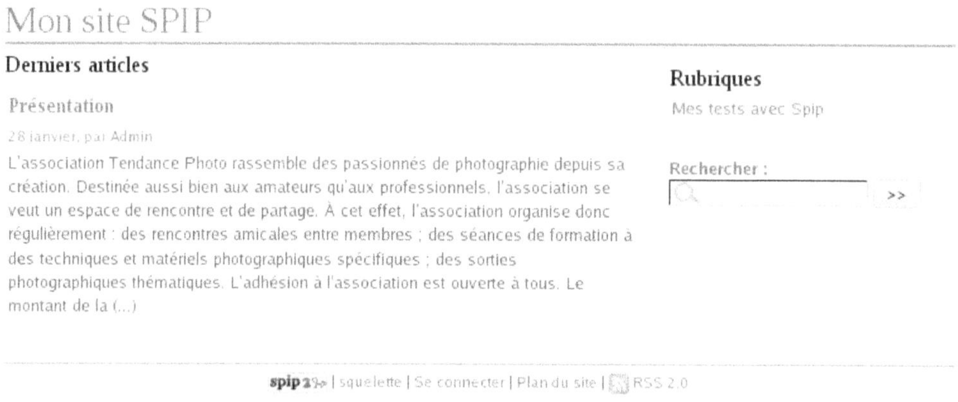

Mon site SPIP

Derniers articles

Présentation

28 janvier, par Admin

L'association Tendance Photo rassemble des passionnés de photographie depuis sa création. Destinée aussi bien aux amateurs qu'aux professionnels, l'association se veut un espace de rencontre et de partage. À cet effet, l'association organise donc régulièrement : des rencontres amicales entre membres ; des séances de formation à des techniques et matériels photographiques spécifiques ; des sorties photographiques thématiques. L'adhésion à l'association est ouverte à tous. Le montant de la (...)

Rubriques

Mes tests avec Spip

Rechercher :

spip 2 | squelette | Se connecter | Plan du site | RSS 2.0

FIGURE 7-1 *Rendu d'un article rédigé sous Spip sans amélioration esthétique d'aucune sorte*

Débuter dans les changements : une page d'accueil différente

On peut avoir envie d'un aspect plus personnalisé. Deux conditions sont requises pour voir le résultat de la métamorphose telle que décrite ci-après :

- Avoir au minimum une rubrique et deux articles dans son site Spip.
- Oser modifier les squelettes de Spip. Cela peut se faire avec un éditeur de texte tout simple. On peut aussi utiliser un éditeur de pages HTML, qui permettra de mieux se rendre compte des différentes parties (les `div`, par exemple) et même, selon les options choisies, pourra indiquer certaines erreurs et modifier automatiquement le code.

> **Librement — Éditer ses squelettes**
>
> Nvu/KompoZer (prononcer N-view) fait partie de la suite libre Mozilla. C'est un excellent éditeur de pages HTML, quel que soit votre système d'exploitation.
>
> La dernière version en français de Nvu/KompoZer est disponible à l'adresse suivante :
>
> ▸ **http://www.frenchmozilla.fr/nvu/**
>
> Vous trouverez un grand nombre de ressources et tutoriels relatifs à Nvu/KompoZer sur ce forum :
>
> ▸ **http://www.geckozone.org/forum/viewtopic.php?t=20704**

L'affichage opérationnel livré avec Spip, dont nous avons parlé précédemment et qui est généralement qualifié de peu esthétique, est en réalité fabriqué par des squelettes de distribution. Ces squelettes sont livrés intégrés dans le logiciel Spip, et se trouvent dans le répertoire `/squelettes-dist`. Ils seront appelés chaque fois qu'aucun squelette spécifique ne sera trouvé par Spip. C'est pourquoi il ne faut pas y toucher. En revanche, comme ils sont vérifiés, estampillés sur de nombreux navigateurs et dans tous les cas de figures, extrêmement fiables, on peut (on doit ?) s'en inspirer pour fabriquer les siens.

C'est ainsi que nous allons copier, puis coller à la racine de notre site le dossier des squelettes de distribution `/squelettes-dist`, le renommer `/squelettes` (attention à bien mettre le `s` final !) et le déposer, par FTP, sur le serveur hébergeant notre site Spip. Nous travaillerons donc dorénavant sur nos propres squelettes, tout en gardant un filet de protection : les squelettes d'origine.

```
config
squelettes
squelettes-dist
tmp
prive
ecrire
IMG
local
INSTALL.txt
index.php
rien.gif
spip.php
COPYING.txt
htaccess.txt
CHANGELOG.txt
svn.revision
```

FIGURE 7–2 *Le dossier /squelettes, nouvellement installé dans le même répertoire que Spip*

Maintenant, nous allons travailler sur les fichiers de ce dossier.

À RETENIR **Fonctionnement de Spip**

Spip a totalement changé le système d'appel des squelettes. Avant la version 1.9, un fichier `.php3` était nécessaire. Il indiquait ce qu'il fallait faire avec le document et appelait un fichier HTML fournissant le contenu du squelette. Depuis la version 1.9, il suffit de construire le squelette HTML et Spip sait comment l'appeler s'il est dans le dossier `/squelettes` (il y a également moyen d'avoir un autre nom de dossier squelettes, mais ce n'est pas l'objet de ce livre).

Par exemple, transformons l'affichage de la page d'accueil du site, nommée `sommaire.html`.

Pour cela, nous travaillons dans le fichier du même nom dans le dossier `/squelettes`.

Créons quelques articles supplémentaires pour tester le résultat de notre opération et rechargeons la page **http://monsite.org/**.

Auparavant, l'ensemble des articles récents de notre site apparaissaient, découpés par pages de cinq éléments ; maintenant, seul le dernier s'affiche.

Fichier	Boucle affichage des derniers articles	Signification
`/squelettes-dist/sommaire.html`	`<BOUCLE_articles_recents (ARTICLES) {par date} {inverse} {pagination 5}>`	Par défaut, Spip demande l'affichage d'informations en provenance de l'ensemble des articles publiés, par ordre antéchronologique, avec cinq articles par page et une pagination appropriée.
`/squelettes/sommaire.html`	`<BOUCLE_articles_recents (ARTICLES) {par date} {inverse} {0,1} {doublons}>`	On demande l'affichage du dernier article publié sans répétition d'affichage (la pagination n'ayant plus de sens ici).

Nous venons donc de voir plusieurs choses :

- Spip propose un système de pagination lorsqu'un nombre important d'articles est susceptible d'être affiché : on peut jouer sur le nombre d'articles par page à l'aide du critère `{pagination nombre_par_page}`.
- On peut éviter les doublons d'affichage parmi les articles à l'aide du critère `{doublons}`.
- On peut modifier le nombre d'articles publiés à l'aide du paramètre `{0,n}`.

En réalité, la ligne de code précédente signifie : faire apparaître, par ordre antéchronologique (`{par date}{inverse}`), les informations concernant le tout premier article (`{0,1}`) qui n'est pas déjà apparu autre part dans la page (`{doublons}`).

C'est ainsi que nous allons pouvoir changer l'affichage. À chaque changement correspond un ou plusieurs paramètres, que l'on appelle des critères. Ils sont très nombreux, évoluent en permanence et, pour réussir les changements désirés sans se décourager, il faut progresser petit à petit et ne pas s'engager dans de gros remaniements tant que l'on n'a pas un peu compris et réussi plusieurs changements.

On peut ensuite modifier à l'envi tous les éléments d'affichage de la page en transformant soit les appels à la base de données par le biais des boucles, soit l'apparence d'affichage en jouant sur les feuilles de style. Dans l'exemple présenté ci-après, on a défini un style particulier pour l'affichage du titre (`#TITRE`) et celui du texte (`#TEXTE`).

> Rappel **Les feuilles de style**
>
> Comme nous l'avons vu aux chapitres précédents, les balises HTML donnent des indications sur le contenu d'un texte et sur sa structure, mais pas sur l'apparence du texte au final. Cette fonction est dévolue aux feuilles de style.
>
> On peut soit inclure une feuille de style CSS dans la page HTML, soit l'extérioriser dans un fichier et l'appeler dans la page HTML. Nous avions procédé ainsi au chapitre précédent et c'est une ligne de conduite que nous conseillons pour tout site, surtout s'il est un peu volumineux. Il serait peu judicieux de modifier les pages HTML du site Spip une par une, compte tenu de leur nombre. Au lieu de cela, nous allons travailler sur la feuille de style principale, qui se trouve donc dans notre répertoire `squelettes` et qui s'appelle `habillage.css`. Cherchez-y les éléments suivants (les modifications que nous avons apportées apparaissent en gras) :

```
...
```

On décrit l'en-tête de niveau 1, c'est-à-dire le titre : sa couleur par défaut est `#000`, nous allons lui appliquer une couleur `#333` ; nous le passons également en gras.	`{h1 { font-size: 1.70em; color: #333; font-weight: bold;}`
On décrit le corps de texte : il est en police Helvetica, le texte est justifié.	`#contenu { padding-top: 0.30em; font-family: Helvetica ; text-align: justify;}`

L'affichage d'un article s'effectue dans la page `article.html` ; la boucle de récupération des données est placée en tête du fichier, avant toute autre information :

```
<BOUCLE_principale(ARTICLES) {id_article}>
```

La balise fermante correspondante clôt le fichier.

Les éléments qui le constituent sont traités dans la suite du fichier, en particulier le titre :

```
<h1 class="#EDIT{titre} entry-title">#TITRE</h1>
```

et le contenu de l'article :

```
<div class="#EDIT{texte} texte entry-content">
    (#TEXTE|image_reduire{500,0})</div>
```

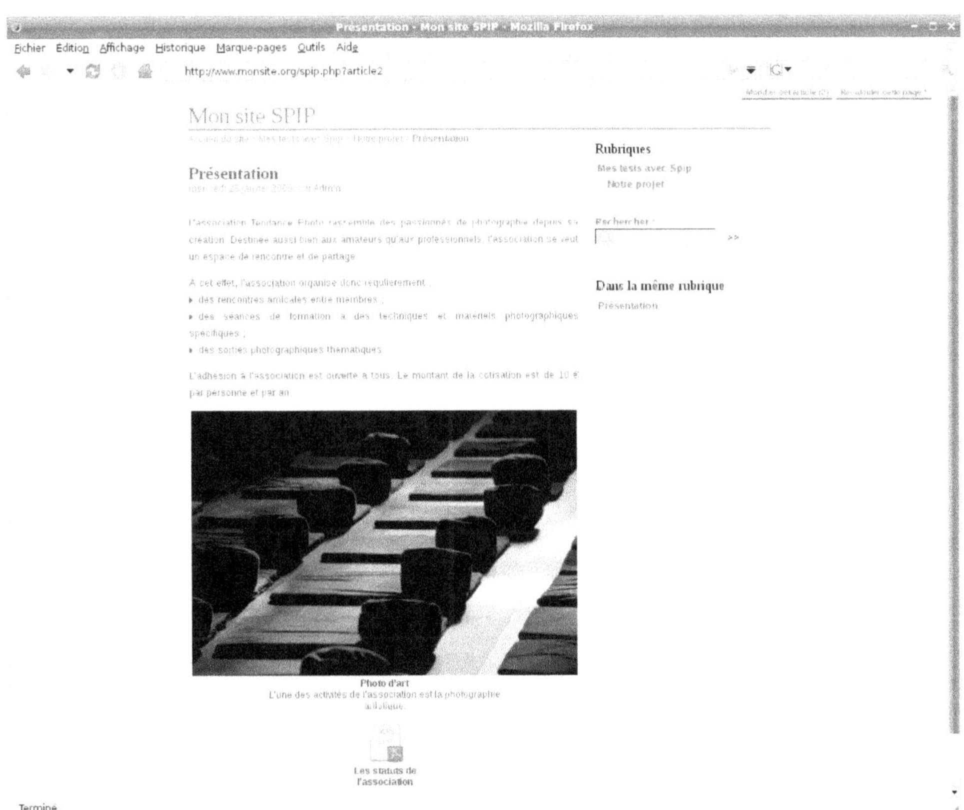

FIGURE 7-3 *Affichage de l'article : la police de caractères et la présentation du texte ont été modifiées.*

Une rubrique contenant plusieurs articles

L'étude succincte de la page `article.html` nous a permis de comprendre comment peut fonctionner l'affichage des articles, nous allons étudier l'affichage d'une rubrique contenant plusieurs articles.

Pour appeler une rubrique spécifique, on procède de manière similaire à l'affichage d'un article. En tête de fichier, on trouve la boucle d'extraction des données de la rubrique :

```
<BOUCLE_principale(RUBRIQUES) {id_rubrique}>
```

La balise fermante correspondante clôt le fichier.

Dans le corps du fichier, on trouve les informations relatives à l'affichage du titre de la rubrique et de son contenu :

```
<h1 class="#EDIT{titre}">#TITRE</h1>
```

La liste des articles de la rubrique est également affichée dans la page :

```
[(#REM) Articles de la rubrique ]
```

Section d'affichage des articles.	`<B_articles>`
	`<div class="menu articles">`
	`#ANCRE_PAGINATION`

Titre « Articles de la rubrique ».	`<h2><:articles_rubrique:></h2>` `<ul>`

Boucle d'extraction des articles.	`<BOUCLE_articles(ARTICLES)`
	`{id_rubrique} {par date} {inverse}`
	`{pagination}>`

Chaque article est affiché sous la forme d'un élément dans une liste ; le titre apparaît en lien, et la date ainsi que l'auteur sont affichés.	`<li>`
	`[(#LOGO_ARTICLE|#URL_ARTICLE`
	`   |image_reduire{150,100})]`
	`<h3><a href="#URL_ARTICLE">#TITRE`
	`   </a></h3>`
	`<small>[(#DATE|affdate_jourcourt)]`
	`   [, <:par_auteur:>(#LESAUTEURS)]`
	`   </small>`
	`</li>`

```
</BOUCLE_articles>
```
◄ On ferme la boucle arti-cles.

```
</ul>

[<p class="pagination">
   (#PAGINATION)</p>]
```
◄ Gestion de la pagination si le nombre d'articles dépasse 10.

```
</div>
</B_articles>
```
◄ Fin de la section.

Dans la figure 7-4, on obtient donc le titre de la rubrique *Notre projet* suivi des titres des articles qu'elle contient sous forme de liens hypertextes : *Les activités de l'association* et *Présentation*.

http://xanhxanh.free.fr/web/spip.php?auteur1

FIGURE 7-4 *Affichage d'une rubrique et du titre de ses (deux) articles*

Si le travail de création des squelettes vous semble trop fastidieux et que le changement des détails des squelettes de distribution ne vous satisfait pas, vous pouvez alors décider de mettre en place des squelettes existants et mis à disposition de tous. Ces squelettes types sont disponibles sur Internet, notamment aux adresses suivantes :

- ▸ **http://www.spip-contrib.net/Jeu-de-squelettes**
- ▸ **http://www.spip-contrib.net/Squelettes-complets**

 Les squelettes sont différents selon la version de Spip

Lors de sa sortie, la version Spip 1.9 a changé radicalement la structure d'appel et de tri des fichiers. Des squelettes spécifiques à la version 1.9x sont apparus. La version 2.0 a apporté son propre lot de changements et, s'ils sont moins radicaux que ceux de la version 1.9, ils ont néanmoins nécessité une adaptation des squelettes. Vous devez donc vérifier impérativement, lors de votre choix, que la version des squelettes que vous téléchargez correspond à la version de Spip installée.

Installer l'habillage Ahuntsic

Pour le site de notre club photo, nous avons décidé de nous baser sur le squelette Ahuntsic. Il présente plusieurs caractéristiques intéressantes :

- C'est tout d'abord l'un des rares squelettes (pour le moment) que l'on peut installer de façon automatisée : il nous permettra donc de présenter la procédure (extrêmement simple) d'installation automatisée des plug-ins.
- Les pages qu'il propose sont claires, accessibles (elles sont conformes aux recommandations WCAG priorité 1), avec un menu précis à gauche. Il obéit également aux recommandations XHTML 1.0 strict, ce qui assure sa compatibilité avec de nombreux navigateurs.
- Son code est modulaire et bien documenté par les commentaires ; la mise en page fait appel uniquement aux feuilles de style que vous pourrez donc modifier à loisir.
- L'auteur a créé un forum des utilisateurs, où vous trouverez une aide appréciable sur cet habillage (http://edu.ca.edu/article295.html).

Pour installer l'habillage Ahuntsic, voici comment procéder :

1 Pour pouvoir installer des plug-ins, vous devez préalablement créer un dossier `plugins` à la racine de votre installation Spip. Si, de surcroît, vous souhaitez comme ici les installer de façon automatisée, vous devez créer dans ce répertoire `plugins` un sous-répertoire `auto`. Vérifiez bien que le serveur est autorisé à écrire dans ce répertoire, sinon il ne pourra pas y déposer les fichiers nécessaires à l'installation.

ATTENTION **Procédure d'installation manuelle d'un squelette Spip**

Nous décrivons une procédure automatisée, qui se fait directement depuis l'interface d'administration du site Spip. Toutefois, si le squelette de votre choix n'est pas disponible par ce biais, vous devrez l'installer manuellement, c'est-à-dire :

1. Récupérer l'archive du squelette et la déposer à la racine du site Spip.
2. Décompresser l'archive à cet endroit : les fichiers sont extraits et déposés dans les répertoires existants ou sont créés pour l'occasion. Si vous aviez créé un répertoire `squelettes`, attention à le sauvegarder sous un autre nom : une partie de son contenu peut être écrasé par cette opération.
3. Si le squelette comporte des plug-ins, vous devez alors activer ceux qui vous intéressent en vous rendant dans la section d'administration du site (menu *Configuration*, sous-menu *Gestion des plug-ins*). Pour cela, il vous suffit de cocher les plug-ins de votre choix (nous verrons ce point plus en détail dans le cadre de l'installation automatisée).

TECHNIQUE **Gérer les droits d'accès à un répertoire donné**

Dans un client FTP tel que FileZilla, vous pouvez accéder à ces informations : effectuez un clic droit sur le dossier de votre choix et, dans le menu contextuel, choisissez *Attributs du fichier...* Vous accédez alors à une boîte de dialogue qui, d'une part, vous indique les droits existants et, d'autre part, vous permet de les modifier en cochant ou en décochant simplement des cases. Si une opération de modification des droits échoue, l'une des raisons possibles est que votre hébergeur ne vous accorde pas les droits souhaités, ou qu'il vous interdit de modifier les droits d'accès. Dans les deux cas, c'est vers votre hébergeur que vous devez vous tourner pour avoir de plus amples informations

2. Une fois ces opérations réalisées, ouvrez l'interface d'administration de votre site. Passez par le menu *Configuration* puis *Gestion des plug-ins* pour ouvrir la page de gestion des plug-ins (figure 7-5). Par défaut, deux sources de plug-ins sont enregistrées.
3. Choisissez la source spip-contrib.net. Lorsque vous cliquez sur le lien, il se copie dans le champ de texte en dessous. Cliquez ensuite sur *Valider* pour enregistrer la source et récupérer la liste des plug-ins disponibles.

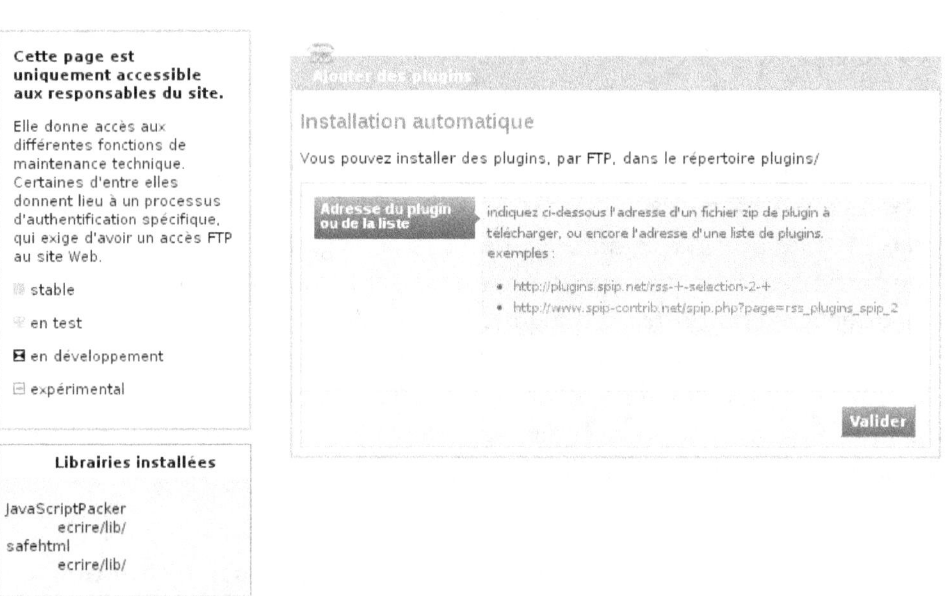

FIGURE 7–5 *Page de gestion des plug-ins dans la partie privée du site*

DES POSSIBILITÉS ÉTENDUES À L'INFINI **Que sont et à quoi servent les plug-ins ?**

Depuis la version 1.9, la configuration de Spip permet d'ajouter des plug-ins (greffons), petits logiciels qui ajoutent des fonctionnalités à celles existant dans Spip tel que livré. Il en existe, et en existera, de plus en plus. C'était l'une des fonctionnalités les plus prometteuses de Spip 1.9, et la version 2.0 améliore encore ce concept en permettant l'installation automatisée de ces plug-ins. En effet, pour alléger à la fois le logiciel et sa prise en main, Spip doit faire des choix sur les possibilités offertes dans le logiciel livré en base. Mais, si chacun a besoin et envie de nouvelles fonctionnalités, personne n'a besoin de toutes les fonctionnalités utiles aux autres... Les plug-ins sont donc conçus et fabriqués par des personnes ou groupes de personnes, sans aucune responsabilité de la part de Spip sur leur fonctionnement. Lorsqu'ils ne sont pas livrés avec le groupe de squelettes que vous avez choisi, et, dans ce cas, testés avec un certain sérieux, il s'agit donc de les intégrer avec précaution, car ils pourraient bien porter préjudice au bon fonctionnement de votre site, être incompatibles avec d'autres plug-ins, et même corrompre votre base de données. Autre risque : le non-suivi des corrections qui empêcherait certaines fonctionnalités que vous considérez comme acquises de continuer à exister ensuite.

4 Dans la partie inférieure de la page apparaît alors une liste de plug-ins disponibles. Choisissez le plug-in Ahuntsic pour faire apparaître sa description, comme à la figure 7-6.

FIGURE 7–6 *Liste des plug-ins disponibles et descriptif du plugin Ahuntsic*

5   Pour installer le ou les plug-ins, cliquez sur le bouton *Valider*. Un premier écran (qui peut être fort long, suivant le nombre de fichiers du plug-in) vous confirme que Spip a bien téléchargé l'archive et vous donne la liste complète de tous les fichiers qu'elle contient. Cliquez sur le bouton *Suivant* pour l'installer.

6   À l'écran suivant, Spip vous informe qu'il a décompacté l'archive et installé le plug-in. Il ne vous reste maintenant plus qu'à l'activer, ce que vous allez faire en cliquant sur le bouton *Suivant*.

7   Vous revenez alors dans la partie privée, à la page de gestion des plug-ins. Cette fois, la page comporte un nouveau bloc dressant la liste des plug-ins installés sur votre site. Pour activer le squelette Ahuntsic, cochez la case qui figure à côté du nom du plug-in, comme à la figure 7-7, puis cliquez sur le bouton *Valider*.

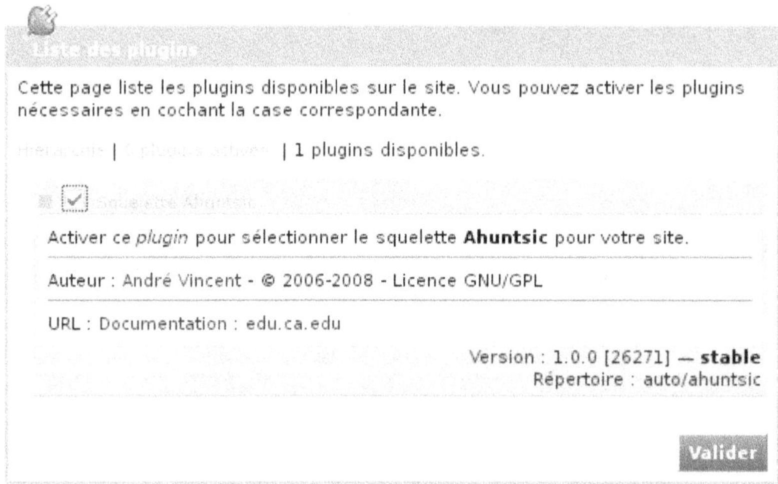

FIGURE 7-7 *Les plug-ins ne fonctionnent qu'une fois installés et activés. Pour cela, il faut cocher la case située devant leur nom, puis valider l'ensemble.*

Le squelette Ahuntsic est maintenant disponible pour notre site, ce que nous pouvons constater immédiatement en affichant ou en rechargeant la page d'accueil du site.

Avant de poursuivre, nous devons réaliser une dernière opération dans la partie privée. Il faut tout d'abord créer un groupe de mots-clés nommé `_config_`. Pour ce faire, passez par le menu *Édition > Mots clés*. Dans le menu de gauche, cliquez sur le lien *Créer un nouveau groupe de mots-clés* et attribuez au groupe le nom `_config_`. Une fois que le groupe de mots-clés apparaît, cliquez sur le bouton *Créer un nouveau mot-clé* puis créez successivement les trois mots-clés suivants : Editorial, Annonce, Agenda. Ils seront ultérieurement appliqués aux articles et nous verrons quelle est leur utilité.

Personnalisation de l'habillage

On souhaite à présent adapter l'habillage livré avec les squelettes. Les fichiers du squelette fourni par Ahuntsic sont situés dans le répertoire `plugins/auto/Ahuntsic`, mais il est fortement conseillé de réaliser une copie de ces fichiers dans un répertoire `squelettes` à placer à la racine du site. Il faut savoir que le répertoire `squelettes` est étudié en priorité par le moteur Spip pour trouver la mise en forme de ses pages (voir l'aparté ci-dessous). De cette manière, toute mise à jour du plug-in pourra se faire sans perte des modifications que vous aurez apportées aux squelettes. Nous allons donc commencer par (re)créer le répertoire `squelettes` à la racine et y copier tous les fichiers et répertoires du plug-in Ahuntsic.

> TECHNIQUE **Squelettes : comment Spip s'y retrouve-t-il ?**
>
> Il est tout à fait possible d'installer plusieurs squelettes sur son site. Mais alors comment Spip décide-t-il du squelette à utiliser pour l'affichage ? Spip est programmé pour rechercher les squelettes dans divers endroits, mais dans un ordre précis qui est toujours le même. Il existe une variable permettant de configurer le squelette de priorité maximale (`$dossier_squelettes`). Si celle-ci n'est pas configurée (ce qui est le cas dans l'installation par défaut : vous devez paramétrer explicitement cette variable si vous souhaitez l'utiliser) ou que le répertoire correspondant est vide, Spip se rabat sur son second choix, le dossier `squelettes`. Si ce dossier est inexistant, Spip va explorer le dossier des plug-ins. Si ce dernier n'existe pas ou ne contient pas de squelette, Spip recherche à la racine du site ; en cas d'échec, dans le répertoire `squelettes-dist` ; et enfin, si toutes les étapes précédentes ont échoué, dans le répertoire `ecrire`.

L'organisation des fichiers correspond aux différents espaces de la page. Les éléments de squelettes correspondants se trouvent tous dans le sous-répertoire `inc`. Les associations entre zones de l'écran et fichiers de squelette sont définies de la manière suivante :

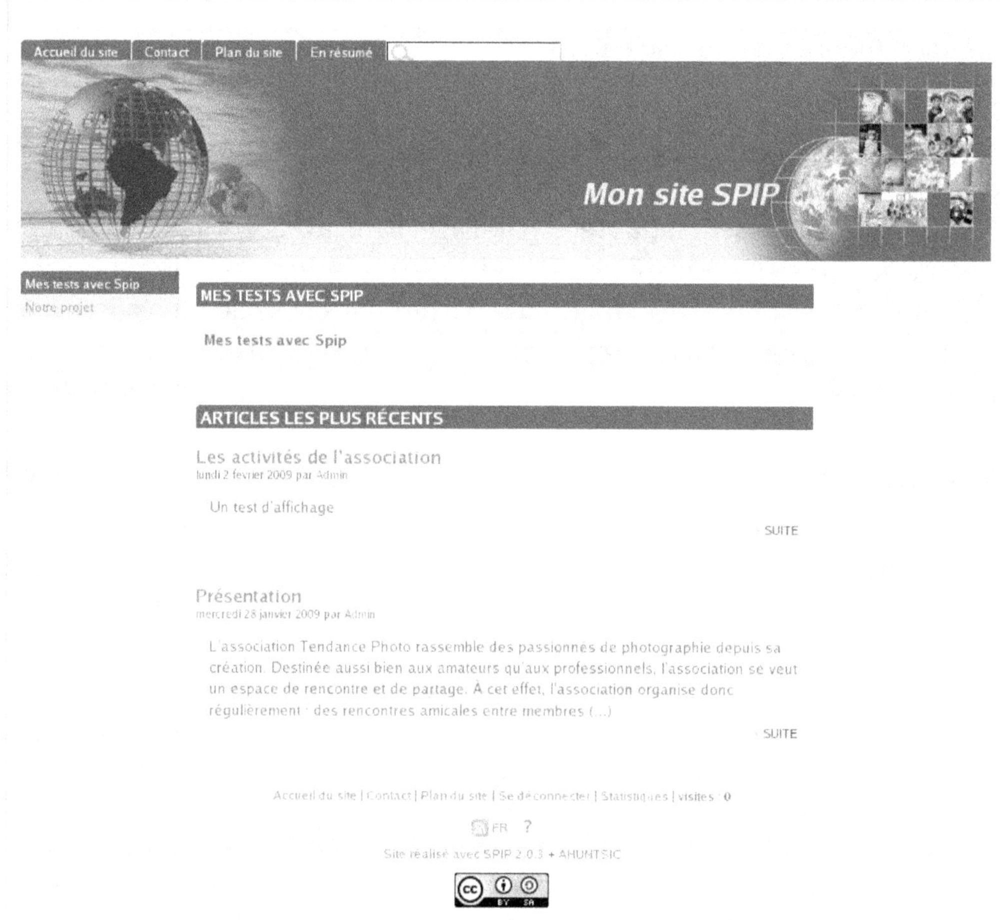

- Tout en haut de page, le menu principal, qui comporte les éléments permanents du site (menus Accueil, Contact, Plan, En résumé, et Moteur de recherche). Le fichier correspondant est `inc-menu-principal.html`.
- Ensuite, le bandeau, qui comporte le titre et le logo, ainsi que, au besoin, les langues étrangères. Le fichier correspondant est `inc-bandeau.html`.
- Dans la zone centrale de la page, la colonne de gauche est réservée au menu de navigation. Le fichier correspondant est `inc-menu.html`.

- La zone centrale est réservée au contenu principal des pages. Son contenu est défini dans le squelette de chaque page.
- La colonne de droite peut contenir un menu contextuel, variable selon les pages. Il faut se référer au fichier html définissant le squelette du type de page pour voir ce qu'elle peut contenir.
- Enfin, le pied de page comporte divers éléments (liens vers l'accueil, la page contact, le plan, l'espace privé, flux RSS), définis par les fichiers `inc-bas.html` et `inc-bas_cc.html` (ce dernier traitant des licences de diffusion des contenus de votre site, il est indispensable de l'adapter aux droits de diffusion que vous souhaitez mettre en place).

Si vous souhaitez changer l'aspect des zones, il suffit de modifier ces fichiers. Par exemple, si l'on souhaite changer la licence de diffusion des contenus du site, on agira sur le fichier `inc-bas_cc.html`, et sur aucun autre. Par exemple pour autoriser la rediffusion des contenus en interdisant toute utilisation commerciale, on remplacera toutes les occurrences de `by-sa` par `by-nc` :

Le fichier inc-bas_cc.html édité pour modifier la licence de diffusion des contenus du site

```
<p>
<a rel="license" href="http://creativecommons.org/licenses/
   by-sa/3.0/deed.#LANG" accesskey="8"><img alt="Creative
   Commons License" style="border: 0;"
   src="http://i.creativecommons.org/l/by-sa/3.0/88x31.png" />
</a>
</p>
```

Si vous voulez enlever l'onglet *En résumé* en tête de chaque page, il suffit de supprimer la ligne suivante :

```
<li id="menu-principal-resume"><a href="#URL_PAGE{resume}"
   title="<:en_resume:>" accesskey="5"><:en_resume:></a></li>
```

PERSPECTIVES **Licences Creative Commons**

L'avènement du logiciel libre a conduit à une réflexion importante sur la diffusion des connaissances et œuvres de l'esprit. L'organisation Creative Commons est une organisation à but non lucratif qui, inspirée par cette réflexion, a conçu un certain nombre de contrats de droit d'auteur pour la diffusion de créations. Le principe fondamental de ces contrats est que l'auteur autorise par avance certaines utilisations de ses œuvres, plutôt que d'exiger toute négociation préalable.

Ces contrats ont été transposés en droit français en 2004. Il en existe six formes différentes, parmi lesquelles vous pouvez choisir. Vous trouverez un tableau synoptique des contrats ainsi que des explications d'une grande clarté à la page :

▸ **http://fr.creativecommons.org/contrats.htm**

À RETENIR **Recalculer la page après chaque modification**

Pour contrôler le résultat de vos modifications, nous vous conseillons de réaliser un changement à la fois et de contrôler systématiquement que l'effet obtenu est bien celui escompté. Pour cela, vous disposez en haut à droite de chaque page d'un bouton *Recalculer la page*. N'hésitez pas à y faire appel après chaque modification.

Changer les styles utilisés par les squelettes

Lorsqu'on utilise les raccourcis typographiques dans les articles (permettant par exemple de mettre en gras, en italique, de créer des liens hypertextes, des intertitres, etc.), Spip produit les balises HTML nécessaires à ces effets, chaque balise étant alors associée à une classe de style CSS.

Par exemple,

```
Ceci est un [lien->http://www.spip.net] vers
spip.net.
```

est transformé en code HTML ainsi :

```
Ceci est un <a href="http://www.spip.net"
class="spip_out">lien</a> vers spip.net.
```

Le code HTML est ainsi complété par l'appel à un style CSS intitulé `spip_out`. L'utilisateur peut donc pousser la personnalisation de son interface graphique en redéfinissant ce style (couleur différente, fond coloré, police utilisée...).

Dans sa version de base, Spip utilise quatre feuilles de style CSS (dont les noms décrivent généralement bien l'objet de la feuille de style : `agenda`, `habillage`, `impression` et `spip_formulaires`).

> Pour en savoir plus **Spip et les CSS**
>
> Il faut saluer l'excellent travail réalisé par François Daniel Giezendanner pour expliciter tout le fonctionnement des feuilles de style de Spip. Disponible à l'adresse suivante :
> ▸ **http://icp.ge.ch/sem/cms-spip/**

Avec Ahuntsic, ce sont seulement trois feuilles de style qui servent à définir la mise en forme :

- `base.css`, qui définit tous les éléments pour l'affichage à l'écran.
- `alter.css`, qui fixe l'affichage des images de fond et certains blocs dans le cas d'une gestion multilingue.
- `print.css`, qui fixe les styles pour la vue impression des contenus. Elle vise à alléger la page pour faciliter l'impression papier des articles.

Ces feuilles de style sont utilisées dans le squelette et définissent l'affichage des différentes zones de votre site. Elles sont référencées dans le fichier `styles.html` qui se trouve à la racine du dossier squelettes. Ce fichier mentionne deux autres feuilles de style CSS, qui ne sont pas livrées avec la distribution d'Ahuntsic mais que vous pouvez créer pour personnaliser les feuilles de style : `perso.css` (où vous pouvez apporter toutes les modifications de votre choix) et `habillages.css` (qui sert à définir un sens d'écriture de droite à gauche sur les sites multilingues).

Plutôt que de travailler directement dans la feuille de style `base.css`, il est conseillé de recopier les éléments à modifier dans la feuille de style `perso.css`.

Ainsi, dans notre squelette Ahuntsic, nous constatons en étudiant par exemple le fichier `sommaire.html`, que le bloc principal de la page est défini par le style `bloc-contenu` dans le fichier `base.css`, de la façon suivante :

```
#bloc-contenu
{
   position: static;
   border: solid 1px #DEDEDE;
   margin: 10px 155px 5px 155px;
   padding: 10px 10px 5px;
   background: white;
   z-index: 20;
}
```

Pour changer la couleur de fond, nous allons donc redéfinir le style `bloc-contenu` dans le fichier `perso.css` et modifier la ligne `background` de la façon suivante :

```
#bloc-contenu
{
   position: static;
   border: solid 1px #DEDEDE;
   margin: 10px 155px 5px 155px;
   padding: 10px 10px 5px;
   background: #EDDF5C;
   z-index: 20;
}
```

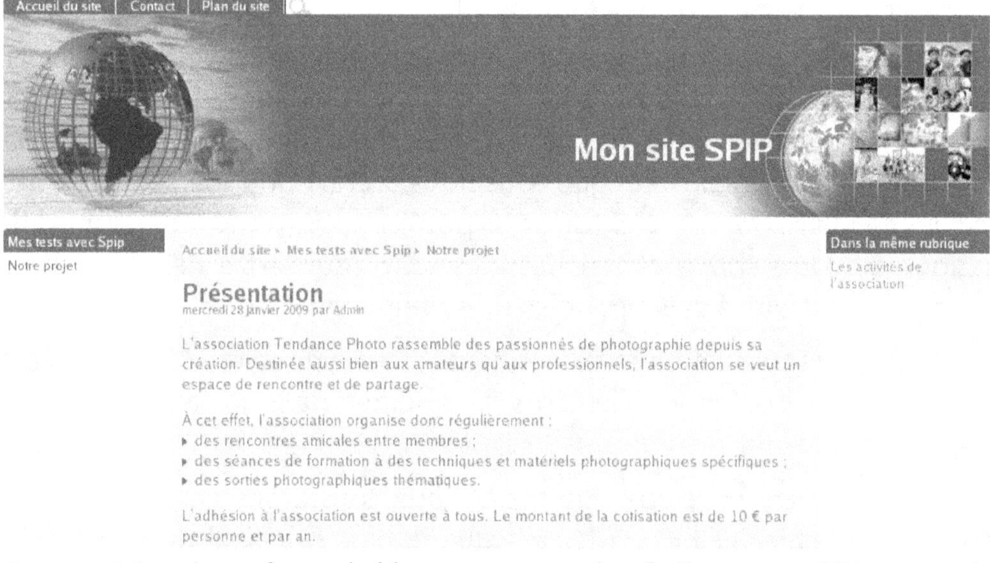

FIGURE 7-8 *La mise en forme du bloc contenu peut être facilement modifiée par quelques variantes du style qui les détermine.*

Maintenant, le fond du texte est d'un jaune parfaitement assorti au ruban en bas du bandeau d'en-tête du site !

Exploiter l'agenda intégré à Ahuntsic

Le squelette Ahuntsic intègre la possibilité d'afficher un agenda.

Dans le cadre de notre site pour le club photo, nous vous proposons ici d'exploiter cette fonctionnalité pour présenter les différents événements classés par catégories sous la forme d'un calendrier.

Les annonces de l'agenda sont en fait des articles pour lesquels la date de publication antérieure correspond à la date de l'événement, celle où figurera l'annonce dans l'agenda. La date de publication en ligne correspond à la date de rédaction de l'article, ou à n'importe quelle autre, que vous pouvez changer si vous êtes administrateur. Les deux dates n'ont aucun lien entre elles.

Pour pouvoir utiliser la date de publication antérieure, nous devons l'indiquer explicitement à Spip, par le biais du menu *Configuration*.

1 Se rendre sur l'interface d'administration de la forme **www.monsite.org/ ecrire/**.

2 Cliquer sur l'icône *Configuration*.

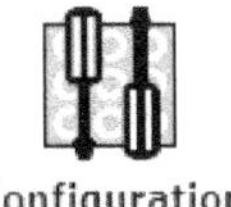

FIGURE 7–9 *Icône Configuration*

3 Modifier le paramétrage de l'option *Publication des articles post-datés* comme sur la figure 7-10 et cliquer sur le bouton *Valider*.

4 Créer la rubrique *Calendrier des activités* avec autant de sous-rubriques qu'il y aura de types d'événements (réunions, sorties, stages) comme sur la figure 7-11.

FIGURE 7–10 *On peut choisir de réserver les articles, et ne les publier qu'à leur date de publication ou, comme dans la figure 7-11, ne pas tenir compte de cette date.*

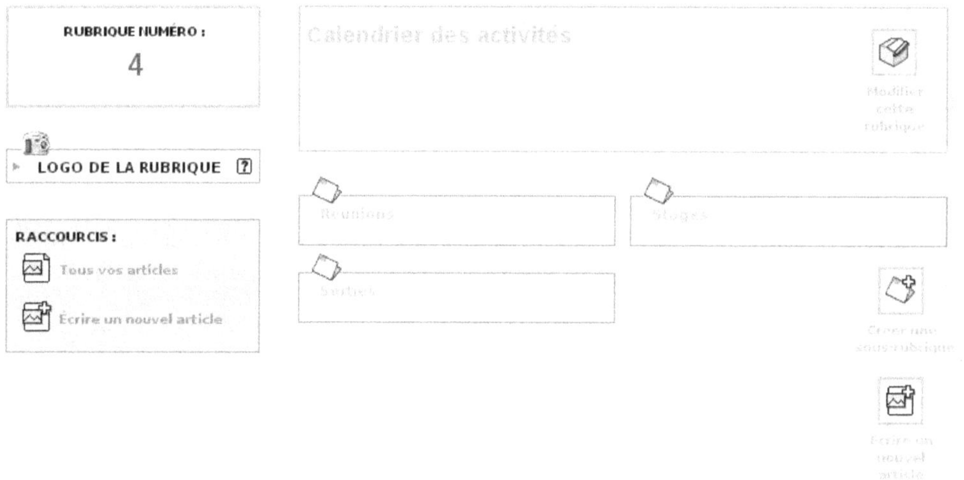

FIGURE 7–11 *Thèmes de l'agenda*

Pour illustrer vos types d'événements, vous pouvez leur associer une icône par type, chaque type étant matérialisé par une rubrique. Cette icône, qui apparaîtra devant chaque événement dans votre calendrier, est le logo de votre rubrique. L'icône n'est toutefois pas exploitée dans le squelette Ahuntsic (elle apparaîtra par contre dans la partie privée du site).

Attention à ne pas utiliser des icônes trop grandes, qui risqueraient de déformer le tableau final, nous vous conseillons une taille de 32 × 32 pixels au maximum.

FIGURE 7-12 *Logo de rubrique*

5 Créer les articles correspondant aux événements de l'agenda en les plaçant dans les sous-rubriques correspondant à leur thème.

6 Dès que l'article est créé, vous devez impérativement lui associer le
mot-clé Agenda que nous avons créé précédemment. De cette
manière, il apparaîtra effectivement dans l'onglet *Agenda* du site.

FIGURE 7-13 *Choisir le mot-clé Agenda pour l'article qui vient d'être créé*

7 Ne pas oublier non plus de préciser une date de publication antérieure
pour leur associer une date dans l'agenda. Faute de quoi, votre événement n'apparaîtra pas dans l'agenda. Pour cela, vous devez tout d'abord
donner à votre article le statut Publié en ligne. Ensuite seulement apparaît le formulaire qui vous permet d'en modifier la date (voir figure 7-14).

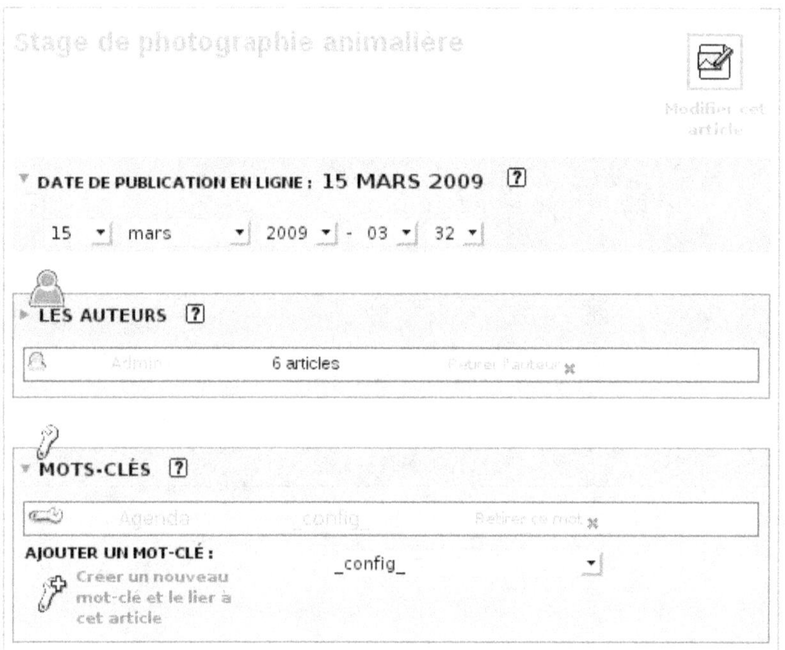

FIGURE 7–14 *Le champ Date de publication antérieure, à remplir impérativement, est utilisé comme date de l'événement.*

Dès qu'un événement à venir est enregistré dans l'agenda, l'onglet *Agenda* apparaît dans le menu principal du site. Il vous permet alors d'accéder directement à la liste de tous les événements prévus.

Vous devriez normalement obtenir la page suivante en cliquant sur la rubrique *Agenda* du site :

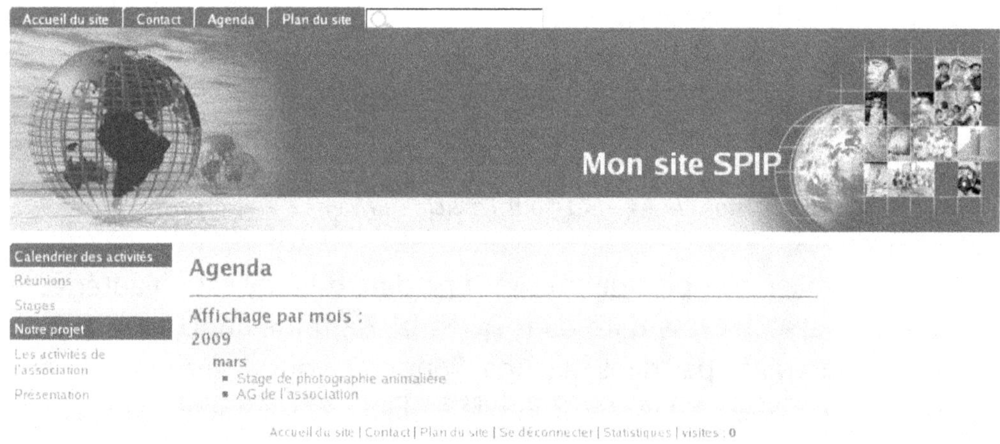

FIGURE 7–15 *L'agenda affiche les événements indiqués comme tels à la Date de publication antérieure.*

PENSE-BÊTE **Vider le cache**

Pour éviter tout dysfonctionnement du côté des utilisateurs, il faut vider le cache Spip. Pour cela, allez dans *Configuration>Vider le cache* et cliquez sur le bouton *Vider le cache*.

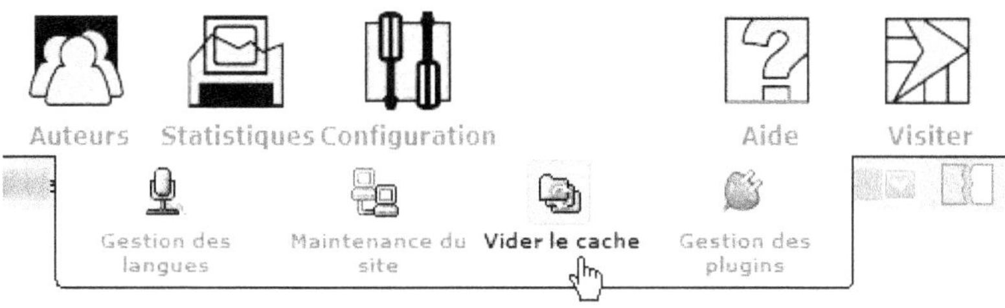

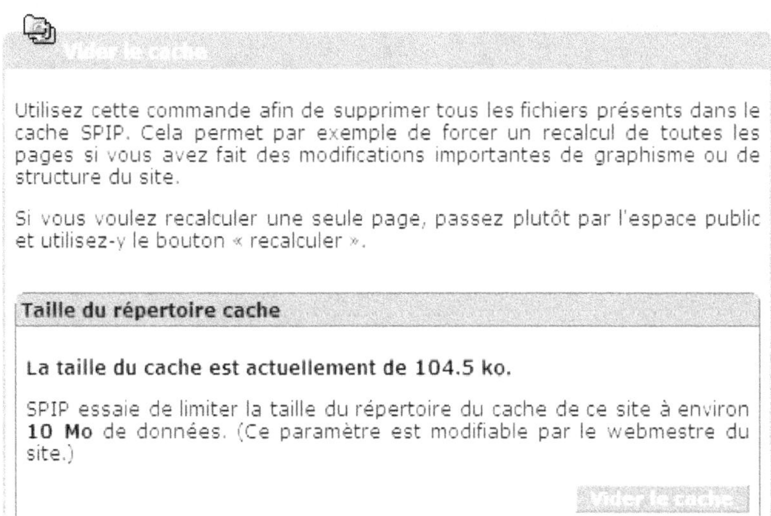

FIGURE 7–16 *Le bouton Vider le cache permet de remettre à zéro les pages stockées.*

Installation manuelle d'un plug-in : mise en place d'une galerie photo

Pour notre club photo, nous souhaitons pouvoir mettre en ligne les plus belles photos prises par les membres.

Plusieurs opérations de configuration sont nécessaires avant la mise en œuvre de la galerie photo, en particulier pour la création et la gestion des miniatures des photos par Spip.

La création automatique de vignettes de prévisualisation utilise une fonctionnalité associée à PHP.

Certains hébergeurs, de plus en plus rares toutefois, n'installent pas ces fonctionnalités avec PHP : les fonctions graphiques sont donc inutilisables.

Dans le cas d'une installation locale, il faut activer au moins l'une des librairies `GD` ou `Imagick` sur votre système :

- Sous Windows, modifier le fichier `php.ini` présent dans le répertoire d'installation d'Apache et décommenter (supprimer le ; en début de ligne) l'instruction : `extension=php_gd2.dll`. Penser à relancer le serveur Apache après la modification.

- Sous Linux, les bibliothèques `libjpeg`, `libpng` et `zlib` sont généralement incluses dans votre distribution. `GD 2` est désormais fourni avec PHP.

Nous devons changer le paramétrage de Spip pour activer la génération automatique des miniatures de photos qui seront mises en ligne sur le site :

1 Se rendre sur l'interface d'administration de la forme **www.mon-site.org/ecrire**.

2 Cliquer sur l'icône *Configuration* puis sur *Fonctions avancées.*

3 Modifier le paramétrage des options suivant les indications données ci-après (voir figure 7-17).

   Pour la taille des images, nous vous recommandons de ne pas dépasser 150 pixels pour les miniatures et 600 pixels de large pour les images que vous utiliserez dans vos albums photos.

Nous avons choisi de mettre en place le plug-in Diapo, générant une galerie photo, dont vous trouverez les caractéristiques ainsi que l'archive à l'adresse suivante : **http://www.spip-contrib.net/Plugin-Diapo**. Téléchargez la dernière version stable du plug-in à l'adresse **http://trac.spip.org/files/spip-zone/diapo_1_9.zip**. Décompactez les fichiers et déposez le répertoire résultant, dénommé `diapo_1_9`, dans le répertoire `plugins` de votre site. Revenez à votre interface de gestion des plug-ins : Diapo devrait maintenant apparaître dans la liste des plug-ins disponibles (voir figure 7-18). Activez le.

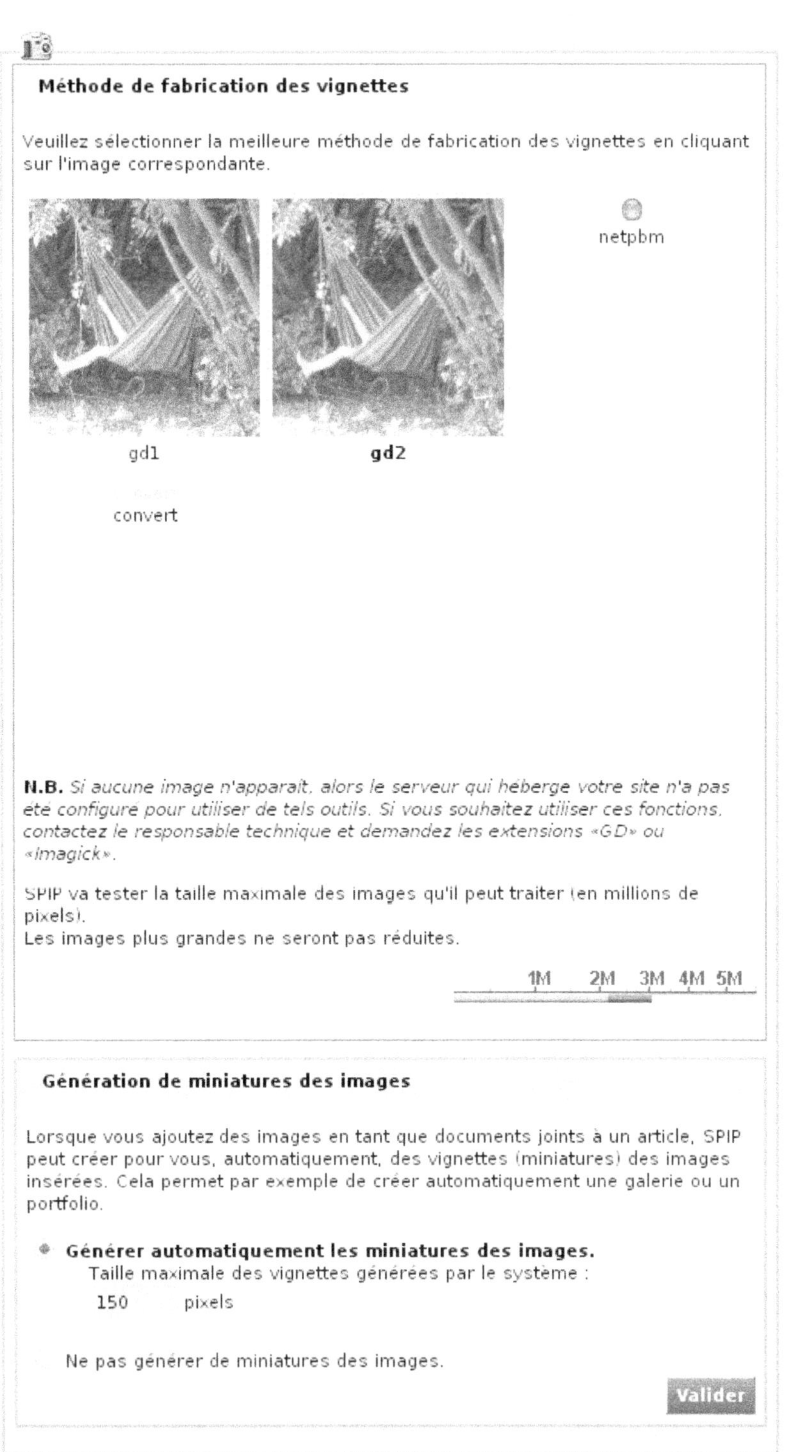

FIGURE 7–17 *Options liées à l'affichage des images du site*

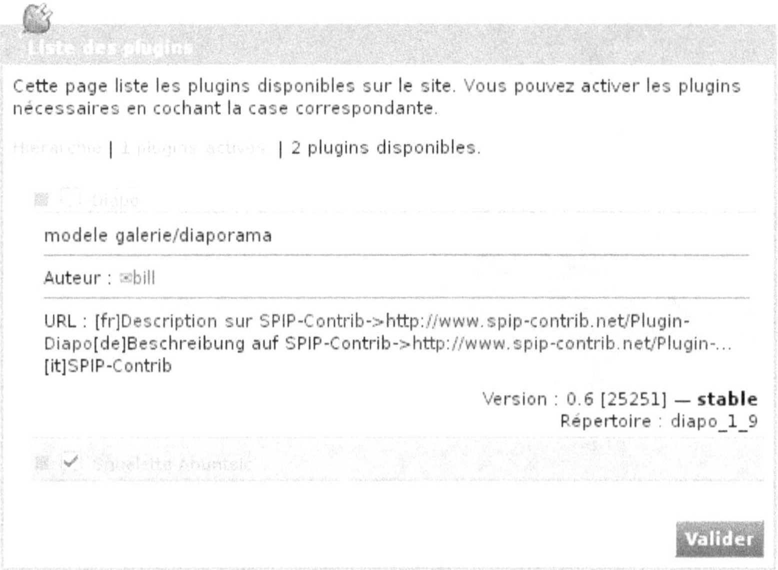

FIGURE 7–18 *Activation du plugin Diapo*

Une fois le plug-in activé, vous pouvez insérer très facilement un diaporama à n'importe quel article. Pour conserver la lisibilité du site, nous avons créé une rubrique intitulée Galeries, qui regroupera les œuvres des adhérents (chacun possédant sa propre page).

Dans la rubrique Galeries, nous créons un article, Galerie de Jean-Paul. Enregistrez l'article pour connaître son identifiant en base de données (`articleN`). Revenez ensuite à l'article pour l'éditer. Pour créer la galerie, on doit commencer par transférer vers le serveur toutes les photos qui le constitueront, à l'aide du bloc dédié visible à la figure 7-19.

FIGURE 7–19 *Ajouter des photos à un article*

Une fois les photos ajoutées au fichier, on génère la galerie à l'aide de l'un des raccourcis du tableau 7-1 (où `nn` représente le numéro de l'article en cours d'édition).

Tableau 7–1 Raccourcis générant une galerie

Raccourci	Description de la galerie

`<diaponn|diapo>`
ou
`<diaponn>`
	Diaporama standard, avec flèches

`<diaponn|pause>`	Diaporama automatique
`<diaponn|left>`	Galerie avec vignettes à gauche
`<diaponn|right>`	Galerie avec vignettes à droite
`<diaponn|center>`	Galerie avec vignettes en haut et grande image

Dans notre exemple, nous avons choisi la dernière option. Une fois l'article validé, nous pouvons afficher la galerie et obtenir un résultat esthétique (voir figure 7-20).

Figure 7–20 *La galerie résultant de nos efforts*

Une dernière remarque avant de clore cette section : les paramètres du diaporama et des galeries sont configurables dans le fichier `diapo_fonctions.php`. Vous pouvez notamment y définir la durée d'affichage d'une image dans le mode automatique, la largeur maximale de l'image affichée, le nombre de vignettes, etc. Les options sont clairement documentées sur la page spip-contrib dédiée à ce petit projet pourtant bien efficace, et qui a su évoluer avec les versions de Spip.

Rendre le site encore plus accessible

On veillera à respecter les recommandations sur l'accessibilité, recensées sur le site OpenWeb à l'adresse suivante : http://openweb.eu.org/accessibilite/.

Ces règles d'accessibilité sont créées pour que les personnes ayant un handicap leur rendant difficile ou impossible la lecture sur écran puissent malgré tout accéder au contenu d'un site web. Elles permettent à l'utilisateur d'interagir avec les pages web non seulement grâce à un dispositif de pointage (la souris), mais aussi par l'intermédiaire du clavier.

Les touches d'accès clavier (*accesskeys*) sont l'un de ces mécanismes alternatifs d'accès aux hyperliens et aux champs de formulaire. Concrètement, cette possibilité n'est pas donnée par une touche unique, afin d'éviter les confusions avec la saisie courante au clavier. Ce sera une combinaison de touches, variable selon les systèmes d'exploitation et les navigateurs, qui permettra cet accès. Par exemple :

- IE Windows : *Alt* + [*accesskey*], puis *Entrée* ;
- K-Meleon, Firefox (Windows) : *Alt* + [*accesskey*] ;
- Opera (Windows, Mac OS X, Linux) : *Esc* + *Shift* + [*accesskey*] ;
- Safari, IE, Firefox (Mac OS X) : *Ctrl* + [*accesskey*] ;
- Galeon, Firefox (Linux) : *Alt* + [*accesskey*] ;
- Konqueror (Linux) : *Ctrl*, puis [*accesskey*] (successivement) ;

Pour permettre l'utilisation des touches d'accès clavier, il suffit de les assigner aux liens et aux éléments de formulaire à l'aide de l'attribut `accesskey`. Les éléments supportant l'attribut `accesskey` sont :

- `a` (liens) ;
- `area` (images cliquables) ;
- `button`, `input` et `textarea` (éléments de formulaire). L'attribut `accesskey` peut également être utilisé dans le `label` associé à un contrôle unique, ou dans l'élément `legend` d'un `fieldset` regroupant plusieurs contrôles.

Le squelette que nous avons présenté dans ce chapitre définit, pour le menu principal (voir fichier `inc-menu-principal.html`) des accesskeys et il est conformes aux recommandations WCAG. Nous ne saurions que trop vous recommander de l'utiliser.

> PERSPECTIVES **Pour en savoir plus sur l'accessibilité**
>
> Pour en savoir plus sur tout ce que les questions d'accessibilité englobent, vous pouvez consulter les excellents documents que sont :
> - http://openweb.eu.org/articles/intro_accessibilite/
> - http://fr.wikipedia.org/wiki/Accessibilit%C3%A9_du_Web

Les modèles

Les modèles ont été introduits avec Spip 1.9. Ce sont de petits bouts de squelettes, également appelés « noisettes ». Les modèles effectuent un travail bien précis, à savoir : afficher les traductions d'un article ; afficher les images jointes, avec ou sans le titre et la description ; paginer les résultats affichés, etc. Le plug-in Diapo que nous avons installé fait précisément appel à cette notion.

Inspirés des raccourcis existant de longue date, `<img>` et `<doc>`, les modèles forment dorénavant un groupe spécial, dont certains sont disponibles par défaut, dans le dossier `squelettes-dist/modeles/`.

Les modèles étendent le concept de raccourci :

- à tout affichage. Il suffit de déposer un fichier `monraccourci.html` dans son dossier personnalisé `squelettes/modeles/` pour pouvoir utiliser le raccourci `<monraccourci>` ;
- au choix d'une classe CSS à appliquer au dit affichage. Le raccourci `<monraccourci|classe>` affichera `modeles/`

```
monraccourci_classe.html
```
s'il existe, sinon il appliquera la `classe="classe"` à l'objet `monraccourci` ;

- à leur intégration directement dans l'objet de la base de données (article, brève...).

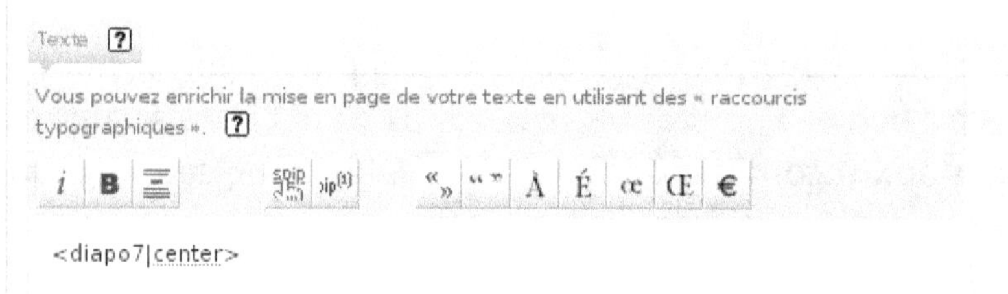

FIGURE 7–21 *Un exemple d'utilisation de modèle : la galerie insérée à notre site à la section précédente*

En résumé...

Vous n'avez vu ici qu'un petit exemple de réalisation, fondé sur un Spip de base, utilisable sans aucun autre ajout et agrémenté de squelettes et plug-ins permettant quelques fonctions et apparences supplémentaires.

Spip permet de réaliser un site multi-utilisateur complet en un temps record. La fonction de rédacteur dans ce système d'édition en ligne ne nécessite aucune compétence web particulière et l'administration en est également simplifiée grâce à une interface conviviale.

Qu'il soit grand débutant ou gourou, un groupe qui veut communiquer sur le Web trouvera avec Spip un outil facile à manier.

Si, en plus, il a ou acquiert des connaissances techniques comme le HTML, les feuilles de style CSS et des données esthétiques, tout sera possible !

Le premier soir je me suis donc endormi
sur le sable à mille milles de toute terre
habitée. J'étais bien plus isolé qu'un
naufragé sur un radeau au milieu de
l'Océan. Alors vous imaginez ma surprise,
au lever du jour, quand une drôle de
petite voix m'a réveillé. Elle disait :
" S'il vous plaît. . .
Dessine moi un mouton ! "

Le Petit Prince, A. de Saint Exupéry

Que fais tu ici ?
dit le petit prince.
Je trie les voyageurs,
par paquets de mille,
dit l'aiguilleur.
J'expédie les trains
qui les emportent,
tantôt vers la droite,
tantôt vers la gauche.

Créer des comptes Spip

Que serait un site collaboratif, auquel plusieurs personnes contribuent, sans la possibilité de créer des comptes utilisateur et d'authentifier chacun d'eux ?

Un site Spip n'est pas une simple vitrine car son contenu peut être enrichi par tout ou partie des visiteurs. L'accès à une partie du site peut notamment être réservé à des membres grâce à un système de mots de passe (par exemple, un espace documentaire dont le contenu représente une importante quantité de travail). On peut aller plus loin encore, en donnant à chaque membre son propre environnement sur le site, avec une liste de pages accessibles dépendant de ses droits personnalisés (par exemple, les galeries d'images d'un club photo), des informations personnelles, etc. Les informations nécessaires seront alors stockées dans une base de données.

ALTERNATIVE **L'approche « tout-ouvert » avec les wikis : une approche zen du site éditorial**

Ce chapitre permettra à chaque internaute qui le souhaite de devenir un rédacteur pour Spip. La force de ce logiciel est le système de contrôle éditorial : chaque rédacteur est soumis à la relecture d'un administrateur (dont il faut attendre l'aval), chacun de ces derniers pouvant publier et étant équivalent à tous les autres.

Les logiciels de wiki (voir par exemple, **http://fr.wikipedia.org/ wiki/Accueil**) permettent d'aller encore plus vite, et donc potentiellement d'intéresser encore plus d'internautes. Le principe est simple : chacun a le droit de modifier toutes les pages, directement depuis le navigateur et cela ne dégénère généralement pas, parce que les pages sont stockées dans un système de contrôle de versions qui permet d'annuler toutes les modifications indésirables. Il arrive que certaines pages d'un wiki fassent l'objet de vandalisme, ce qui conduit parfois les administrateurs du wiki à verrouiller les articles litigieux (et à imposer, comme c'est le cas depuis peu sur Wikipedia, la validation préalable par un administrateur pour toutes les modifications sur des articles dits « sensibles »). Un wiki est idéal pour permettre aux internautes de contribuer à une base de données : livres, films, liens, bonnes adresses, etc. Il existe des dizaines de programmes fonctionnant sur ce principe.

▸ **http://fr.wikipedia.org/wiki/Moteur_de_wiki**

Il existe d'ailleurs un plug-in de wiki pour Spip, dénommé *Gribouille* (**http://www.spip-contrib.net/Gribouille**). On peut le voir à l'œuvre ici :

▸ **http://www.spip-contrib.net/Carnet-SPIP**

Créer, importer et maintenir un fichier de membres

Si le nombre de contributeurs du site excède la vingtaine, nul doute qu'il fait déjà l'objet d'un fichier électronique. Attention cependant aux nouvelles contraintes liées au site web.

L'utilisation d'un tableur ou d'une base de données – à savoir tout logiciel apte au traitement et au classement des données – est indispensable. Si le fichier consiste en un seul grand document dans un traitement de texte (par exemple, une planche d'étiquettes à coller sur les enveloppes), il ne sera pas assez malléable pour être en interopérabilité avec les besoins spécifiques du site (mailings, fichier des mots de passe). Le cas échéant, il devra être converti, si nécessaire à la main.

Les exemples présentés dans ce livre sont testés sur PC, avec OpenOffice Calc, le tableur de la suite bureautique OpenOffice, mais tout autre tableur pourra faire l'affaire.

> Sophie Gautier *et al.*, *OpenOffice.org 3. efficace*, éditions Eyrolles, 2009

Gérer le fichier des utilisateurs avec un tableur

Un tableur est un logiciel permettant d'organiser des données en tableaux. Bien que traditionnellement utilisé plutôt pour des chiffres (comptabilité, graphiques...), il est également très utile pour un fichier de taille moyenne (maximum 1 000 entrées), volume pour lequel la flexibilité accrue de ce type de logiciel le fera préférer à des solutions plus lourdes (base de données par exemple).

Ceux qui traitent déjà leur fichier d'utilisateurs par ordinateur utilisent soit un traitement de texte, soit un système de gestion de bases de données (SGBD) léger et convivial (comme FileMaker ou 4D), soit une base de données complète (comme OpenOffice.org Base, Microsoft Access, MySQL, PostgreSQL ou encore Oracle). Est-il nécessaire dans ce cas de changer d'outil ?

> BON À SAVOIR **En marge de Spip**
>
> Nous nous situons dans ce descriptif très légèrement en marge du site web, puisque nous ne faisons intervenir que des logiciels de bureautique sur un poste « classique » : cependant, l'industrialisation du fichier des utilisateurs constitue la préparation indispensable qui permettra à ces données de franchir le « grand saut » jusqu'au serveur web, et d'être réutilisables dans le cadre de la création des comptes Spip par lots.

Bien commencer le fichier

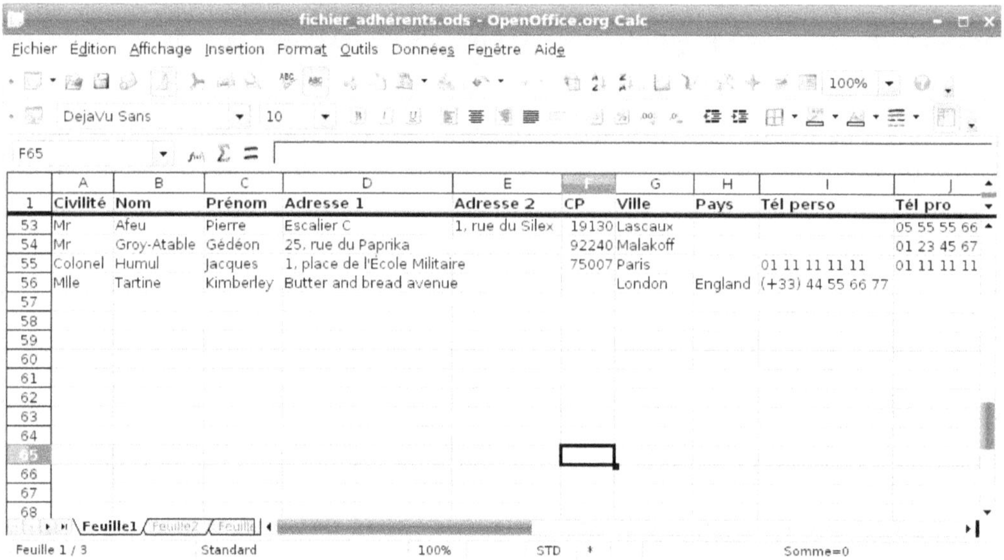

FIGURE 8–1 *Le fichier des utilisateurs en cours d'édition sous OpenOffice.org*

Supposons que le fichier des utilisateurs doive être créé ou refondu, par exemple parce qu'il est actuellement géré à l'aide d'un traitement de texte ou d'un logiciel de mise en page. Le plus difficile, comme toujours, c'est le démarrage ! Une fois les dix premiers utilisateurs saisis, il s'ensuivra une longue et ennuyeuse étape de copier-coller, qui peut d'ailleurs être idéalement mise à profit pour purger le fichier des entrées obsolètes ou incomplètes qu'il contient.

1 **Ne pas s'attacher à la forme du tableau.** Inutile de perdre du temps à enjoliver les caractères, centrer, mettre en gras, affiner le format de

dates, etc. : cette opération sera bien plus rapide si elle est exécutée à la fin, une fois que tout est saisi.

2 **Disposer les utilisateurs en ligne** en ne mettant jamais plus d'une information élémentaire par case. Par exemple, séparer nom et prénom dans deux cases distinctes de la même ligne. De même, découper l'adresse postale en adresse 1, adresse 2, code postal, ville, pays et prévoir des colonnes téléphone personnel, téléphone professionnel et téléphone mobile, même si chaque personne n'a communiqué qu'un seul des trois (deux des cases seront alors laissées vacantes dans chaque ligne).

3 **Mettre des titres de colonnes,** non pas pour enjoliver, mais pour se rappeler leur signification (la dénomination des colonnes sera notamment importante lors de la création d'un e-mailing – voir ci-après). Utiliser la fonction de commentaire de cellule du tableur pour expliciter les colonnes peu claires. Utiliser la fonction de séparation des volets (sous OpenOffice, cliquer-glisser le petit séparateur noir, en haut de la barre de défilement tout à droite de la fenêtre) pour garder visibles les titres des colonnes pendant que la liste des membres est éditée, vers le bas du tableau (la figure 8-1 montre cette fonction en action).

4 **Ajouter des colonnes** au fur et à mesure des besoins, plutôt que de se baser sur un code non textuel (gras, couleur de fond) pour distinguer certains membres. L'enjolivage, s'il y en a (mettre certains enregistrements sur fond de couleur pour que leur statut saute aux yeux), doit venir en sus de l'information textuelle, celle-ci étant destinée à être exploitée automatiquement et... en impression noire sans couleur.

5 **Sauvegarder** plutôt trois fois qu'une, sur différents supports (les clés USB ne sont pas toujours d'une grande fiabilité et ce support ne doit être utilisé que pour transporter les données d'un endroit à un autre, en aucun cas pour sauvegarder l'unique copie du fichier !). Déposer une copie de sauvegarde dans un endroit différent et vraiment sûr (coffre-fort, domicile du président).

6 **Réutiliser** une copie du fichier (et non pas l'original) pour toute opération qui n'a pas pour but de le mettre à jour (e-mailing, impression d'étiquettes, téléchargement sur le site, etc.).

 Formats de fichier d'OpenOffice.org : des standards ouverts

Les fichiers d'OpenOffice (que ce soit le tableur, le traitement de texte ou autres), compressés, ont l'air de binaires abscons à première vue ; en réalité, ce sont des archives ZIP standards (on peut les ouvrir avec 7Zip, par exemple, sous MS-Windows). À l'intérieur de ces ZIP, on trouve un certain nombre de fichiers se basant également sur des formats standards, puisqu'il s'agit de XML, très similaire au HTML évoqué au chapitre 5. Ce choix technique constitue une très forte garantie de pérennité des données pour celui ou celle qui déciderait de sauter le pas d'un logiciel à l'autre, libre ou pas, mais respectueux des formats transférables : même dans le scénario catastrophe le plus noir (l'équipe de développement d'OpenOffice est capturée par la CIA et envoyée pour travailler aux mines de sel), il est très facile de lire ces fichiers dans n'importe quel autre logiciel utilisant ces formats ouverts ou (pour un programmeur !) d'écrire un filtre de récupération pour convertir les fichiers OpenOffice. Il est inutile de préciser qu'une telle garantie d'indépendance est chose rare dans le monde du logiciel payant : il est tellement plus simple (et plus lucratif) d'enfermer les documents des utilisateurs dans des formats indéchiffrables, voire de les breveter avec interdiction d'ouvrir le « couvercle », sous peine de poursuites judiciaires !

Faire des tris et des filtrages avec le tableur

Une fois le fichier converti au format d'un tableur, il est loisible de procéder facilement à des tris, des recherches et des filtrages – cette dernière opération consiste à ne retenir qu'un certain nombre de lignes vérifiant un certain critère. Par anticipation de la section suivante, nous allons décrire ces manœuvres en prenant pour tableur OpenOffice Calc. Les autres tableurs proposent des fonctionnalités très similaires.

1 Sélectionner tout le tableau des membres, de la case en haut à gauche à celle en bas à droite, y compris les titres de colonne (voir figure 8-2).

2 Dans le menu *Données*, sélectionner *Définir la plage…*

3 La boîte de dialogue de la figure 8-3 apparaît. Cliquer sur le bouton *Options* pour la faire apparaître entièrement, puis renseigner les différents champs comme indiqué sur la figure (ne pas toucher au champ *Plage*, contenant une formule importante).

4 Cliquer sur *OK*.

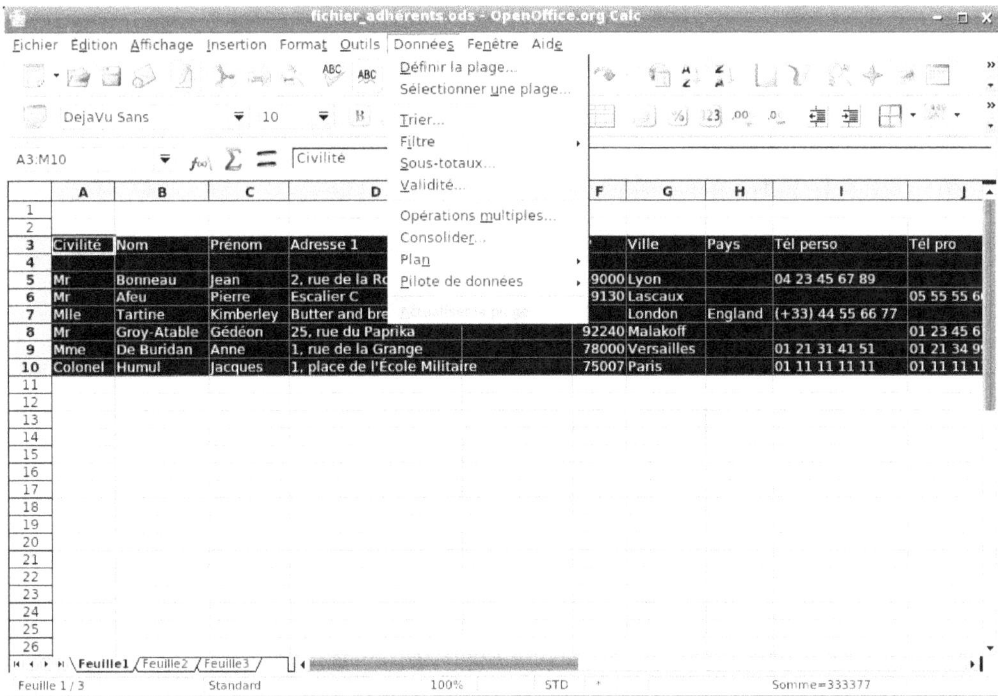

FIGURE 8-2 *La sélection (en noir) est sur le point d'être promue « plage de données ».*

FIGURE 8-3 *Réglages pour la création d'une nouvelle plage de données*

La feuille de calcul est alors à même d'utiliser des fonctions qui se rapprochent plus d'une base de données. Par exemple, on peut effectuer des filtrages :

1 Dans le menu *Données*, choisissez *Sélectionner une plage...* La boîte de dialogue de la figure 8-4 apparaît alors.

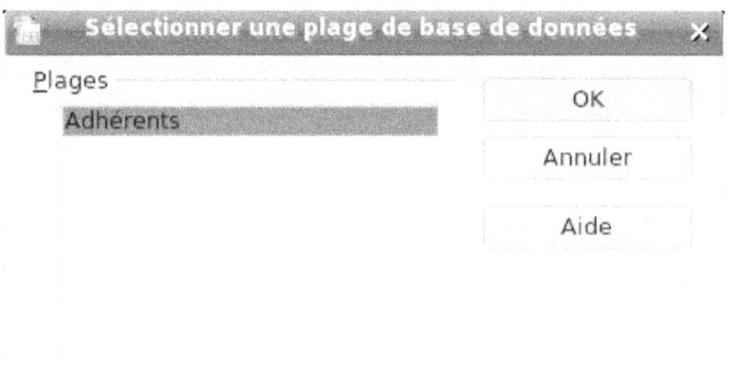

FIGURE 8–4 *Boîte de dialogue de sélection d'une plage de données*

2 Le tableur rappelle la sélection telle qu'elle était lors de la création de la plage *Adhérents*, autrement dit, toute la table est à nouveau sélectionnée. Dans le menu *Données*, choisissez le sous-menu *Filtre*, puis *AutoFiltre*.

3 Les titres de colonne s'agrémentent alors de sélecteurs de filtrage, comme on peut l'observer sur la figure 8-5. Cliquer sur l'un d'eux permet de n'afficher que les lignes correspondant à tel ou tel critère (par exemple, si l'on filtre par civilité, seulement les hommes, ou par statut, seulement les membres bienfaiteurs, comme montré sur la figure). Les autres lignes sont rendues invisibles (mais ne sont pas effacées).

4 Pour faire disparaître les sélecteurs de filtrage, répéter la même manœuvre depuis l'étape 1.

On peut également trier la base de données selon des critères différents :

1 Sélectionner la base de données à l'aide du menu *Données>Sélectionner une plage...*, comme indiqué précédemment.

2 Dans le menu *Données*, choisir *Tri...*. La boîte de dialogue de la figure 8-6 apparaît : sélectionner les critères de tri.

3 Cliquer sur *OK*. L'effet obtenu est représenté sur la figure 8-7.

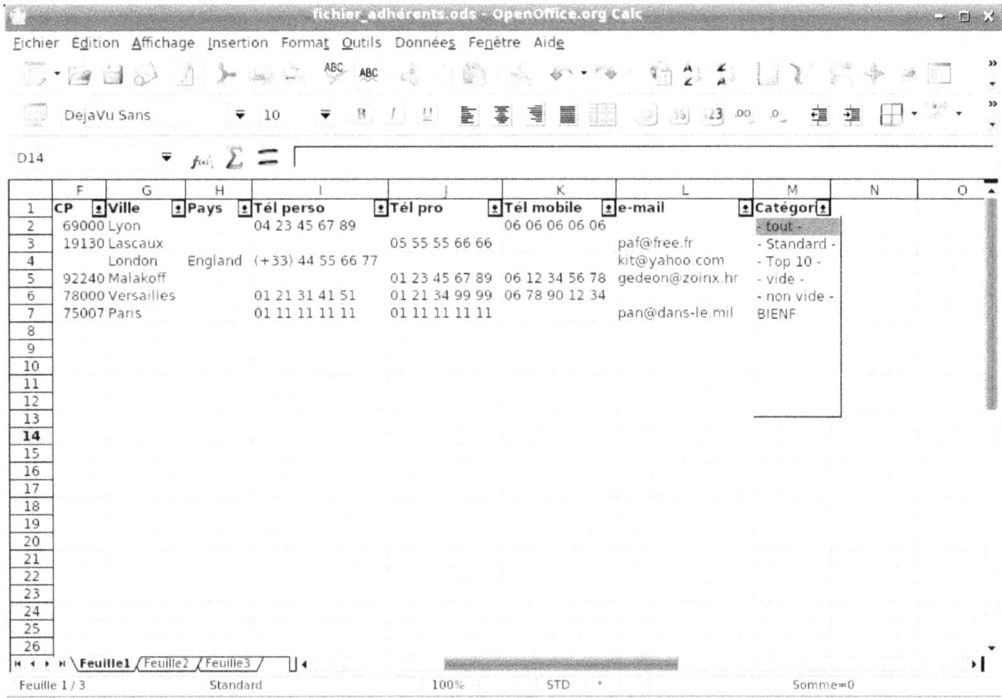

FIGURE 8–5 *La fonctionnalité AutoFiltre en action*

FIGURE 8–6 *Critères de tri*

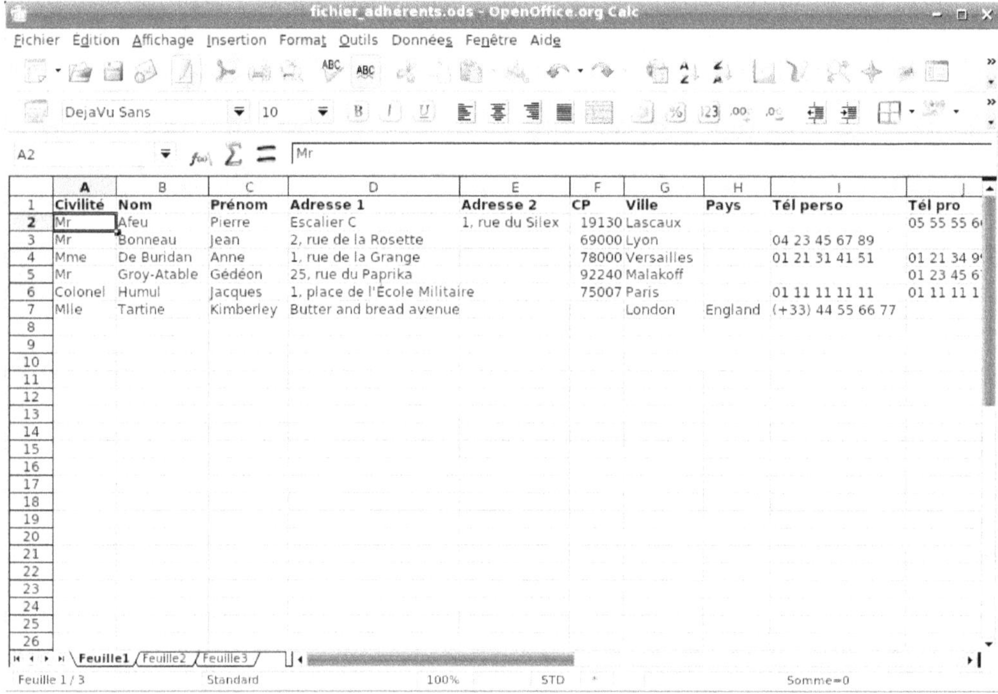

FIGURE 8-7 *Fichier des membres trié par nom et prénom*

Créer des comptes Spip par lots avec OpenOffice.org, PHPMyAdmin et MySQL

Une fois le fichier des membres travaillé sous une forme exploitable, il faut le relier au site Spip. Cela évite d'être contraint de saisir manuellement toutes les informations dans l'écran de création de comptes de Spip, cette manipulation étant à refaire autant de fois qu'il y a de comptes à ouvrir !

Pour les membres, l'accès à un compte Spip nominatif offre plusieurs avantages :

- Tout contributeur disposant d'un compte peut contribuer au site, sous le contrôle d'un processus éditorial : il lui est possible de rédiger des articles dans Spip et de les proposer au responsable du site qui avalisera sa publication sur le site. Certaines pages du site peuvent être d'accès restreint aux contributeurs inscrits (par exemple, une galerie de photos).

 Attention, iceberg technique en vue !

Nous avons fait de notre mieux pour présenter les aspects techniques (et il y en a en une grande quantité !) de façon progressive, en
décrivant chaque étape pas à pas, mais il faut savoir que les manœuvres qui sont décrites sont extrêmement techniques. On peut donc
considérer que la suite de ce chapitre est plutôt réservée à un ama-
teur très averti. Pour les lecteurs que rebutent les formules SQL et les
macrocommandes de tableur, il vaut sans doute mieux passer directement au chapitre suivant ! Mais il n'est pas interdit de persévérer,
même si les prouesses techniques résultant de la suite de ce chapitre
sont normalement l'apanage de programmeurs aguerris. Nous vous
souhaitons bon courage !

Les nombreuses opérations expliquées dans cette section sont relativement
complexes. Cependant, nous allons les détailler au moyen de très nombreuses
captures d'écran, et il devrait suffire de les suivre pas à pas pour s'en sortir
indemne ! Une vue d'ensemble du parcours que nous allons suivre s'impose :

1 Nous verrons tout d'abord comment se procurer les logiciels nécessaires. Ils sont tous libres (voir chapitres 1 et 2).

2 Un login sera attribué (manuellement ou automatiquement) à chaque
membre. On s'acquitte de cette étape dans le tableur. Des compétences
de base d'utilisation de ce logiciel sont indispensables et peuvent
nécessiter un petit détour par les macrocommandes (en option).

3 Le fichier contenant les logins sera exporté du tableur et importé dans
MySQL. C'est l'occasion de découvrir l'interface graphique de ce dernier, nommée phpMyAdmin, grâce aux explications détaillées présentées plus loin à la section Importer les données CSV dans MySQL via
phpMyAdmin.

4 On utilisera ensuite le langage SQL de la base de données pour créer
automatiquement les mots de passe aléatoires. C'est la partie la plus
délicate, truffée de formules ésotériques en SQL, qui permettent
d'entrevoir la puissance et la complexité de MySQL.

5 Les mots de passe seront rapatriés en sens inverse et stockés dans le
tableur. Il est alors naturel d'envoyer un e-mailing (papier, par souci de
sécurité) aux membres pour leur communiquer leur nouveau mot de
passe et de mettre en pratique, pour ce faire, les enseignements de la
section précédente.

Identifiant (login) et mot de passe

La sécurité informatique consiste pour une large part à ne pas laisser n'importe qui utiliser n'importe quel programme. Pour ce faire, l'ordinateur serveur a besoin de savoir qui est connecté pour chaque opération qu'on lui demande, afin de prendre la décision adéquate (accès autorisé, possible en lecture seule ou refusé).

Tout type de systèmes de sécurité confondus, le mécanisme de loin le plus utilisé pour connaître l'identité de l'utilisateur (on dit aussi l'*authentifier*) est celui qui se compose d'un **identifiant** (également appelé nom de login ou login) et d'un **mot de passe**. L'identifiant est public ; il s'agit d'un petit texte désignant une personne de façon non ambiguë (par exemple, une abréviation de ses nom et prénom, ou bien une adresse de courrier électronique). Le mot de passe, au contraire, est confidentiel ; il n'est de préférence connu que par ladite personne. Lors de son premier accès au site web, l'internaute n'aura accès qu'aux pages publiques ; s'il peut et souhaite accéder à une zone protégée, quelle qu'elle soit (pages d'accès restreint, zone de travail des auteurs dans Spip, voire accès « par la soute » – FTP ou autres – pour les administrateurs), il devra au préalable saisir son identifiant et son mot de passe dans la boîte de dialogue idoine. Ce mot de passe est dissimulé sous une forme visuelle neutre (souvent des astérisques) pour parer aux coups d'œil indiscrets par-dessus l'épaule de l'utilisateur.

Logiciels nécessaires

Les manipulations que nous allons décrire requièrent l'utilisation des logiciels suivants :

- le logiciel de bureautique OpenOffice (http://fr.openoffice.org/), contenant, entre autres, un tableur et un traitement de texte ;
- le système de bases de données MySQL (http://www.mysql.com/) ;
- son interface d'administration en ligne phpMyAdmin (http://www.phpmyadmin.net/).

Tous trois sont des logiciels libres, comme nous l'avons vu au chapitre 2.

Si vous avez suivi les recommandations des chapitres précédents, MySQL doit déjà être installé sur votre serveur, sans quoi Spip ne fonctionnerait pas. Le logiciel phpMyAdmin doit également être installé sur le serveur et être configuré de façon à ce qu'il soit correctement relié à MySQL. Ces processus sont passablement complexes (bien plus que tout ce que nous avons pu présenter !) ; bien heureusement, la plupart des hébergeurs fournissent en standard, avec toute base de données MySQL hébergée, un php-MyAdmin qui fonctionne déjà. C'est le cas de Ouvaton, chez qui nous proposions d'ouvrir un compte. Nous allons réutiliser ce dernier, après avoir commandé une base de données et patienté pendant le délai requis.

Gestion et protection des mots de passe

L'Internet d'aujourd'hui ressemble beaucoup au Far West américain de l'époque des pionniers : ce n'est pas seulement un lieu de liberté et de nouveaux mondes possibles, c'est aussi un terrain où sévissent les hors-la-loi en tous genres. Le simple fait qu'un service informatique soit protégé par un mot de passe attisera chez certains l'envie de contourner la protection, que ce soit par défi intellectuel personnel ou dans le dessein d'accomplir des méfaits de plus grande envergure à l'aide des ressources ainsi détournées. Même un simple compte FTP peut servir d'entrepôt pour quelques fichiers de musique MP3 ou la « charge utile » d'un virus : c'est dire que nul n'est à l'abri d'un piratage sous prétexte qu'il n'y a rien d'intéressant à voler.

Il convient donc de suivre un ensemble de règles de sécurité dans la gestion des mots de passe des utilisateurs :

- Chaque utilisateur doit choisir un mot de passe suffisamment solide pour le rendre imperméable aux moyens de traque automatisés. Consulter à ce sujet les adresses suivantes :

  http://www.urbanet.ch/?p=Support&q=13
  ou http://securinet.free.fr/mot-de-passe.html

- La façon la plus simple de s'assurer de bons mots de passe est encore de les imposer aux utilisateurs, comme nous allons le proposer dans ce paragraphe...

- Ils doivent être changés régulièrement (au moins une fois par an) et, par précaution, dès qu'un problème de sécurité est avéré, voire soupçonné.

- Le fichier des mots de passe doit être protégé. Dans la section Convertir les données temporaires de MySQL en comptes Spip, nous verrons que la table des mots de passe des utilisateurs est détruite aussi vite que possible ! On n'en conserve qu'une version protégée par un procédé cryptographique qui rend l'extraction des mots de passe beaucoup plus difficile. Les mots de passe des utilisateurs ne doivent jamais apparaître « en clair », même sur le serveur, excepté lors de leur création.

Bien sûr, la même précaution devrait théoriquement s'appliquer aux colonnes ad hoc du fichier des membres une fois qu'ils ont été envoyés à leurs destinataires... Mais en l'absence d'un mécanisme plus simple qui permettrait à l'administrateur de renouveler le mot de passe des utilisateurs étourdis qui ont oublié le leur, ces colonnes pourraient bien encore servir !

Renseigner automatiquement les logins dans le fichier

On doit adjoindre deux colonnes supplémentaires au fichier des utilisateurs créé dans le tableur au chapitre précédent : l'une pour l'identifiant, l'autre pour le mot de passe.

1 Créer deux colonnes intitulées *Login* et *Mot de passe*, comme indiqué sur la figure 8-8.

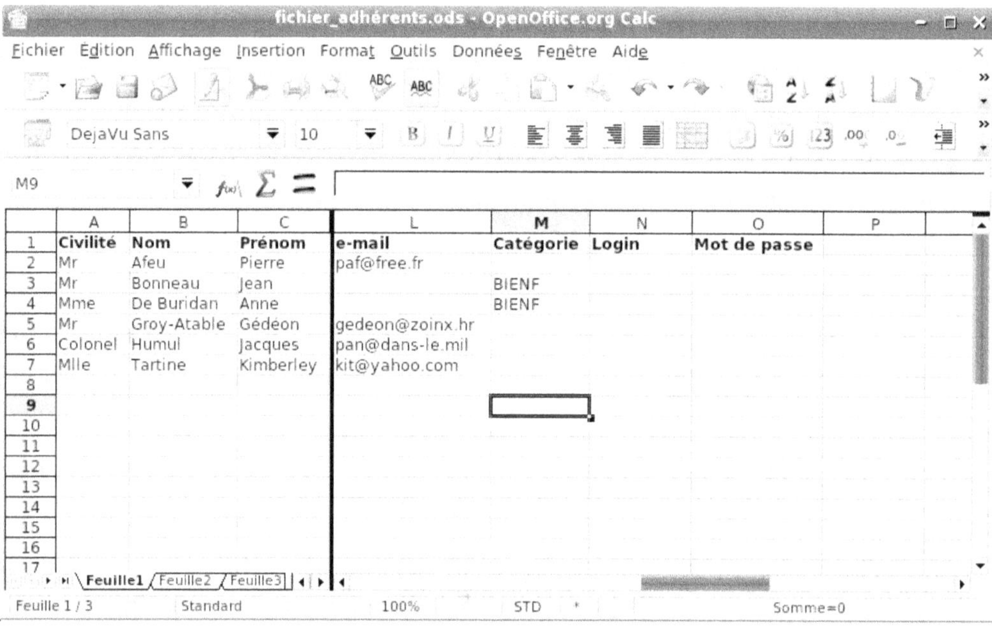

FIGURE 8-8 *Ajout des colonnes Login et Mot de passe*

2 Il faut à présent créer automatiquement les noms de login à partir des nom et prénom des membres, en adoptant la formule suivante : pre-

mière lettre du prénom, suivie du nom, en minuscules et sans espaces (ces caractères, en effet, ne sont guère appréciés par Spip). M. Jean Bonneau héritera donc du login `jbonneau`. Pour y procéder, une macro-commande du tableur devra être utilisée.

ATTENTION Macrocommandes du tableur : il faut peut-être traduire

C'est la version française d'OpenOffice qui est utilisée pour les exemples proposés. Son utilisation (ou celle d'un autre tableur) dans une autre langue ne pose pas de problème... sauf pour l'usage des macrocommandes, s'il y a lieu (lors de la création automatique des noms de login, voir le paragraphe ci-dessous), lesquelles doivent être traduites dans la langue qu'utilise OpenOffice ! Les macrocommandes sont parmi les rares langages informatiques à posséder de tels « dialectes » par pays ; au contraire, les langages de programmation usuels, comme SQL que nous verrons plus bas, ne « parlent » qu'une langue (le plus souvent l'anglais).

B. Marcelly et L. Godard, *Programmation OpenOffice.org 2*, éditions Eyrolles, 2005

3 Se placer dans la case en haut de la colonne *Login*. Dans notre exemple, il s'agit de la case de coordonnées N2, mais on peut bien évidemment avoir mis en page de toute autre manière le fichier des membres ; de même, les coordonnées des cases contenant le nom et le prénom du premier membre de la liste (respectivement B2 et C2), qui font partie intégrante de la formule présentée ci-après, doivent donc être adaptées à chaque cas particulier. À ces modifications près, taper la formule suivante au clavier :

```
=MINUSCULE(CONCATENER(STXT(C2;1;1);
    SUBSTITUE(B2;" ";"")))
```

Veiller également à bien respecter les espaces (il en faut un entre les premiers guillemets, mais il n'en faut pas entre les seconds).

On ne peut ici exposer, même de manière succincte, toutes les fonctionnalités des macrocommandes d'OpenOffice.org, mais on peut commenter la formule employée ci-dessus. Voici, mot à mot, ce qu'elle signifie : « Ce login est égal à la première lettre (`STXT()`) du prénom (case de coordonnées C2) suivi (`CONCATENER()`) du nom (case B2), dans lequel on supprime (`SUBSTITUE()`) toutes les espaces (`" "`) s'il y en a ; le tout étant en `MINUSCULE()`. ». La syntaxe qui régit la position des noms des

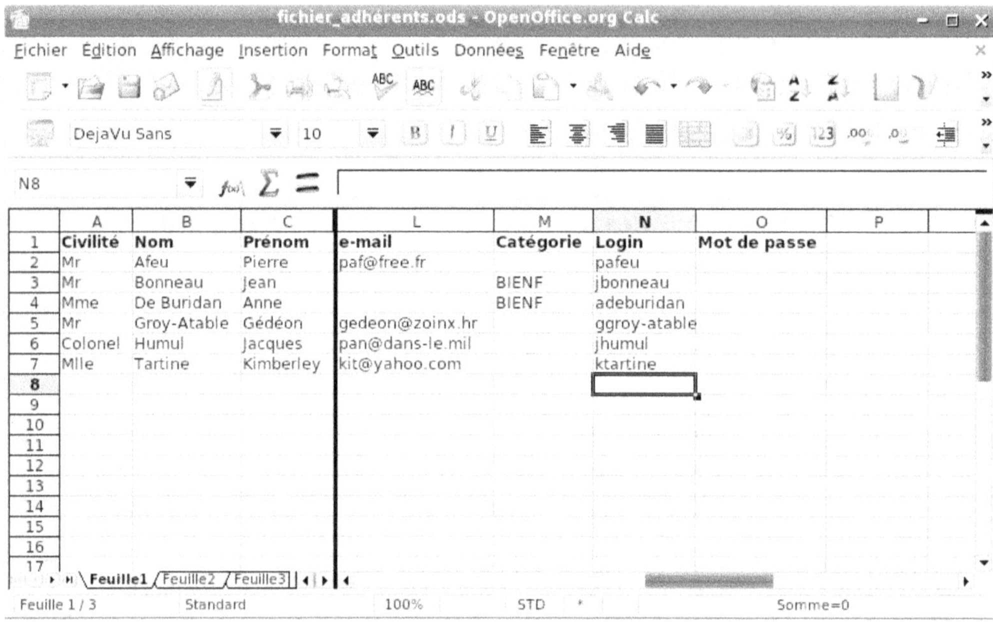

FIGURE 8-9 *Les noms de login sont calculés automatiquement à l'aide d'une macro commande*

macrocommandes et l'imbrication des parenthèses est identique à celle des fonctions (à plusieurs paramètres) d'une formule mathématique (pour ceux parmi les lecteurs qui se souviendraient de cette partie de leurs études secondaires...). La figure 8-9 illustre ce calcul.

4 Appuyer sur *Entrée*. Si tout s'est bien passé, on doit voir apparaître dans la case le résultat du calcul, à savoir `jbonneau`. Si ce n'est pas le cas, il faut recommencer à partir de l'étape 2 en prenant garde à mettre les bonnes coordonnées de cellule.

5 Redéfinir la plage de données (comme nous l'avons vu dans la section précédente) afin qu'elle englobe les deux nouvelles colonnes.

6 Pour vérifier qu'il n'y a pas de doublons dans les identifiants de connexion ainsi engendrés, trier la base de données des membres par login (comme nous avons appris à le faire au fil des paragraphes précédents), et relire la colonne des logins à la recherche d'éventuelles entrées identiques en doublon. Cette opération permet également de contrôler que tout s'est bien passé.

Enfin, si l'utilisation des macros vous semble trop complexe, on peut faire appel à d'autres astuces :

• Au lieu de saisir péniblement une paire de coordonnées au clavier (par exemple, C5), on peut se faire comprendre de l'ordinateur par « cliquer-grogner » : taper la formule comme à l'accoutumée au clavier mais, dès qu'il s'agit de saisir les coordonnées, cliquer sur la cellule voulue. Les coordonnées sont alors affichées automatiquement.

• Si, par chance, tous les membres (ou une large majorité d'entre eux) ont une adresse électronique, pourquoi ne pas la réutiliser tout bonnement comme login ? On fera l'essentiel du travail d'un simple copier-coller de la colonne adéquate, et il ne restera plus qu'à inventer manuellement des fac-similés acceptables pour les autres.

• Sinon, on peut toujours saisir tous les noms de login à la main...

Extraire le fichier des comptes à créer

Lorsqu'on sauvegarde la feuille de calcul fraîchement décorée des logins de tous les utilisateurs (il est vivement conseillé de le faire sur le champ), le fichier qui en résulte n'est pas utilisable « tel quel » pour transférer les informations vers le site (pour en juger, tentez de l'ouvrir avec Notepad sous MS-Windows). Quoique, pour le cas d'OpenOffice, ce format soit en réalité « meilleur » qu'un format propriétaire (celui de MS-Excel, par exemple), il ne présente guère le caractère de lisibilité des formats du Web qu'on a pu observer au chapitre 5. Une étape de conversion est donc nécessaire pour « passer au Web ».

1 Faire une copie de la feuille de calcul : le plus simple est de l'enregistrer sous un autre nom via le menu *Fichier > Enregistrer sous...*

2 Si la création de comptes ne concerne pas tous les membres, supprimer toutes les lignes sauf celles des heureux élus. Si le fichier n'est qu'une copie, on peut faire cela sans crainte... Mais avant toute opération, mieux vaut vérifier qu'il s'agit effectivement d'une copie ! (La barre de titre de la fenêtre affiche le nom du fichier en cours de modification ; en cas de doute, revenir à l'étape précédente.)

3 Effacer toutes les colonnes sauf celles qui intéressent Spip, à savoir *Nom*, *Prénom*, *Adresse électronique*, *Login* et *Mot de passe*, dans cet ordre (si besoin, couper-coller les colonnes pour les remettre dans le bon ordre). Le résultat est présenté figure 8-10.

4 Ramener les données jusqu'à la case A1, tout en haut à gauche de la feuille en supprimant les éventuelles lignes et colonnes de « marge » vides.

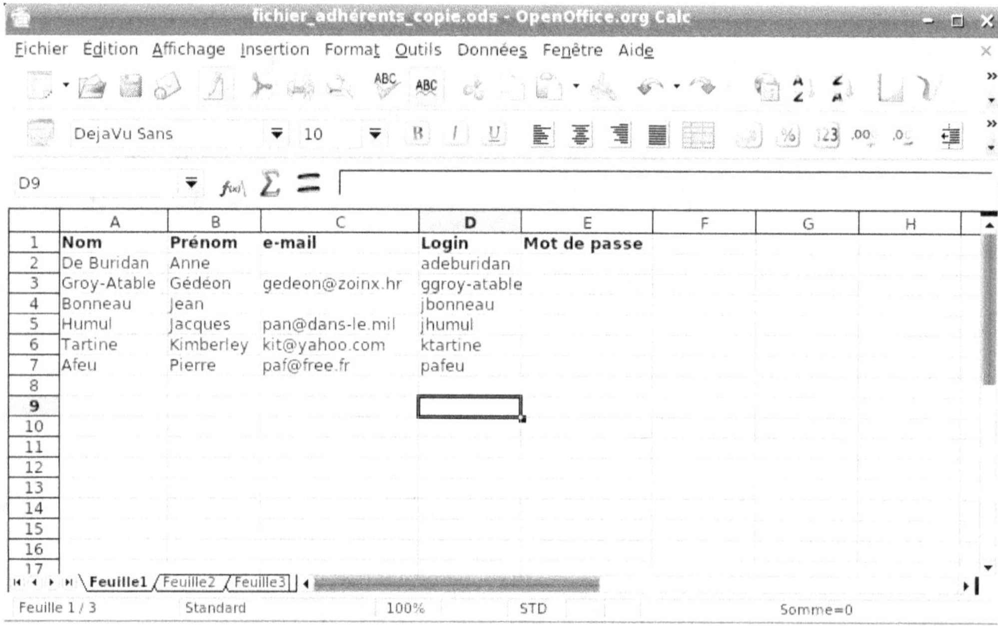

FIGURE 8–10 *Copie du fichier des membres, taillée pour Spip (informations superflues supprimées)*

5 Vérifier une dernière fois que l'ordre des titres de colonne est le bon, puis supprimer la ligne des titres. Il ne reste plus alors que des données brutes dans la feuille de calcul, calées en haut à gauche.

6 Dans le menu *Fichier*, sélectionner *Enregistrer sous...*. Choisir le format CSV (qui signifie *Comma-Separated Values*, autrement dit valeurs séparées par des virgules) pour l'export et activer l'option *Éditer les paramètres de filtre* en la cochant (voir figure 8-11). Indiquer un nom de fichier approprié pour l'export (avec l'extension `.csv`).

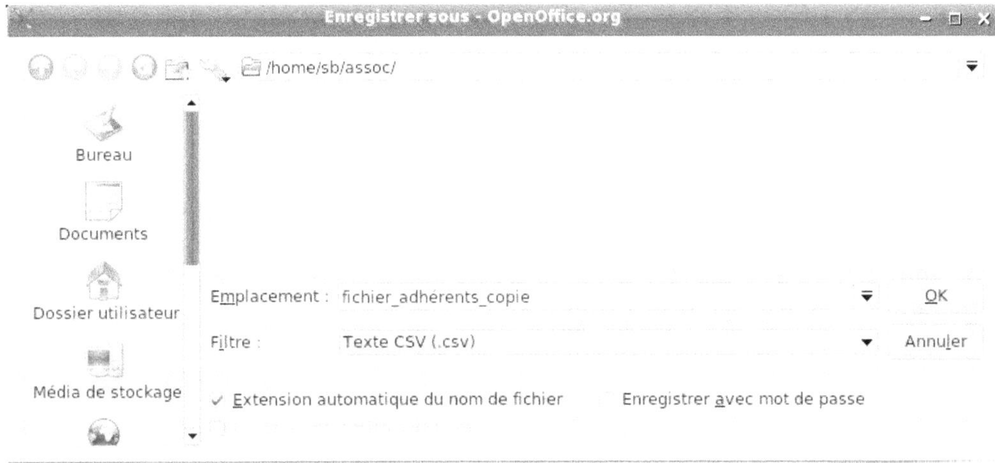

FIGURE 8-11 *Export au format CSV (Fichier > Enregistrer sous...)*

7 Configurer les paramètres de l'export CSV comme indiqué sur la figure 8-12 : point-virgule pour le séparateur de champs et guillemets droits doubles (c'est la valeur par défaut) pour le séparateur de texte.

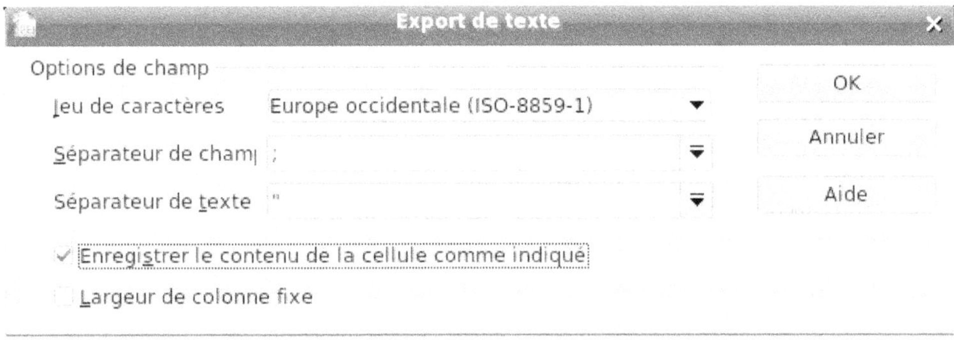

FIGURE 8-12 *Paramètres CSV – Export du fichier des membres pour Spip*

8 Cliquer sur *OK*. Un avertissement bénin apparaît (voir figure 8-13).

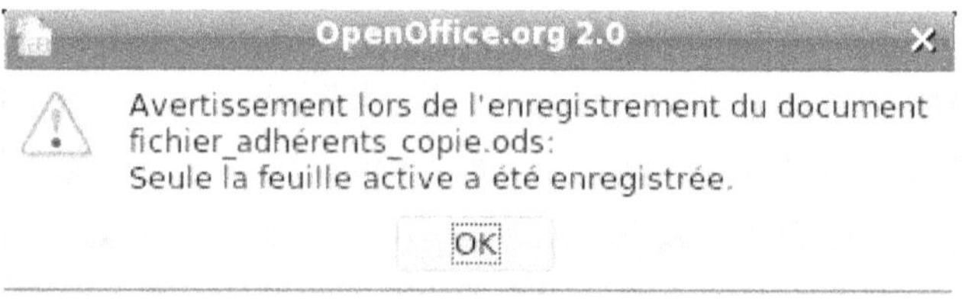

FIGURE 8–13 *Un avertissement sans frais...*

9 Le fichier CSV est prêt. On peut l'ouvrir avec un traitement de texte (par exemple, Notepad ou SimpleText) ; il ressemble à ceci :

```
"De Buridan";"Anne";;"adeburidan"
"Groy-Atable";"Gédéon";"gedeon@zoinx.hr ";
"ggroy-atable";"Bonneau";"Jean";"jbonneau"
"Humul";"Jacques";"pan@dans-le.mil ";"jhumul"
"Tartine";"Kimberley";"kit@yahoo.com ";"ktartine"
"Afeu";"Pierre";"paf@free.fr ";"pafeu"
```

C'est ce fichier qui va à présent servir de base pour la création des comptes utilisateur dans la base de données de Spip, MySQL.

Importer les données CSV dans MySQL via phpMyAdmin

Nous allons à présent faire connaissance avec phpMyAdmin, et à travers lui avec MySQL. Ce dernier est le moteur dont Spip serait la carrosserie : MySQL est uniquement une base de données, dont le seul but est de stocker et de restituer de grandes quantités de données. De ce fait, elle a pour vocation de rester dans l'ombre et c'est un programme plus agréable (comme Spip dans l'exemple de ce chapitre) qui transforme les données en une interface graphique conviviale.

Dans ce schéma (figure 8-14), phpMyAdmin est la « porte de service » du système : c'est un programme qui sert à visualiser et à modifier le contenu de la base de données. Il est certes graphique, mais aussi très technique, comme nous allons le constater.

1 Un compte doit être ouvert chez un hébergeur, Ouvaton par exemple, et muni d'une page web et d'un accès à la base de données MySQL. Si

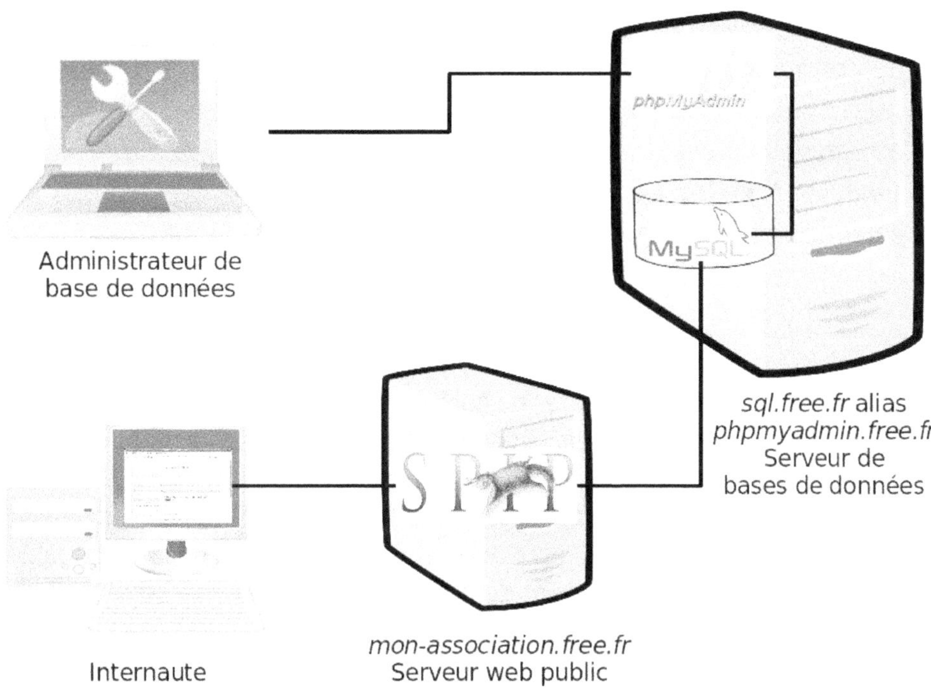

FIGURE 8-14 *Schéma d'architecture de l'ensemble Spip/MySQL/phpMyAdmin*

ALTERNATIVE **Utiliser MySQL sans phpMyAdmin par le shell**

La figure 8-14 présente le plan du système mis en place chez Free. Bien que ce modèle soit le plus convivial et le plus couramment rapporté chez d'autres hébergeurs commerciaux (voir le chapitre 3), il est un autre montage classique consistant à disposer d'un accès « shell » sur le serveur de base de données ; on peut ainsi taper des commandes (et, parmi elles, un client pour la base de données) dans un terminal texte type Minitel, mais il est encore moins beau. Le cheminement adopté dans ce chapitre peut s'appliquer à ce cas de figure (quoique plus difficilement) ; la syntaxe des commandes SQL est la même. Bien sûr, un tel dispositif est bien moins convivial ; outre la barrière de la connexion initiale (savoir où télécharger un logiciel spécial pour se connecter au serveur, savoir s'en servir, puis savoir lancer l'outil de dialogue avec MySQL), il faudra apprendre et mettre en œuvre d'autres formules SQL pour créer la table `utilisateurs`, puis importer et exporter des données CSV. Pour cela, se renseigner auprès de l'hébergeur, ou bien sur les sites **http://www.chiark.greenend.org.uk/~sgtatham/putty/** pour PuTTY, le logiciel de connexion « shell » et **http://www.mysql.com/** pour le maniement de la commande `mysql`.

Pour plus d'informations, contacter votre hébergeur.

ce n'est pas encore fait, se reporter au chapitre 6 ou 7, qui explique comment faire... et revenir ici dans quelques heures.

2 Se connecter à son *panel*, puis cliquer sur le lien *phpMyAdmin* dans le menu *Liens utiles*. Saisir l'identifiant et le mot de passe, que vous aurez auparavant créés dans le sous-menu *Création/Administration* du menu *Comptes MySQL*. L'écran d'accueil de la figure 8-15 apparaît. Si besoin, sélectionner la langue française dans la liste déroulante.

> B.A.-BA **MySQL : un tableur version grand large**
>
> Comme on peut l'observer sur la figure 8-16, une table de MySQL se compose de titres de colonnes et d'un certain nombre de lignes de données, toutes bâties sur le même modèle, dicté par les titres de colonne. Chaque case du tableau contient une information élémentaire non redondante : ainsi, le titre des types de document (par exemple, *JPEG*) est stocké dans une colonne différente par rapport à l'extension de nom de fichier (`.jpg`) parce que ces deux informations, quoique corrélées, sont distinctes.
>
> Bien entendu, on reconnaît là exactement le format que nous avons adopté pour le fichier des membres. En effet, le logiciel MySQL est aux fonctions de base de données du tableur ce qu'un trois-mâts est à un optimist (petit voilier à deux places pour enfant) : il fonctionne selon les mêmes principes, mais avec beaucoup plus de voiles, poulies et autres cordages !

Dans la colonne de gauche figure la liste des tables de données disponibles. Chez Free, par exemple, chaque utilisateur ne peut créer qu'une seule base : toutes les tables sont donc regroupées au sein de la même base, ayant le même nom que l'utilisateur connecté. En revanche, chaque base peut contenir autant de tables qu'on le souhaite : on voit ici que Spip a déjà créé les siennes (table des articles, des auteurs, des brèves, etc.).

3 Cliquer par exemple sur la table `spip_types_documents`, puis sur l'onglet *Afficher* en haut de la page ; l'écran de la figure 8-16 apparaît.

Notre tâche consiste à présent à créer une nouvelle table `utilisateurs` (on n'utilisera pas tout de suite une table existante, afin de ne pas perturber Spip) et à la remplir avec les données du fichier

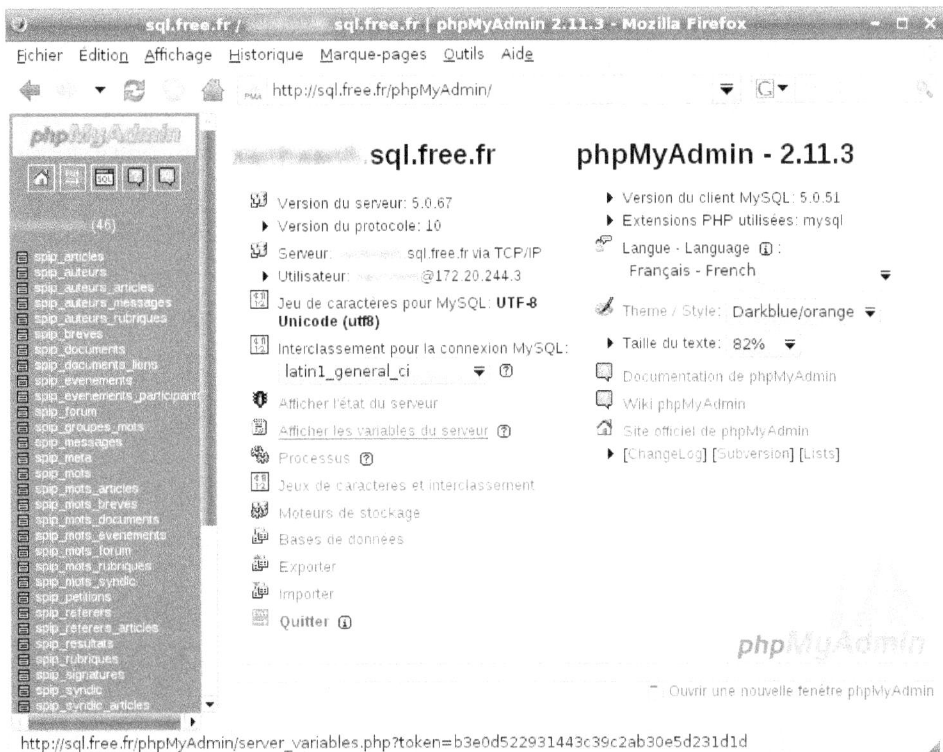

FIGURE 8-15 *Écran d'accueil de phpMyAdmin*

FIGURE 8-16 *Exemple de contenu d'une table MySQL (spip_types_documents)*

CSV créé précédemment. Ce n'est qu'à la dernière étape que nous commanderons à MySQL de reverser les données dans la table `spip_auteurs`, ce qui aura pour effet d'ouvrir les comptes.

4 Cliquer sur le nom de la base de données en haut du menu, colonne de gauche, puis faire défiler la page principale jusqu'en bas, où se cache un formulaire pour créer une nouvelle table (voir figure 8-17). Saisir `utilisateurs` pour le nom, et entrer 5 dans la case *Champs* (c'est le nombre de colonnes du fichier CSV, en comptant les mots de passe qui sont pour l'instant tous vierges). Cliquer sur *Exécuter*.

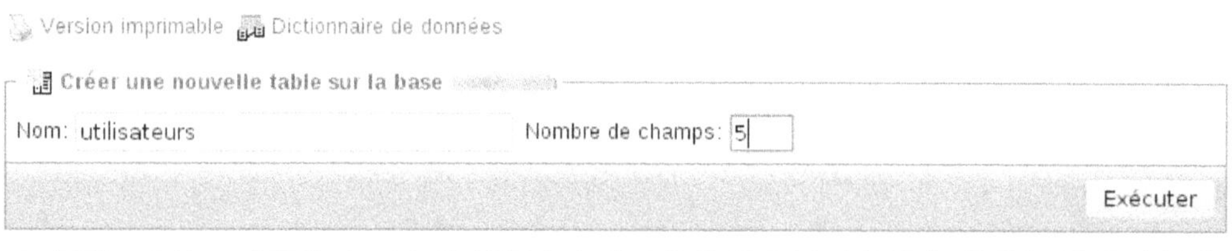

FIGURE 8–17 *Formulaire de création d'une nouvelle table (en bas de page)*

SE SIMPLIFIER LA VIE **Travailler en local**

Si vous travaillez directement chez Ouvaton, il vous faudra acheter une nouvelle base de données (2 € par an...), mais si vous travaillez sur votre ordinateur, localement, évidemment vous n'en aurez pas besoin.

5 Le formulaire de la figure 8-18 apparaît. Le remplir comme indiqué, en respectant exactement les noms de colonnes (*nom*, *prenom*, *email*, *login* et *mdp*), faute de quoi les formules du sous-paragraphe suivant ne fonctionneront pas.

6 Cliquer sur *Sauvegarder*. L'écran de la figure 8-19 apparaît alors ; il résume les champs (ou colonnes) de la nouvelle table, qui pour l'instant est vide (on le vérifie en s'assurant que l'onglet *Afficher*, bien que visible, est désactivé).

7 En haut de la fenêtre, cliquer sur l'onglet *Importer*.

8 L'écran de la figure 8-20 apparaît. Remplir le formulaire comme indiqué ; normalement, les valeurs par défaut sont correctes (il suffit de

Champ	Type ⑦	Taille/Valeurs[1]	Interclassement	Attributs	Null	Défaut[2]
nom	TEXT				not null	
prenom	TEXT				not null	
email	TEXT				null	
login	TEXT				not null	
mdp	TEXT				null	

Commentaires sur la table:	Moteur de stockage: ⑦	Interclassement:
Table temporaire pour la création de comptes	MyISAM	

Sauvegarder Ou Ajouter 1 champ(s) Exécuter

[1] Les différentes valeurs des champs de type enum/set sont à spécifier sous la forme 'a','b','c'...
⑦ Pour utiliser un caractère "\" ou """ dans l'une de ces valeurs, faites-le précéder du caractère d'échappement "\" (par exemple \\xyz' ou 'a\'b').
[2] Pour les valeurs par défaut, veuillez n'entrer qu'une seule valeur, sans caractère d'échappement ou apostrophes, sous la forme: a

⑦

FIGURE 8–18 *Formulaire de création d'une nouvelle table sous MySQL*

 Types de données et contraintes NOT NULL

On peut constater que les listes déroulantes de types (figure 8-18) proposent de nombreux autres types de données, outre TEXT, qui est le choix recommandé pour la manœuvre en cours. À l'inverse du tableur, qui est tout à fait conciliant quant au type de données dans les cellules (ce peut être indifféremment des dates, des chiffres, du texte, etc.), MySQL impose des contraintes strictes sur le contenu des cases, colonne par colonne. C'est à la fois une façon de préserver la cohérence des données (pour empêcher que des modifications incorrectes ne soient mémorisées en base) et les optimiser (on peut par exemple indiquer qu'un champ texte doit faire moins de 40 caractères, ce qui permet à MySQL de gérer l'espace disque de façon optimale si plusieurs millions d'entrées doivent être stockées, par exemple). Comme il s'agit d'une table temporaire, notre choix sera en la matière plus permissif.

En revanche, dans la colonne *Null*, on voit que tous les « champs » (synonyme de « colonnes ») de la nouvelle table ne sont pas soumis aux mêmes lois. Lorsqu'il est indiqué not null, cela signifie que le champ n'a pas le droit d'être vide ; ce serait une erreur (détectée et refoulée par la base) que de tenter d'insérer une ligne qui ne contiendrait rien à cet endroit. Lorsqu'il est indiqué null, cela ne signifie pas que le champ est forcément vide (c'est certes peu clair...), mais qu'il peut l'être (donc, pas de tests particuliers). Grâce à cette précaution, MySQL effectuera un minimum de tests sur le fichier CSV avant de l'accepter comme valide.

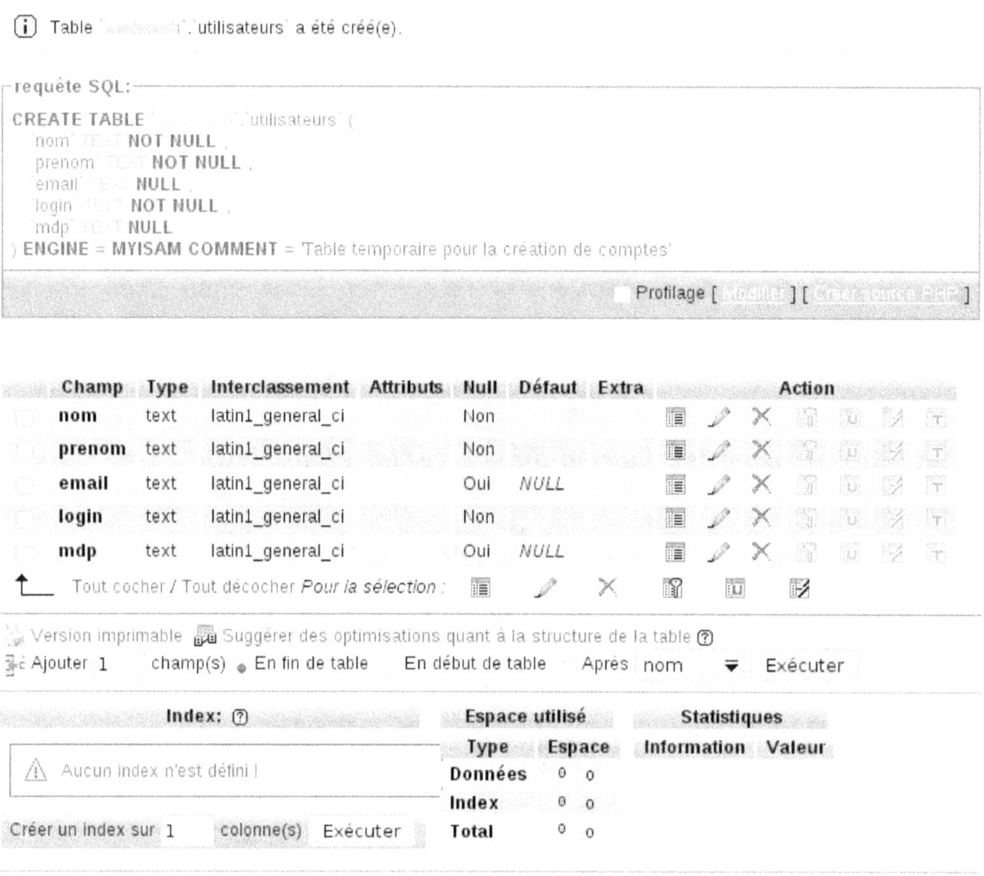

FIGURE 8–19 *Une nouvelle table est créée : les champs sont détaillés, leur contenu est vide.*

cliquer sur *Parcourir...* pour choisir le fichier à charger sur son ordinateur), mais il est plus sûr de vérifier toutes ces ponctuations. Cliquer ensuite sur *Exécuter*.

9 L'écran de la figure 8-21 indique que la requête a été couronnée de succès et détaille les lignes insérées dans `utilisateurs`. Reportons-nous sur l'onglet *Afficher* (voir figure 8-22) pour voir le contenu de la table, identique à celui du fichier CSV. L'import est réussi.

Importer

Fichier à importer

Emplacement du fichier texte fichier_adhérents_copie.csv Parcourir...   (Taille maximum: 20 480 Kio)

Jeu de caractères du fichier: utf-8
Ces modes de compression seront détectés automatiquement : aucune, gzip, bzip2, zip

Importation partielle

☐ Permettre l'interruption de l'importation si la limite de temps est sur le point d'être atteinte. Ceci pourrait aider à importer des fichiers volumineux, au détriment du respect des transactions.
Nombre d'enregistrements (requêtes) à ignorer à partir du début 0

Format du fichier d'importation

● CSV

 CSV via LOAD DATA

 SQL

Options

 Remplacer les données de la table avec le fichier
 Ignorer les doublons
Champs terminés par   ;
Champs entourés par   "
Caractère spécial   \
Lignes terminées par   auto
Nom des colonnes

Exécuter

FIGURE 8–20
*Formulaire d'importation
de données CSV dans une table*

ⓘ L'importation s'est terminée avec succès, 6 requêtes exécutées.

requête SQL:

```
INSERT INTO utilisateurs
VALUES (
 'De Buridan', 'Anne', '', 'adeburidan', ''
) # Nombre d'enregistrements affectés : 1

INSERT INTO utilisateurs
VALUES (
 'Groy-Atable', 'Gédéon', 'gedeon@zoinx.hr', 'ggroy-atable', ''
) # Nombre d'enregistrements affectés : 1

INSERT INTO utilisateurs
VALUES (
 'Bonneau', 'Jean', '', 'jbonneau', ''
) # Nombre d'enregistrements affectés : 1

INSERT INTO utilisateurs
VALUES (
 'Humul', 'Jacques', 'pan@dans-le.mil', 'jhumul', ''
) # Nombre d'enregistrements affectés : 1

INSERT INTO utilisateurs
VALUES (
 'Tartine', 'Kimberley', 'kit@yahoo.com', 'ktartine', ''
) # Nombre d'enregistrements affectés : 1

INSERT INTO utilisateurs
VALUES (
 'Afeu', 'Pierre', 'paf@free.fr', 'pafeu', ''
) # Nombre d'enregistrements affectés : 1
```

Profilage [Modifier] [Créer source PHP]

FIGURE 8–21
*Import terminé (le rapport d'import,
en haut, précise le nombre
de lignes ajoutées)*

FIGURE 8–22 *L'import est réussi ; on voit le nouveau contenu de la table.*

Faire connaissance avec le langage SQL

Un administrateur de bases de données rigoureux constaterait sans doute un petit défaut sur la figure 8-22 : aucun champ NULL n'y apparaît. Voyons comment corriger ce problème, car bien que cette manœuvre ne soit nullement indispensable, elle constitue une bonne introduction à SQL (*Structured Query Language*), le langage de requêtes de MySQL.

La colonne des mots de passe devrait être remplie de NULL mais elle ne contient que des chaînes vides : tous les mots de passe sont vides pour l'instant – ce qui, remarque subtile, n'est pas la même chose que ne pas avoir de mot de passe du tout (nous verrons cela un peu plus loin). Les utilisateurs sans adresse e-mail ont eux aussi une chaîne vide dans cette colonne. L'import depuis un fichier CSV considère forcément un champ absent en milieu de ligne comme une chaîne vide. Il n'y a pas moyen de

ALTERNATIVE **S'en sortir (presque) sans SQL**

Le lecteur qui ne souhaite pas explorer les arcanes de la programmation d'une base de données peut s'en sortir en ne tapant que deux formules SQL : les deux dernières (ce sont malheureusement les plus compliquées !). La manipulation assez fastidieuse permettant de réintégrer les mots de passe dans la feuille de calcul OpenOffice.org peut elle aussi être épargnée. En contrepartie, il faudra les inventer à la main pour tous les membres ! Voici la marche à suivre :

- Ajouter les deux colonnes *login* et *mot de passe* dans le tableur, et les remplir comme indiqué à la section Préparer les logins dans le fichier des membres. Remplir la colonne des mots de passe à la main, ou par tout autre moyen – en tout état de cause, il est cependant fortement déconseillé de faire dériver les mots de passe des autres informations personnelles, ou même les uns des autres (mots qui se suivent dans une phrase) sous peine qu'un petit malin ne devine l'algorithme et en profite pour anéantir la sécurité du site ! Il faut que ces mots de passe soient choisis de façon aléatoire et indépendamment les uns des autres. Il faut éviter à tout prix les mots du dictionnaire, quels qu'ils soient, car ils peuvent très facilement être « craqués » par un pirate. L'idéal est, par exemple, d'utiliser un générateur de mots de passe aléatoires, petit programme qui crée des mots de passe sans queue ni tête, sans lien entre eux, en bref exactement ce que l'on recherche ! En voici un exemple pour Windows : http://www.programming.de/freeware_windows.php à la section Password Generator.
- Faire l'export CSV (mots de passe compris), puis l'insertion en base, comme nous l'avons vu dans les paragraphes qui précèdent.
- Saisir les deux formules SQL présentées plus loin dans la section Convertir les données temporaires de MySQL en comptes Spip en restant vigilant pour ne pas faire de faute de frappe.
- Vérifier immédiatement dans Spip que tout s'est bien passé (en essayant de se connecter avec les logins et mots de passe de quelques-uns des nouveaux venus).

changer cela (du moins depuis phpMyAdmin) ; il va donc falloir « passer en commandes manuelles » pour agir directement sur MySQL.

1 Cliquer sur l'onglet *SQL* en haut de la page. L'écran de la figure 8-23 apparaît. Au centre, on voit une grande zone de saisie, qui sert à taper une commande dans le langage SQL ; ceci fait, cliquer sur *Exécuter* (ne pas s'intéresser aux autres boutons pour l'instant) pour faire apparaître le résultat. Si on ne s'est pas trompé dans la syntaxe SQL, la base de données affiche son rapport par l'entremise de phpMyAdmin. Sinon, un message d'erreur apparaît.

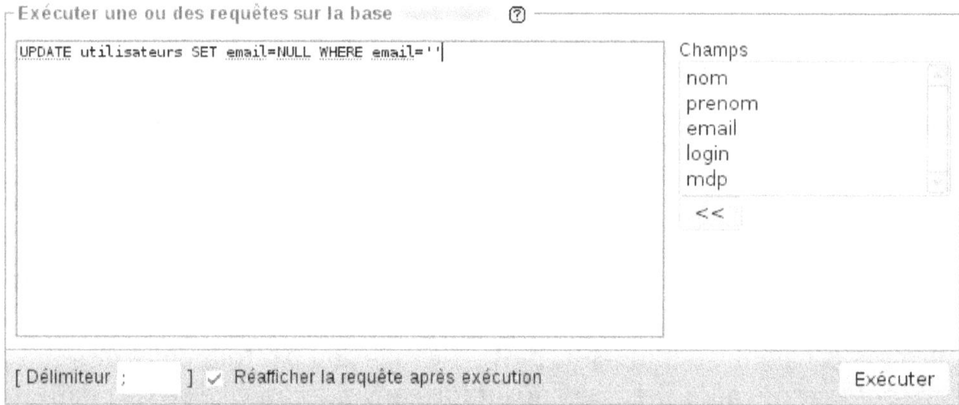

FIGURE 8-23 *Le formulaire de saisie de commandes SQL dans phpMyAdmin*

2 Taper la formule suivante dans la zone de saisie, après l'avoir vidée de la formule d'exemple qui s'y trouvait précédemment :

```
UPDATE utilisateurs SET email=NULL WHERE email=''
```

Comme toujours lorsqu'on saisit du code informatique, il faut respecter scrupuleusement la ponctuation : à la fin de cette formule, il y a deux apostrophes (ou guillemets simples) collés (sans espace entre), et non pas un unique guillemet double ! En revanche, la différence entre majuscules et minuscules n'est pas importante (pour une fois) ; on ne s'en sert ici que pour distinguer visuellement les verbes ou noms communs génériques du langage SQL (`UPDATE`, `SET`, `NULL` et `WHERE`) des noms propres qui dépendent des circonstances (ici `utilisateurs` et `email` sont en effet respectivement le nom d'une table et d'une colonne baptisées par nos soins).

Comme les lecteurs anglophones l'auront à présent compris, SQL est un langage informatique conçu pour être proche du langage naturel (pour certains de nos concitoyens du monde, en tout cas...). La phrase SQL rapportée ci-dessus se traduit de l'anglais par « mettre à jour `utilisateurs` **fixer** `email=NULL` là où `email=''` » (la chaîne vide, repérée un peu plus haut dans ce paragraphe). C'est l'opération que nous souhaitons réaliser.

Perspectives

Apprendre le langage SQL pour développer sous PHP

Pour ceux qui ont décidé d'employer Spip, il peut être ponctuellement intéressant de connaître le langage SQL pour procéder à ce type de manipulations périphériques. Il est plus délicat d'intervenir en profondeur dans les bases de données de Spip sans comprendre à quoi elles servent.

En revanche, si la connaissance du SQL en soi est peu avenante, l'étendre à la fois à PHP et SQL ouvre en grand les portes des possibles ! Toutes les fonctionnalités périphériques du site dont on peut rêver (laisser les abonnés s'inscrire tout seuls, payer leur cotisation en ligne, etc.) sont accessibles à un programmeur sachant écrire des interfaces graphiques en PHP par-dessus un « moteur » de données MySQL. Pour devenir adepte de cet art du concepteur de sites web dynamiques (voir le chapitre 1 ou 2), l'idéal est donc d'apprendre PHP et MySQL en même temps.

📖 De Geyer et al., *Memento PHP 5 et SQL*, Eyrolles, 2009

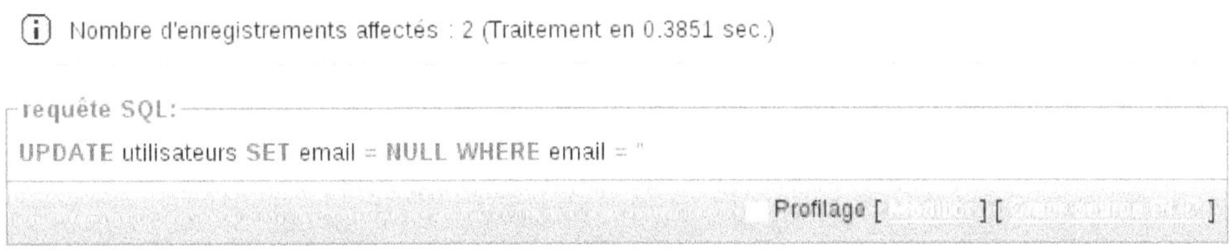
Nombre d'enregistrements affectés : 2 (Traitement en 0.3851 sec.)
requête SQL:
UPDATE utilisateurs SET email = NULL WHERE email = ''
Profilage

Figure 8–24 *Résultat de la commande SQL : le rapport (en haut de la page) précise la durée et le résultat du traitement.*

3 Cliquer sur *Exécuter*. L'écran de la figure 8-24 s'affiche. En apparence, il ne s'est rien passé... Mais regardons le haut de la page : on y voit le rapport indiquant le nombre de lignes traitées (ici deux). Examinons le résultat dans l'onglet *Afficher* : les `NULL` apparaissent maintenant à la place des e-mails vides (figure 8-25). L'opération est réussie. Recommencez-la en remplaçant le champ `email` par le champ `mdp` : la table contient maintenant des valeurs `NULL` partout où elle le doit.

FIGURE 8-25 *La table utilisateurs, après exécution de la commande SQL*

Créer des mots de passe aléatoires par programmation SQL sous MySQL

Dans la précédente section, nous avons présenté la technique qui permet de faire exécuter un ordre SQL à la base de données. Le plus difficile en la matière est d'inventer les formules appropriées... Hélas, il n'est pas possible d'aborder ce sujet plus en détail dans cet ouvrage. Nous allons donc nous contenter de fournir directement quelques formules SQL « toutes prêtes », à faire exécuter par MySQL via phpMyAdmin.

```
UPDATE utilisateurs SET mdp = RIGHT( ENCRYPT(RAND())
, 6 ) WHERE mdp IS NULL
```

 C'est ÇA mon mot de passe ? !

Les mots de passe sont vraiment aléatoires... et passablement difficiles à mémoriser. De plus, il faut les saisir en respectant les majuscules et minuscules ! Cependant, c'est justement là le gage d'une véritable sécurité : impossible de les deviner, contrairement à ceux que choisissent souvent les utilisateurs peu avertis, comme une date de naissance, le nom d'une personne ou d'un animal de l'entourage... On peut toutefois adoucir la difficulté de mémorisation en bricolant la sous-formule de calcul des mots de passe, à droite du signe « = » – à savoir `RIGHT(ENCRYPT(RAND()), 6)` :

- On peut tout d'abord jouer sur le chiffre 6, qui donne le nombre de caractères du mot de passe (au maximum 13 caractères, le minimum acceptable étant 4, en dessous de quoi la sécurité est dérisoire).
- On peut ensuite ne compter que des majuscules, ajouter `UPPER()` autour de la formule ; ou des minuscules, `LOWER()` – soit, par exemple, `UPPER(RIGHT(ENCRYPT(RAND()),6))`. N'oubliez pas de bien compter les parenthèses !
- Enfin, pour n'avoir que des chiffres, utiliser plutôt `FLOOR(RAND() * pow(10, 6))`. À nouveau, on peut jouer sur le chiffre 6 pour configurer le nombre de chiffres mais, comme il n'en existe que 10 différents, ne pas mettre moins de 6 chiffres dans un mot de passe purement numérique sous peine de perdre toute sécurité.

Le lecteur aura peut-être deviné que pour réinitialiser tous les mots de passe à `NULL` entre deux essais de formule, il faut lancer la commande `UPDATE utilisateurs SET mdp = NULL`.

Soit, en français, « mettre à jour `utilisateurs` fixer `mdp` = une chaîne aléatoire, lorsque `mdp` est `NULL` ». Cette dernière subordonnée de condition permettra d'éviter les mauvaises surprises si l'on refait la manœuvre plus tard pour un autre lot de membres... À nouveau, il faut rester très vigilant à la ponctuation et bien compter les parenthèses notamment.

Le résultat ne saurait être présenté ici, puisqu'il contient des mots de passe en clair ! Cliquer sur l'onglet *Afficher* (de préférence à l'abri des regards indiscrets) pour vérifier qu'à présent, chaque membre est gratifié d'un mot de passe aléatoire en colonne de droite.

Récupérer les mots de passe depuis MySQL vers le tableur

Les mots de passe sont prêts, mais pas encore opérationnels : les tables de Spip n'ayant pas encore été modifiées, ce dernier n'est pas encore au courant des nouveaux logins et mots de passe. Spip devra d'ailleurs patienter encore un petit peu, car à ce stade il faut rapatrier les mots de passe dans le tableur, afin de les communiquer aux membres par courrier papier (l'étape suivante).

1 De même que nous avons plus haut importé dans MySQL, il faut à présent exporter : cliquer sur l'onglet *Exporter*. Le formulaire de la figure 8-26 apparaît. Remplir le formulaire comme indiqué ; en particulier, sélectionner le format *Tableur "OpenDocument"* et cocher la case *Transmettre*, qui indique de façon fort absconse que l'on souhaite obtenir les données sous forme de fichier à télécharger et non pas de page visuelle. Cliquer ensuite sur *Exécuter*.

FIGURE 8-26 *Formulaire d'export de données au format Open Document*

2 Le navigateur propose alors de télécharger un fichier ODS (le rendu sous Mozilla est représenté sur la figure 8-27). Choisir *Enregistrer le fichier* ou l'équivalent sous un autre navigateur.

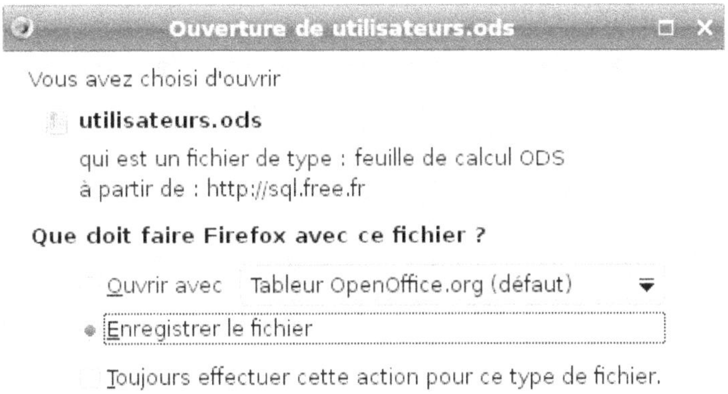

FIGURE 8-27 *Enregistrer le fichier ODS sur disque*

3 Le navigateur demande un nom de fichier pour sauvegarder les données. Les mettre (par exemple) dans le même répertoire que la feuille de calcul contenant les membres.

4 Ouvrir le fichier ODS ainsi récupéré à l'aide du tableur. Il doit avoir l'allure visible à la figure 8-28.

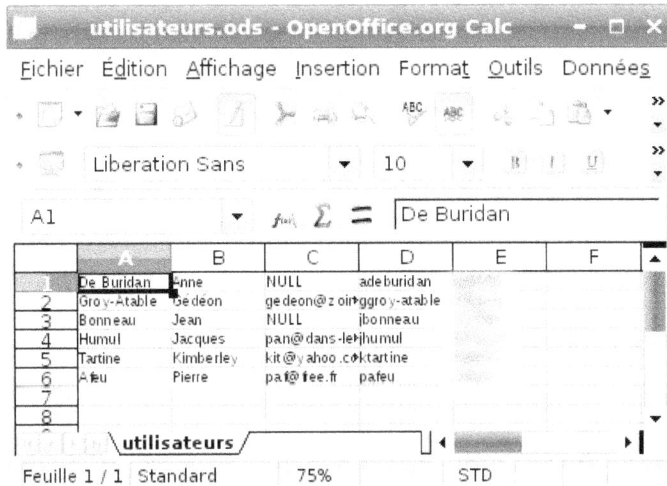

FIGURE 8-28 *Le fichier des utilisateurs importé depuis phpMyAdmin*

EN PRATIQUE **Où est passée la mise en page ?**

Comme on peut le constater sur la figure 8-28, le fichier ODS importé n'a aucune mise en page (pas de titres de colonnes en gras, pas de code de couleurs, etc.). C'est compréhensible, si l'on songe que le fichier ODS ne contient que du texte « à l'état brut », provenant directement de la base de données, où les notions de mise en page sont inexistantes. Bien heureusement, la mise en page de la feuille de calcul originale des membres a, quant à elle, été préservée : nous allons copier-coller les mots de passe en place et ils prendront l'apparence voulue au sein de la base des membres. En d'autres termes, ce fichier n'est qu'un véhicule et il ne transporte pas les informations de mise en page pour la bonne raison que MySQL ne les utilise pas.

5 S'assurer que le fichier est bien trié dans l'ordre des noms de login ; nous ferons de même pour le fichier des membres, afin d'éviter de mélanger les mots de passe de tout le monde ! Pour cela, sélectionner toute la feuille de calcul (menu *Édition*, option *Tout sélectionner*, ou bien cliquer sur la case en grisé en haut à gauche de la feuille de calcul), puis trier d'après la colonne D (menu *Données*, option *Trier...*, voir figure 8-29).

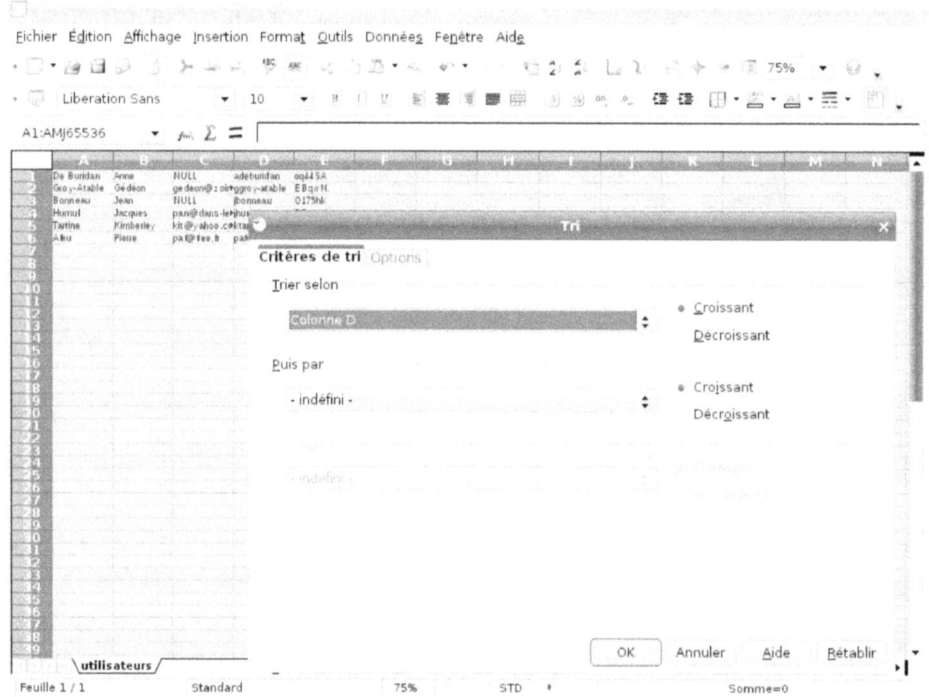

FIGURE 8-29 *Tri du fichier par logins*

6 Sans fermer le fichier importé, ouvrir le fichier des membres et le trier également par logins.

7 Copier-coller la colonne des mots de passe depuis le fichier importé vers le fichier des utilisateurs. Sauvegarder ce dernier. Fermer le fichier importé (inutile de le sauvegarder).

8 Vérifier pour quelques inscrits (au début, en milieu et en fin de liste) que les mots de passe figurent bien en face de leur propriétaire et qu'il n'y a pas eu de décalage. Pour cela, les comparer visuellement avec le contenu de la table `utilisateurs` dans phpMyAdmin.

Convertir les données temporaires de MySQL en comptes Spip

Les mots de passe sont à présent au bon endroit, à la fois dans la table `utilisateurs` de MySQL et dans le fichier membres, prêts à être envoyés au membres par courrier papier. Nous y sommes presque… Il reste à modifier la base de données de Spip pour y créer les comptes. À ce stade, cela se complique car il faut saisir deux commandes SQL très complexes qui créent tous les champs dont Spip a besoin.

1 Reportez-vous à la section Faire connaissance avec le langage SQL pour comprendre comment fournir une commande SQL à MySQL par l'intermédiaire de phpMyAdmin. Il faut saisir tout le texte (voir ci-après) dans la même boîte de dialogue : il s'agit d'une seule et même commande. Il y a bien deux lignes identiques (ce n'est pas une erreur), et comme toujours il faut veiller scrupuleusement à la ponctuation.

```
INSERT INTO spip_auteurs (nom, email, login, pass,
    alea_actuel, alea_futur, statut)
SELECT CONCAT(prenom, ' ', nom), email, login, mdp,
CONCAT(RIGHT(MD5(RAND()), 24), TRUNCATE(RAND() * 10, 8)),
CONCAT(RIGHT(MD5(RAND()), 24), TRUNCATE(RAND() * 10, 8)),
'0minirezo'
FROM utilisateurs
```

> ASTUCE **Saisir d'abord le SELECT pour éviter les erreurs**
>
> En français, la première formule SQL qui précéde se lit « insérer dans `spip_auteurs` [...] le résultat du calcul [...] sur le contenu d'`utilisateurs` ». La partie de la commande avant le mot `SELECT` indique l'endroit où il faut insérer le texte et la suite de la commande correspond au texte à insérer. Ainsi, si on n'exécute que le texte à partir de `SELECT`, cela fonctionne et le résultat est une table affichée par phpMyAdmin, mais cette dernière n'est pas mémorisée. Il est donc recommandé de commencer par saisir le texte après `SELECT`, l'essayer, puis cliquer sur le lien *Modifier* dans le rapport de requête et ajouter la partie `INSERT INTO` [...] qui rendra la modification effective.

2 Examiner la table `spip_auteurs` pour voir si les nouveaux comptes sont bien présents : cliquer sur `spip_auteurs` dans le menu de gauche, puis sur l'onglet *Afficher*. Les mots de passe sont pour l'instant en clair.

3 Revenir ensuite dans l'onglet *SQL* et taper la seconde formule :

```
UPDATE spip_auteurs SET
htpass=encrypt(pass, concat('$1$', login)),
pass=md5(concat(alea_actuel, pass))
WHERE length(pass) < 32
```

4 Vérifier (onglet *Affichage*) que les mots de passe en clair ont disparu dans la colonne *pass*. Ils ont été remplacés par une version chiffrée, ce qui fait que le mot de passe d'origine est beaucoup plus difficile à retrouver pour un pirate qui mettrait la main sur ces informations.

5 Vérifier sur-le-champ que les nouveaux comptes fonctionnent, en essayant d'accéder à la partie administrative du site Spip avec l'un d'eux.

6 Effacer aussitôt la table `utilisateurs` pour éviter qu'un pirate ou un administrateur système trop curieux ne prenne possession des mots de passe en clair : atteignez la table `utilisateurs` au moyen du menu de gauche de phpMyAdmin, cliquez sur l'onglet *Supprimer* et confirmez par *OK* dans la boîte de dialogue qui apparaît.

Il ne reste plus qu'à envoyer un mailing papier aux membres, portant mention de leurs login et mot de passe – chose que vous pouvez bien sûr réaliser depuis OpenOffice.org (voir figure 8-30).

 Et si on veut refaire cette manipulation plus tard ?

La première des deux commandes SQL citées précédemment crée les comptes, la seconde installe les nouveaux mots de passe. La prochaine fois que l'administrateur système exécutera l'ensemble de la procédure de tirage des mots de passe (par exemple, au bout d'un an, comme recommandé à l'encadré Sécurité Gestion et protection des mots de passe... ou bien si l'e-mailing échoue pour quelque raison que ce soit et que tous les mots de passe sont perdus !), il s'agira cette fois de changer les mots de passe de comptes existants. Dans ce cas, la première formule devra être remplacée par celle-ci :

```
UPDATE spip_auteurs SET pass= (SELECT pass FROM utilisateurs WHERE
spip_auteurs.login = utilisateurs.login) WHERE EXISTS (SELECT pass
FROM utilisateurs WHERE spip_auteurs.login = utilisateurs.login)
```

La seconde formule devra ensuite être appliquée à l'identique. Si vous désirez également créer de nouveaux comptes (au bout d'un an ou avant), ne mélangez pas les genres : faites un aller-retour CSV pour les créations (et appliquez la formule SQL de l'étape 3), et un autre pour les changements de mots de passe (et appliquez la formule ci-dessus).

 Adhésion au site payable en ligne

La mise en place sur le site d'une solution de paiement en ligne est complexe et nécessite des compétences avancées en PHP. Chaque banque propose sa propre solution de paiement en ligne, avec ses propres contraintes et ses propres fichiers à mettre en place, ce qui représente un premier obstacle technique.

De surcroît, il est indispensable, vis-à-vis des membres, de s'assurer de la sécurité totale des transactions ! L'image de votre organisation est en jeu. Récemment, les attaques dites de phishing (voir Annexe C) ont même touché de grandes banques. Vous devez être d'une rigueur sans faille sur ce plan.

Enfin, toute solution de paiement en ligne a un coût, qui peut être élevé. Étudiez les offres pour trouver celle qui correspond à vos besoins. Pour les associations, si un numéro de Siren/Siret est exigé, sachez que la démarche d'inscription auprès de l'INSEE, qui permet d'obtenir ces informations, est gratuite et simple (envoi de la photocopie des statuts et de la déclaration en préfecture).

L'une des offres les plus raisonnables du marché semble être celle de la Banque Populaire de Lorraine, détaillée sur le site :

▸ **http://www.cyberpaiement.tm.fr**

On le perçoit bien, même automatisée en grande partie, la méthode proposée pour gérer les comptes des membres sous Spip reste assez laborieuse. L'idéal pour une organisation d'une certaine taille (des milliers d'utilisateurs ou membres) serait de proposer automatiquement l'inscription, voire le paiement de la cotisation en ligne, avec création automatique d'un compte Spip, mais cette problématique dépasse largement le cadre de ce livre.

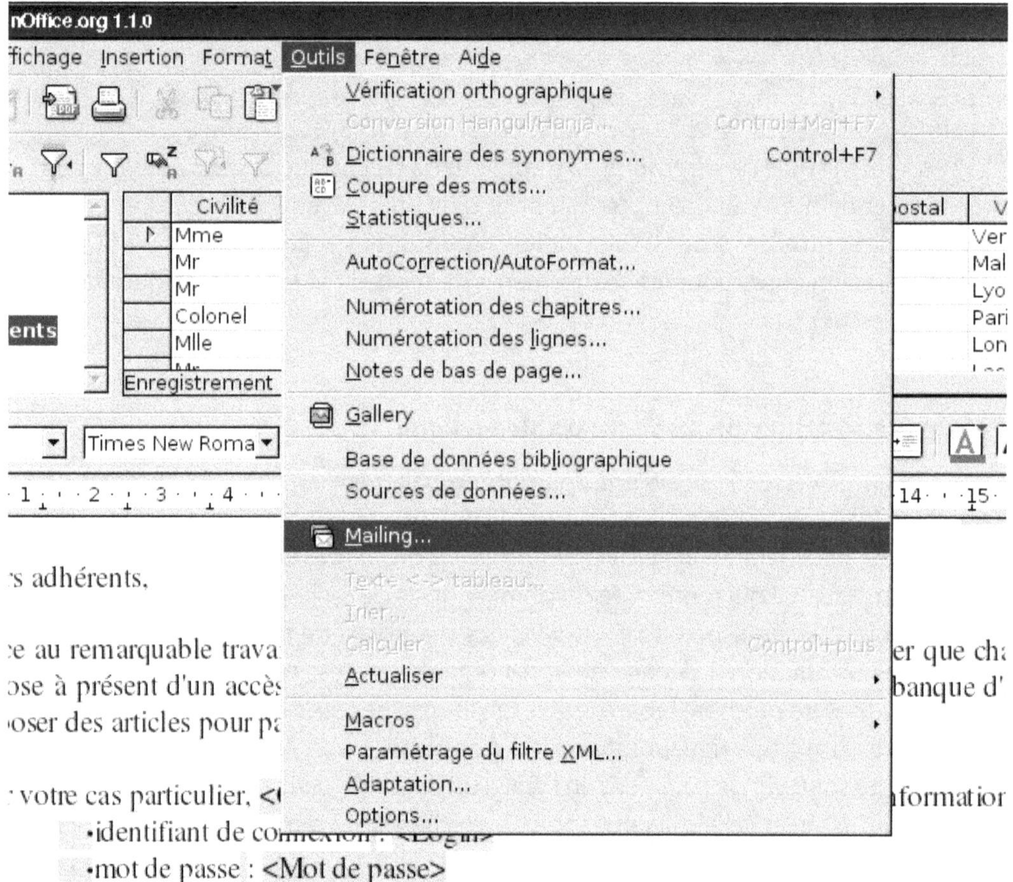

FIGURE 8–30 *Exemple de mailing pour l'envoi des identifiants et mots de passe aux membres*

En résumé...

Grâce à l'emploi des logiciels libres, et avec un minimum d'organisation et de méthode, des outils simples tel Spip permettent de créer un site collaboratif quasiment sur mesure, avec des fonctions complexes d'authentification.

Que me conseillez-vous
d'aller visiter ?
demanda le petit prince.
La planète Terre,
lui répondit le géographe.
Elle a une bonne réputation...

Le Petit Prince, A. de Saint Exupéry

Référencer et promouvoir son site Spip

Votre site Spip est fin prêt, il ne lui manque plus que des visiteurs... Il convient d'en assurer la promotion de plusieurs manières : sur le Web, auprès des moteurs de recherche, annuaires et bascs de données. Nulle campagne de pub en vue : la qualité et la réputation du site auprès de ses utilisateurs sont de loin sa meilleure promotion.

Référencer son site web auprès des annuaires et moteurs de recherche

Le référencement élémentaire d'un site sur Internet ne nécessite aucune compétence particulière, si ce n'est avoir une expérience de la navigation sur le Web.

Rendre son site accessible depuis les moteurs de recherche ou les annuaires est une démarche incontournable pour être lu et trouvé sur le Web. Toute organisation a bien entendu son cercle d'amis et de collaborateurs. Pourtant, selon les études, la proportion du trafic Internet générée par les moteurs de recherche est estimée à 35 % (source : http://www.lesannuaires.com/moteur-de-recherche-francophone.html).

Moteur de recherche et annuaire

On emploie souvent – à tort ! – un terme pour l'autre. Il faut dire que bien souvent un même site offre les deux services. Ces deux types de classement permettent de faire des recherches dans l'immensité des pages web mondiales (21 milliards de pages référencées par Google en 2005, année à partir de laquelle la société a cessé de donner le nombre de pages que son moteur référençait). Cependant, ils se distinguent quant à la méthode utilisée pour rechercher, classer et présenter les résultats :

- Un annuaire (comme celui de Yahoo France, http://fr.dir.yahoo.com/) propose une arborescence de classement, le plus souvent « cultivée » par des humains qui visitent chaque site, l'évaluent et le classent dans la rubrique appropriée. On se promène dans cette arborescence en cliquant, du plus général au plus spécifique (par exemple, « Art et culture », « Musique », « Instruments », « Orgues », « Festivals »...) et on obtient une courte liste de sites accompagnée parfois d'un petit commentaire composé par le « jardinier » de l'annuaire.
- À l'opposé, un moteur de recherche (comme Google, http://www.google.fr/) travaille sur le contenu des pages : on saisit quelques mots au clavier, et le moteur renvoie des liens vers des pages intéressantes qui contiennent ces mots. Un moteur de recherche recense le contenu du Web au moyen de robots, appelés aussi *spiders* ou *crawlers* (voir la définition un peu plus loin).
- En marge, il existe des « métamoteurs », qui sont des moteurs de recherche dans plusieurs moteurs à la fois. Ils donnent des résultats d'une autre manière, parfois avec de nombreuses fonctions annexes. *http://kartoo.com* en est un exemple très étonnant.

Une bonne partie des futurs visiteurs du site Spip auront donc utilisé ce moyen. Ils ont trouvé le site par communauté d'intérêt, ou bien parce qu'ils se souviennent du site sans en connaître l'URL exacte (leur recherche portant alors sur un nom approchant).

Il importe de soigner ce référencement pour que le site atteigne l'audience qui doit être la sienne. Tenter de faire plus, c'est-à-dire atteindre à tout prix des sommets dans le classement des moteurs de recherche, est très difficile. Un bon et beau site est beaucoup visité, donc bien référencé sur les moteurs de recherche.

> **CULTURE L'algorithme PageRank**
>
> C'est le nom de l'algorithme de classification des pages appliqué par Google. Un bon moteur de recherche se doit de favoriser les meilleures pages, faute de quoi l'internaute, perdant un temps considérable avec des pages inintéressantes (dont l'emplacement prioritaire est, par exemple, conditionné au versement d'une dîme par les webmestres – voir AltaVista...), se désintéressera rapidement de ce moteur ! Celui de Google est très bon : on trouve souvent son bonheur dans la première page de résultats. Pour cette raison, PageRank, comme la recette de la chartreuse verte, s'entoure d'une aura de prestige mêlée de secrets industriels de polichinelle : le principe en est simplement qu'une page est d'autant mieux placée qu'elle est accessible via de nombreux liens. On suppose en effet que plus une page est intéressante, plus nombreux seront les autres webmestres qui placeront des liens vers elle dans leurs propres pages. Comme la création de liens croisés permettait de gonfler artificiellement les résultats donnés par l'algorithme, Google l'a également assorti de filtres et de critères qualitatifs supplémentaires. On obtient ainsi un critère de popularité relativement objectif, dont la valeur réelle n'est connue que de Google (mais dont les internautes peuvent avoir une approximation dans la barre d'outils Google).

Google (**http://www.google.fr/**, voir figure 9-1) est, en effet, et de très loin, le meilleur moteur de recherche de l'Internet, et c'est à son exemple que sont posées une bonne partie des recommandations de ce chapitre. Mais il présente également de nombreuses autres qualités : une archive de listes de diffusion et de forums Usenet, une banque d'images, un métamoteur de dictionnaires, une calculatrice, et même un Google pour vous tout seul, qui recherchera uniquement dans votre propre ordinateur !

Un Google…

- dans son propre ordinateur : Google Desktop
  - ▸ **http://desktop.google.fr/**
- intégré à son navigateur : Google Toolbar
  - ▸ **http://toolbar.google.fr/**

Toutes les données sont indexées automatiquement, sans assistance manuelle même pour la classification de l'annuaire, ce qui constitue une fantastique prouesse technique et un gain de temps appréciable pour le webmestre, qui n'a qu'un seul formulaire à remplir.

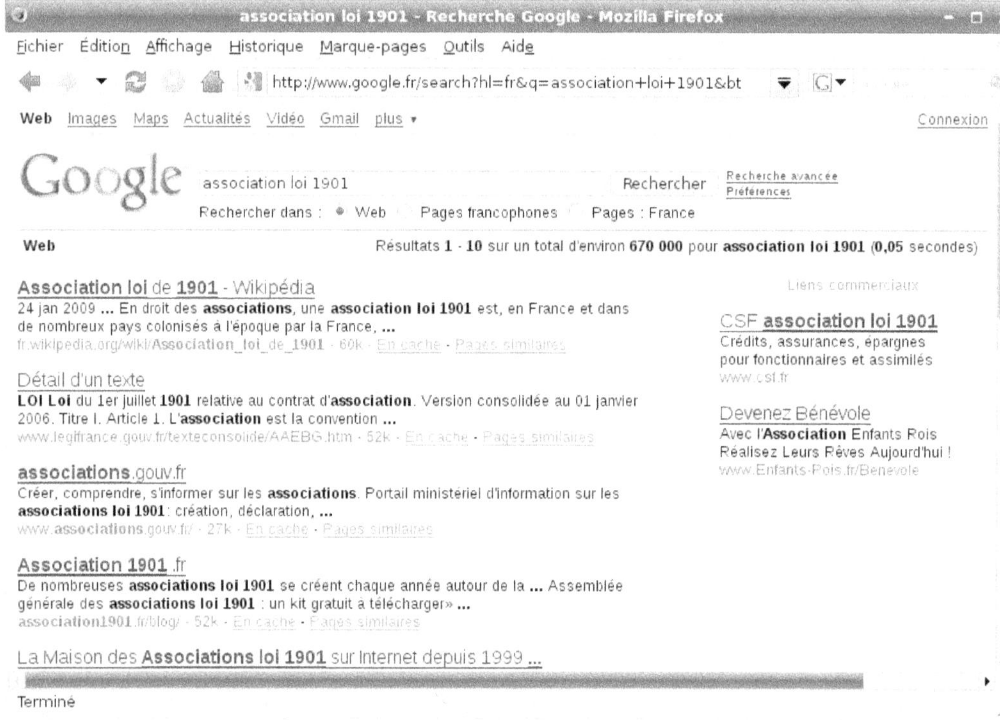

FIGURE 9–1 *Le moteur de recherche Google*

Pourquoi référencer son site ?

Dans le cas d'un annuaire manuel, il faut référencer son site simplement parce que cette démarche n'est pas automatique. Il s'agit donc de prévenir les opérateurs tels que Dmoz (*http://www.dmoz.org/World/Français/*) qu'un nouveau site intéressant est né.

> **Robot, spider (araignée), crawler (chenille)**
>
> Chaque moteur de recherche vit en symbiose avec son « araignée » (*spider*), un programme-compagnon qui visite automatiquement les nouvelles pages web, en extrait tous les mots-clés et les stocke dans une énorme base de données, constituée, dans le cas de Google par exemple, des centaines de milliers (le nombre exact n'est pas connu) de serveurs reliés entre eux par un réseau rapide. Cette araignée se déplace sur la Toile en suivant tous les hyperliens qu'elle trouve au fur et à mesure de la visite des pages, chacune d'entre elles en proposant de nouveaux.
>
> Cette procédure étant totalement automatisée, il n'est pas nécessaire de « soumettre » les nouvelles pages web auprès des moteurs de recherche – en revanche, pour un premier référencement, il est utile d'indiquer au robot la nouvelle existence sur Internet de ce site, sans quoi il faut attendre qu'il tombe par hasard sur un lien pointant vers votre site.

Dans le cas d'un moteur de recherche, on référencera son nouveau site pour être vu plus vite par l'« araignée » automatique du moteur qui, sinon, peut mettre plusieurs mois à découvrir le site au hasard d'un lien. Par chance, les concepteurs des moteurs de recherche ont pensé à ce problème ; on peut aider l'araignée en lui envoyant un petit message qui dit en substance : « Saviez-vous que nous venons d'ouvrir un nouveau site ?».

Où référencer son site ?

Chaque annuaire ou moteur de recherche dispose de sa propre procédure pour inscrire un nouveau site dans la liste d'attente. Le formulaire demande au minimum l'adresse du site et, dans le cas d'un annuaire, des informations thématiques qui permettront d'affecter la relecture du site à une personne compétente dans le domaine. La qualité du site sera ensuite évaluée par un robot ou un documentaliste (selon qu'il s'agit d'un moteur ou d'un annuaire).

TABLEAU 9–1 **Les principaux outils de recherche francophones, par ordre alphabétique**

Outils de recherche	URL
AltaVista	http://www.altavista.fr/
Ask.com	http://fr.ask.com/
Exalead	http://www.exalead.fr/
Excite	http://www.excite.fr/
Francité	http://www.francite.com/
Google	http://www.google.fr/
Hotbot	http://www.hotbot.fr/
Lycos	http://www.lycos.fr/
MSN France	http://www.msn.fr/
Voila	http://www.voila.fr/
Yahoo!	http://search.yahoo.fr/

De nombreux sites proposent par ailleurs un moteur de recherche qui, en réalité, fait appel aux services de l'un des outils déjà cités. C'est le cas par exemple de Free, Alice ou Club Internet, qui présentent tous trois sur leur page d'accueil une fonction de recherche via Google. Dans ce cas, un référencement auprès de Google suffira pour rendre votre site visible aux utilisateurs de ces moteurs de recherche.

La procédure de référencement est très simple et détaillée dans l'aide en ligne de chacun des moteurs. Il suffit de trouver cette aide (c'est le plus fastidieux, mais cela ne présente aucune difficulté) et de remplir un formulaire ; tout le reste se passe en coulisses, il n'y a plus qu'à attendre.

CONSEIL **N'achetez pas un service de référencement**

On peut parfaitement faire sa propre promotion et son référencement sans passer par un service coûteux et inutile, que certains hébergeurs ou web-agencies s'efforceront de vous vendre.

Référencer son site auprès d'un annuaire

Cette démarche est particulièrement importante si vous souhaitez être reconnu par les principaux annuaires, car les documentalistes qui indexent leur collection de sites n'ont pas les moyens d'effectuer une recherche quasi exhaustive comme peut le faire le robot de Google. Leur connaissance des sites est donc tributaire du référencement par leurs auteurs.

Le site est-il prêt ?

Avant d'envisager l'inscription auprès d'un annuaire, il faut savoir que c'est un humain (donc un être exigeant !) qui va relire le site. Inutile de perdre son temps à tenter une inscription si le site ne suit pas l'une des trois recommandations ci-dessous, car cela ne ferait qu'exaspérer l'équipe des documentalistes, qui risquerait d'avoir ensuite un a priori négatif, même si les erreurs de jeunesse du site sont par la suite corrigées :

- Évitez le « site en construction » (attendez d'avoir un corpus de pages important avant de le soumettre).
- Il doit être accessible 24 h/24 et 7 j/7 (traiter la question de l'hébergement avant de s'inscrire, voir le chapitre 3).
- Évitez l'effet de « miroir » d'un autre site, c'est-à-dire une copie ou un système de redirection automatique, ou bien un même site accessible sous deux URL différentes comme http://www.monspip.org/ et http://www.monspip.net/.

La procédure

À partir de la page d'accueil de l'annuaire, cliquez sur le lien nommé *Suggérer un site* ou assimilé. La figure 9-2 vous présente un exemple dans le cadre du projet Open Directory, un annuaire développé et maintenu par des éditeurs bénévoles dans l'esprit du mouvement Open Source. Il sert en particulier de base pour l'annuaire Google.

La démarche de référencement s'effectue ensuite en trois étapes. Tout d'abord, on vérifie que le site n'est pas déjà répertorié dans la base de données de l'annuaire. Il suffit de saisir l'URL du site web dans une boîte de dialogue. Un moteur de recherche effectue la vérification et vous renvoie très

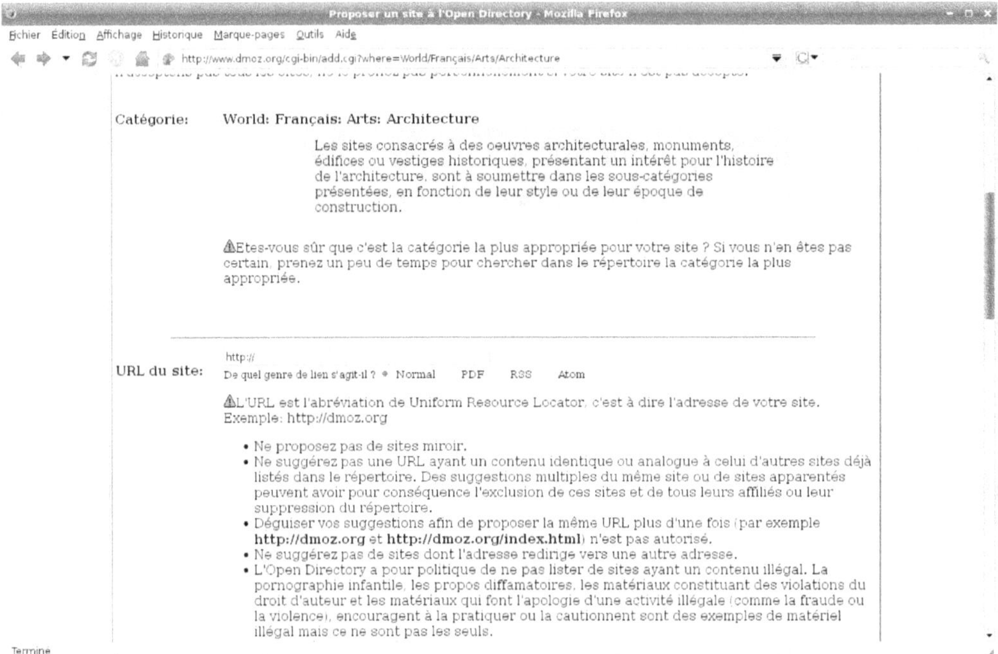

FIGURE 9–2 *Suggérer un site dans l'Open Directory, à partir de la page d'une catégorie*

rapidement la réponse. Si votre site est déjà répertorié et que vous souhaitez modifier son URL, son titre, son emplacement ou sa description, vous pouvez accéder à un formulaire de modification.

> CONSEIL **Le référencement croisé**
>
> Un site peut souvent être rangé utilement dans plusieurs rubriques. Lire attentivement les conseils que donne l'annuaire à ce sujet : opter pour la composante géographique du classement peut être une option à laquelle on ne pensait pas immédiatement. Dans le champ *Suggestions* du formulaire de référencement, le webmestre pourra demander un second classement dans la rubrique thématique. Ce sont, en dernier lieu, les documentalistes de l'annuaire qui décideront de l'opportunité de croiser les références.

Ensuite, on choisit la catégorie adéquate dans l'annuaire. Les sites des annuaires fournissent à ce sujet toutes les explications nécessaires. Leur organisation est similaire à la cotation dans une bibliothèque. Dans les deux cas de figure, il existe des rubriques majeures qui sont elles-mêmes divisées et hiérarchisées en sous-rubriques : par exemple, *Arts* contient *Architecture*, qui contient *Histoire* (voir figure 9-3).

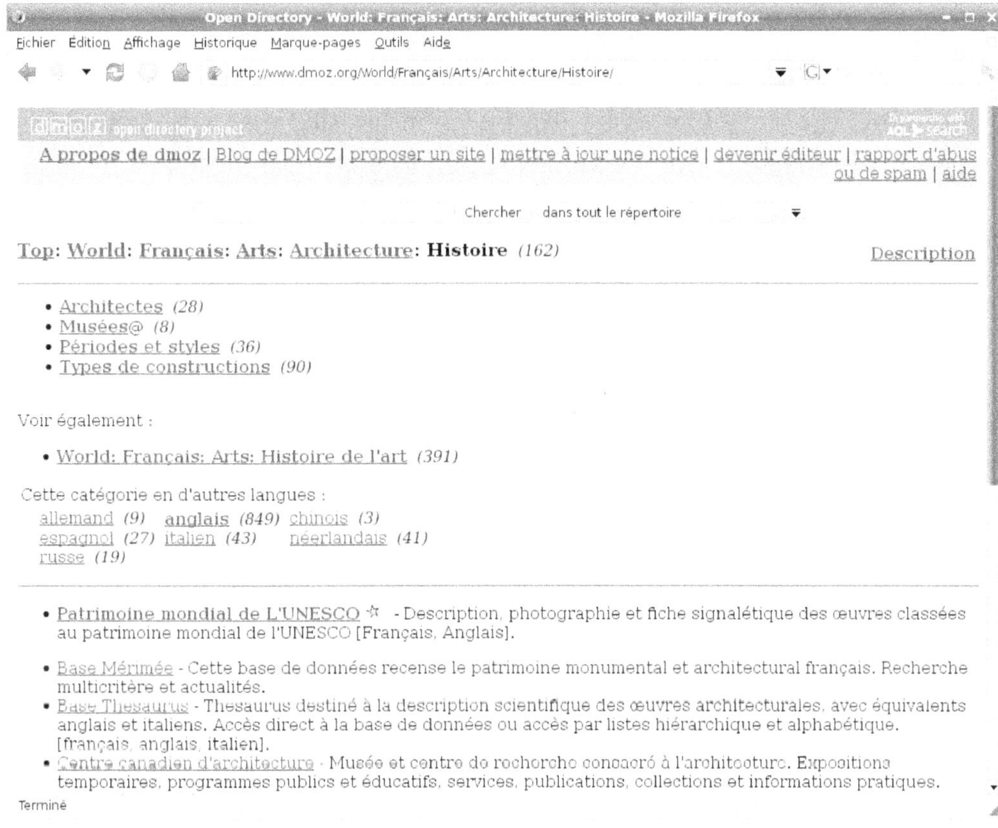

FIGURE 9-3 *Exemple d'arborescence de thèmes dans un annuaire*

Mieux vaut classer le site dans la catégorie la plus étroite possible : si un bibliothécaire rangeait une thèse sur les chevaliers-paysans de l'an mil au lac de Paladru en vrac dans le rayon *Histoire* avec les autres, les malheureux lecteurs auraient beaucoup de mal à la trouver ! De la même façon, l'annuaire refusera le classement dans les catégories trop larges, et il faudra alors recommencer. Lorsqu'on suggère un site, il faut donc parcourir la base de données en profondeur et être le plus précis possible.

Enfin, une fois la rubrique appropriée choisie, on peut commencer la procédure d'inscription via le formulaire idoine. Rappelons qu'il ne s'agit que d'une suggestion et pas d'une prérogative, car ce sont les documentalistes qui choisiront de référencer le site proposé et qui lui donneront son emplacement final. Vous devrez alors remplir un formulaire de soumission comprenant l'URL du site ainsi qu'une brève description. Évitez les erreurs suivantes (elles indisposent inutilement les documentalistes qui risquent de faire échouer votre tentative d'inscription) :

- Ne cherchez pas à les tromper ! Il est inutile de vanter artificiellement le contenu du site ; bannissez notamment les slogans publicitaires du genre « le meilleur du Web », les superlatifs et les énumérations luxuriantes de mots-clés.
- Faites une description juste du site : des phrases objectives et brèves sous la forme d'un résumé (au maximum, une vingtaine de mots).

> ASTUCE **Faire une soumission rapide... et gratuite**
>
> La quasi-totalité des annuaires proposent aujourd'hui une soumission gratuite. Les options payantes deviennent donc non seulement rares, mais d'autant moins justifiées : vous pouvez donc refuser de vous y arrêter sans grand dommage pour votre structure. Par ailleurs, mieux vaut aider les documentalistes à traiter plus rapidement votre demande :
>
> - Choisir un thème qui correspond bien au sujet du site.
> - Choisir la catégorie la plus précise possible.
> - Opter pour des rubriques comprenant peu de sites référencés, si possible. Cela augmente l'intérêt du point de vue de l'index (donc des documentalistes).
> - Faire une description juste et honnête du site sans chercher à tromper les relecteurs.

Une fois la soumission effectuée auprès de l'annuaire, sa sélection par l'équipe des documentalistes peut être assez longue. Toutefois, passé deux mois, ne pas hésiter à remplir une seconde fois le formulaire si l'on constate que le site n'a pas été référencé, sauf si une indication donne un délai moyen d'insertion dans la base de référencement supérieur à cela.

Le référencement du site auprès des bases de données spécialisées

Il y a des bases de données de liens sur tous les sujets ; elles sont comparables aux annuaires à la différence qu'elles n'ont pas une vocation universelle et sont souvent gérées par une association ou un centre de documentation... qui sera peut-être a priori mieux disposé à l'égard de votre organisation qu'un employé ! L'opération vaut d'être tentée, car un internaute qui ne sait pas trop ce qu'il cherche fera une recherche généraliste sur un moteur ; il tombera alors sur la base de données de liens et, de là, pourra être intéressé par votre site. Dans certains secteurs comme la bibliographie, les internautes intéressés démarrent même directement leur recherche auprès de ces centres d'informations spécialisés (qu'ils configurent par exemple comme leur page d'accueil).

Le plus difficile est sans doute... de trouver quelles bases de liens sont intéressées par votre site ! Une base de liens dispose de deux principaux types de bases de données :

- Les bases de données spécialisées par thèmes (sport, culture, santé, vie pratique, droit, histoire, informatique, etc.), qui proposent un éventail complet de sites sur le sujet qu'elles traitent.
- Les bases de données associatives dont l'objet est de recenser les associations. En raison du grand nombre de ces dernières en France, elles sont classées par sujet à l'intérieur de ces bases (associations culturelles, associations sportives, associations religieuses et philosophiques, etc.).

Ces sites de référencement opèrent généralement un classement : plus le site est bien fait, mieux il sera noté et mis en valeur dans la base de liens.

> MÉTHODE **Un site bien fait est un site standard**
>
> Bien entendu, un site bien fait respecte les standards du Web...
> ▸ http://openweb.eu.org

Pour découvrir les bases de liens pertinentes, vous devrez effectuer vous-même quelques recherches sur un moteur comme Google (évitez les livres du genre *Le Meilleur du Web* qui, en raison de la mobilité du médium, sont très rapidement obsolètes) et contactez souvent les responsables par courrier électronique.

Les bases de données associatives

Des organismes se sont donné pour mission de recenser les associations existantes. En s'inscrivant auprès d'eux, l'association les aide dans leur tâche digne du mythe de Sisyphe. Et, en retour, l'association est référencée et peut ainsi être trouvée par des personnes intéressées par le monde associatif. Voici deux de ces bases à titre d'exemple :

- Refasso, http://www.refasso.com/ ;
- Label 1901, http://www.label1901.com/ ;
- Loi 1901, http://www.loi1901.com/.

Les annuaires d'associations appliquent peu ou prou les mêmes procédures que les annuaires de pages web (voir plus haut la section « Référencer son site auprès d'un annuaire »). Renseignez-vous auprès de leur site.

Les bases de liens thématiques

En la matière, on ne peut qu'offrir des suggestions – en effet, il y a autant de bases de liens que de thèmes de projets associatifs, c'est-à-dire des milliers. Voici tout de même quelques sites thématiques d'intérêt assez large :

- Les signets de la BNF, sur le site de la Bibliothèque nationale de France, qui regroupent la plupart des sites intéressants sur les sujets les plus divers (http://signets.bnf.fr/). Ces signets sont une référence prestigieuse, en tout cas dans le milieu des professionnels de l'information ; y être référencé peut représenter une promotion intéressante pour le site (voir figure 9-4).
- Une autre sélection de ressources documentaires est disponible sur le site de l'Université du Québec : http://www.bibliotheques.uqam.ca/ressources/doc_elec/baseslis.html.
- Sur le site de l'Urfist (Unité régionale de formation à l'information scientifique et technique), on trouve une sélection de bases de données gratuites sur le Web : http://urfist.univ-lyon1.fr.
- Les principaux centres de ressources culturels sont recensés sur le site du Ministère de la Culture : http://www.culture.fr/culture/bdd/. Plus généralement, les sites des ministères sont en général très bien faits, peut-être que celui dont la tutelle se rapproche le plus de la mission de votre organisation contient une base de liens.

- Le CISMeF, catalogue de sites médicaux francophone produit par le CHU de Rouen, propose des ressources dans le domaine de la santé : http://www.cismef.org/.
- Sur le site de Coordination Sud (sous Spip), on bénéficie de liens vers les plates-formes d'ONG françaises : http://www.coordination-sud.org/spip.php?rubrique114.

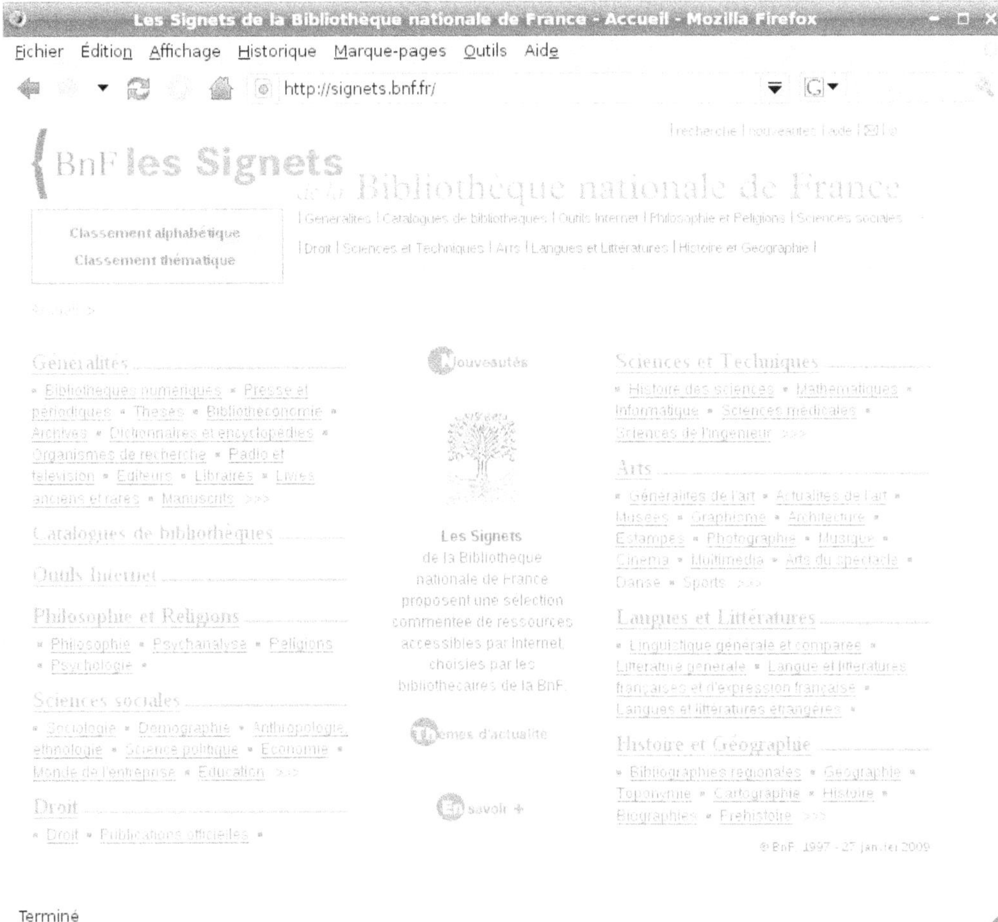

FIGURE 9-4 *Les signets de la BNF recensent les sites les plus intéressants dans de nombreuses catégories.*

Il existe sans doute quelques bases de liens plus spécifiques dans le domaine qui se rapporte à votre organisation, mais il faut les trouver !

Les webrings sont une façon simple de lier entre eux des sites web traitant de thèmes proches. On peut les considérer comme une version très simplifiée d'une base de liens thématiques : chaque site participant à un webring donné introduit un petit formulaire de navigation sur une de ses pages et l'internaute peut s'en servir pour « sauter » d'un site à l'autre le long du « circuit ». N'importe qui peut créer un webring gratuitement, ou s'insérer dans un webring existant après accord des membres déjà présents. Pour plus d'informations à ce sujet, consultez l'adresse suivante :

▸ http://www.webring.org/

Faire sa base de liens soi-même

Si, décidément, il n'y a rien d'intéressant sur le vaste Web (ou, ce qui est infiniment plus probable hélas, sur le bien moins vaste Web francophone), pourquoi ne pas commencer sa propre base de liens ? Les webmestres des autres sites du domaine sont peut-être moins avancés que vous sur le front du Web et seront sans doute ravis de disposer ainsi d'un lien qui augmentera leur fréquentation et leur popularité auprès des moteurs de recherche. De plus, une bonne page de liens est une ressource réputée, qui apportera de nombreux visiteurs au site !

La première étape, importante, est d'obtenir l'aval des autres webmestres qui figureront dans la base de liens. Leurs serveurs ne sont pas forcément prêts techniquement à endurer un afflux de visiteurs (on appelle cela *l'effet Slashdot*, du nom d'un site d'informations en ligne pour techniciens) : un site qui passe sous les feux de la rampe de Slashdot peut passer de 10 à 4 000 visiteurs par jour en une journée ! Ou bien, plus généralement, le site cible peut estimer que son site n'est pas encore prêt pour le « primetime », parce qu'il est incomplet à ses yeux. C'est son choix !

Quant aux considérations techniques, elles sont des plus simples, puisqu'une page web avec des hyperliens fera parfaitement l'affaire.

Mais Spip propose également un système complet de gestion de listes de liens vers d'autres sites. Dans la version 2.0 de Spip, ce mécanisme est par défaut désactivé. Vous devez commencer par le configurer dans la partie *Configuration > Contenu du site* (voir figure 9-5). Le bloc d'options correspondant se trouve plutôt bas dans la page, faites défiler le contenu jusqu'à le trouver. Activez l'option *Gérer un annuaire de sites web*. Vous pouvez également configurer la syndication à ce niveau (nous l'aborderons un peu plus loin dans ce chapitre).

FIGURE 9–5 *Activer l'option de gestion d'un annuaire de liens dans Spip*

À partir du moment où vous avez activé cette option, un nouveau sous-menu apparaît dans le menu *Édition*, intitulé *Sites référencés,* qui vous amène au formulaire visible à la figure 9-6.

FIGURE 9–6 *Formulaire de référencement de site dans Spip*

Pour chaque site référencé, vous pouvez attribuer des mots-clés et une description personnalisée, gérer son emplacement, lui associer un logo… Les administrateurs peuvent autoriser les rédacteurs et même les visiteurs à proposer de nouveaux sites.

Deux modes de référencement sont possibles :

- **Référencement manuel** – Comme vous pouvez le voir sur la figure 9-7, chaque page de rubrique de votre site comporte un bouton *Référencer un site* qui vous permet d'indiquer un nouveau site. En effet, un site référencé de Spip doit impérativement être dans une rubrique.

  La méthode « traditionnelle » (voir figure 9-6) consiste à indiquer le nom du site, son URL ainsi qu'une description. Il est également possible de choisir la rubrique dans laquelle ce référencement sera inséré dans votre propre site. Pour un référencement simple, il suffit de laisser l'option *Pas de syndication.*

- **Référencement rapide** – Lors de la création d'un nouveau référencement de site, un cadre apparaît en haut de la page vous permettant de procéder rapidement, sans que vous ayez à renseigner son titre et son descriptif (voir figure 9-6).

  Pour cela, il vous suffit d'indiquer l'URL de la page à référencer et de valider. Dans la mesure du possible, Spip va récupérer automatiquement à cette adresse le titre de la page et le descriptif, tels que définis par les auteurs du site lui-même. Vous pourrez ultérieurement modifier ces informations.

On peut aussi, pour les sites qui l'autorisent, récupérer automatiquement les derniers articles publiés. On parle alors de « syndication de contenu » qui désigne la possibilité d'afficher automatiquement sur un site les dernières nouveautés provenant d'un autre site. La syndication est basée sur les informations d'un fichier de syndication donnant les informations sur le site syndiqué et les derniers articles publiés (avec des informations, sélectionnées par le site lui-même, telles que titre, lien, date, auteur et résumé).

En pratique, le site A (le site « syndiqué ») fabrique un fichier de syndication, le place sur son site, et le site B (le site « syndiqueur ») peut afficher automatiquement des informations concernant le site A grâce à ce fichier.

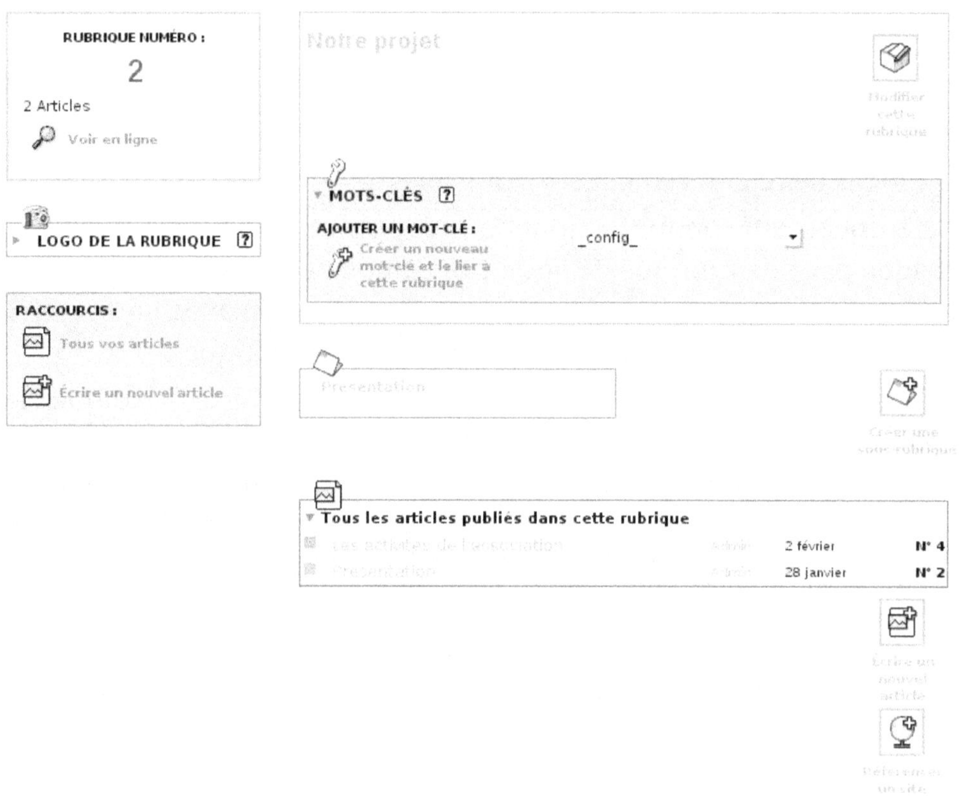

FIGURE 9–7 *Les rubriques permettent maintenant le référencement d'un site*

Pour que la syndication fonctionne, il faut que les responsables des deux sites réalisent les opérations suivantes :

- Le site A qui souhaite être syndiqué place un fichier de syndication sur son site.
- Le site B qui souhaite syndiquer le site A crée une page spécifique capable d'afficher les données du fichier de syndication du site A.

Le format RSS (pour *RDF – Resource Description Framework – Site Summary, Rich Site Summary* ou *Really Simple Syndication*) est le principal format utilisé pour cela. C'est une famille de formats XML.

La syndication est avantageuse pour tous :

- Le site qui propose un fichier de syndication peut voir ses informations présentées sur plusieurs sites, ceci lui permet d'améliorer son trafic et son référencement.

FIGURE 9–8 *Mise en place de la syndication à partir de l'adresse fournie par le site syndiqué*

- Le site qui affiche le contenu syndiqué augmente son degré de dynamisme et apporte à ses lecteurs des liens vers des contenus qui peuvent les intéresser.

Lors du référencement d'un site, un cadre en bas de page vous permet de spécifier l'emplacement d'un fichier de syndication, comme vous pouvez le voir sur la figure 9-8 (ci-dessus).

Lorsque vous réclamez la syndication d'un site, Spip affiche après validation de la page, la liste des derniers articles publiés sur ce site, sous la mention *Articles syndiqués tirés de ce site*.

Pour chaque article, Spip indique :

- le titre de l'article (cliquer sur ce titre pour accéder à l'article sur son site d'origine) et sa date ;
- éventuellement les auteurs des articles ;
- éventuellement un descriptif de l'article.

Ces informations, tirées automatiquement du site référencé, ne peuvent pas être modifiées (figure 9-9).

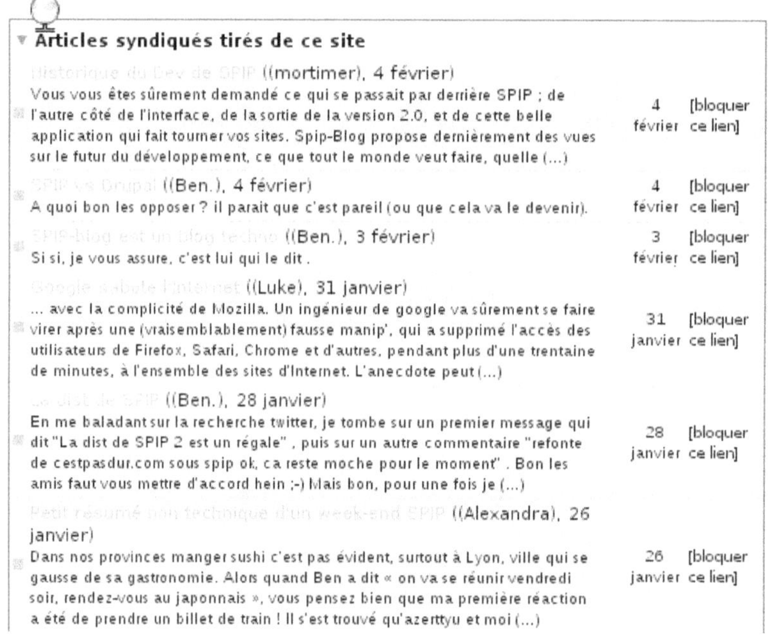

FIGURE 9-9 *Liste des articles syndiqués prêts à être utilisés sur notre site syndiqueur*

De plus, pour chaque article, un bouton *Bloquer ce lien* vous permet d'en bloquer l'affichage sur votre propre site (parce qu'un article ne vous convient pas, parce qu'une erreur rend ce lien inopérant...). Vous pourrez à tout moment rétablir l'affichage de cet article sur votre site.

Il est possible de demander que chacun des futurs liens en provenance du site soit a priori bloqué. Les articles ainsi récupérés ne s'afficheront qu'une fois que vous les aurez, un par un, validés « à la main » en utilisant le lien situé à droite de chacun des articles syndiqués.

Vous pouvez ensuite modifier l'affichage des sites référencés et articles syndiqués en modifiant la boucle correspondante dans le fichier approprié. Nous en donnons un exemple ci-dessous tiré du fichier `rubrique.html` du squelette par défaut du site.

Par exemple, pour afficher les articles syndiqués classés par site, avec au maximum 6 articles par site (au lieu des 3 par défaut), on pourra utiliser les boucles (voir les modifications apportées à l'exemple en gras).

Boucles permettant d'afficher des articles syndiqués

```
[(#REM) Sites de la rubrique ]
<B_sites>
<div class="menu">
<h2><:sur_web:></h2>
<ul>
<BOUCLE_sites(SITES) {id_rubrique} {syndication=oui}
{par nom_site}>
<li>
<a
href="[(#ID_SYNDIC|generer_url_entite{site,'','',#CO
NNECT})]">#NOM_SITE</a>
<B_syndic>
<ul>
<BOUCLE_syndic(SYNDIC_ARTICLES) {id_syndic} {age<180}
{par date}{inverse} {0,6}>
<li><a href="#URL_ARTICLE" class="spip_out">#TITRE</
a></li>
</BOUCLE_syndic>
</ul>
</B_syndic>
</li>
</BOUCLE_sites>
</ul>
</div>
</B_sites>
```

Enfin, la syndication du site se fait de façon automatique dans Spip. Trois fichiers sont générés en permanence lorsque vous l'utilisez :

- `backend.html` – Fichier au format RSS qui présente les derniers articles.

- `distrib.html` – Fichier permettant l'affichage des derniers articles par un JavaScript.
- `backend-breves.html` – Fichier au format RSS qui présente les dernières brèves.

Enfin, le Web est un paysage sans cesse changeant. Afin de pouvoir supprimer les sites disparus, on aura soin de passer régulièrement un analyseur de liens (par exemple, http://validator.w3.org/checklink/) sur cette page, qu'elle soit gérée manuellemement ou sous Spip, afin de ne pas la laisser devenir obsolète.

Avant de supprimer un lien, on pourra essayer au préalable de contacter le webmestre du site disparu, pour savoir si le site n'a pas changé d'adresse, s'il ne s'agit pas d'une simple panne technique temporaire, etc.

Le référencement auprès des moteurs de recherche

Pour se faire connaître par les moteurs de recherche, la démarche est plus simple. Il suffit de préciser l'URL du site, et éventuellement l'adresse électronique d'un contact.

Les sites sont alors évalués automatiquement, généralement dans un délai de quatre à six semaines. L'algorithme, que ce soit PageRank ou un autre, est entièrement automatique ; il se basera sur le contenu de la page et ses mots-clés (voir la section suivante Insérer des métadonnées de classement dans les pages du site) et sur les liens pointant vers le site. Il est inutile, à nouveau, d'essayer de ruser avec ce mécanisme, mieux vaut lui faire confiance : ainsi, on peut très bien référencer le site dès son ouverture sans attendre qu'il soit terminé ou abondamment lié à d'autres sites, car l'araignée reviendra périodiquement toute seule aux pages qu'elle connaît déjà.

Insérer des métadonnées de classement dans les pages du site

Au chapitre 5, nous avons vu comment écrire des pages en HTML. Dans ce langage, on peut placer certaines informations, qui décrivent le document, mais qui ne sont pas affichées dans le corps de la fenêtre du navigateur, entre les balises d'en-tête, c'est-à-dire `<HEAD>` et `</HEAD>`.

Parmi ces informations d'en-tête, celles qui se trouvent entre les balises `META` renseignent l'internaute averti, le navigateur (pour la barre de titre) ou, surtout, le moteur de recherche, sur le contenu du document : mots-clés, sujet, auteurs, etc.

Ces métadonnées sont comparables aux informations extraites de la couverture et des pages de garde d'un livre pour l'identifier et l'indexer dans une bibliothèque – telles que le titre, l'auteur, le nombre de pages, l'éditeur et l'imprimeur (dans le contexte de la bibliothéconomie, on parle également ment de métadonnées). En clair, il s'agit de configurer les métadonnées des pages du site de façon à ce que les araignées les y trouvent et classent les pages correctement.

Suite à des abus divers (surcharge des balises META avec des mots-clés qui ne correspondent pas au contenu réel du site, par exemple), ces balises sont aujourd'hui moins utilisées : un moteur de recherche se focalise davantage sur le contenu effectif des pages et sur le nombre de liens y conduisant que sur les balises META. Toutefois, les balises de mots-clés, de description et de titre méritent votre attention car certains moteurs de recherche leur accordent toujours un certain poids.

Les mots-clés

Tous les moteurs de recherche repèrent les mots-clés présents dans l'en-tête HTML sous la forme suivante :

```
<META NAME="keywords" CONTENT="mot-clé1,mot-clé2,mot-clé3..." />
```

Indexation par mots-clés

L'indexation vise à faire aboutir les recherches par mots aux pages qui s'y rapportent. Google fait automatiquement l'indexation sur tous les mots qui se trouvent dans le texte (visible) de la page ; cependant, il accorde un « poids » légèrement plus élevé aux mots qui sont également ment présents comme `<META NAME="keywords" />`. L'auteur de la page dispose ainsi d'un moyen d'indiquer au moteur les mots qui sont importants dans le texte et ceux qui le sont moins. Le `META` est un mécanisme de classement fin.

Bien que cela n'intéresse pas le navigateur, l'araignée examine ces morceaux de HTML pour aider au classement. Il convient de respecter ces quelques règles pour être compris :

* séparer les mots-clés par des virgules ;
* ne pas indiquer plus de 25 mots (ou 1 000 caractères) ;
* mettre les mots-clés en minuscules car certains moteurs de recherche tiennent compte de la « casse », autrement dit font la différence entre les minuscules et les majuscules ;
* trouver des mots-clés pertinents pour définir le contenu de son site : on essaiera de se mettre à la place du visiteur (quel mot-clé pourrait-il taper pour trouver mon site web ?) ;
* ne pas mettre des mots-clés faux qui n'ont aucun rapport avec son site (pratique appelée *spamdexing*, voir la définition plus loin à la section De la différence entre être référencé et être réputé) ;
* de même, ne pas répéter le même mot-clé plusieurs fois : ce défaut des araignées, quoique bien connu, est beaucoup trop grossier et ne fonctionne plus depuis longtemps (au contraire, elles le détectent et mettent la page sur liste noire).

ASTUCE **Choisir des mots-clés pertinents**

Pour trouver les mots-clés appropriés, il suffit de choisir son lectorat (quel public est concerné par mon site ou mon projet ?) et d'imaginer de quelle manière il pourrait effectuer sa recherche (comment l'internaute va interroger son moteur de recherche ?). Plus la cible est réduite, plus le vocabulaire doit être précis. Par exemple, un internaute qui recherche une association d'entraide et d'écoute pour les personnes atteintes du syndrome d'Aicardi, entrera sûrement les mots-clés « association », « syndrome », « aicardi ». Inversement, plus le public visé est large, plus le vocabulaire doit être général et imprécis. Si c'est le cas de votre site web, il suffit de choisir un mot-clé qui résume le sujet principal de votre site (« tennis », « environnement », « famille », « félins », « Renoir », « poésie », etc.). Il existe en ligne des outils spécialisés proposant toutes les déclinaisons de mots et d'expressions à partir d'un mot-clé spécifique :
* WebRankInfo (http://www.webrankinfo.com/outils/semantique.php) ;
* Google (https://adwords.google.fr/select/KeywordToolExternal).

Le sujet

```
<META NAME="description" CONTENT="brève description
du contenu du document" />
```

Cette description sous forme d'un petit résumé doit être la plus pertinente et la plus attractive possible. Mais, au-delà de 150 mots, certains moteurs de recherche ne prennent pas en compte le contenu de la balise : il est donc inutile d'en écrire trop !

Le titre

```
<TITLE>Le titre du document</TITLE>
```

Les moteurs de recherche tiennent compte des titres des documents qui ont un impact. Il est conseillé d'en donner un différent à chacune des pages de votre site web.

> PERSPECTIVES **Consulter l'autorité compétente**
>
> Si on s'interroge sur le bon usage d'une balise META quelle qu'elle soit, et plus généralement sur la manière de remplir l'en-tête d'une page HTML, le mieux est de prendre le temps de faire un tour sur le site web de l'autorité compétente : le W3C.
>
> ▸ **http://www.w3.org/TR/html4/struct/global.html**

Ces trois types de données suffisent amplement. Les autres informations ne sont pas indispensables pour assurer le référencement pertinent du site web. Elles font partie des « ficelles » qui peuvent fonctionner avec un moteur de recherche, et pas avec un autre.

Remplir automatiquement les balises meta

Une méthode simple consiste à modifier les métadonnées des pages en modifiant le fichier `article.html`.

Modification des balises meta du fichier article.html

```
<BOUCLE_principale(ARTICLES) {id_article}>
<!DOCTYPE html PUBLIC "-//W3C//DTD XHTML 1.0
  Transitional//EN"
  "http://www.w3.org/TR/xhtml1/DTD/xhtml1-
transitional.dtd">
<html xmlns="http://www.w3.org/1999/xhtml"
      xml:lang="#LANG" lang="#LANG" dir="#LANG_DIR">
<head>
<title>[(#TITRE|textebrut) - ][(#NOM_SITE_SPIP|textebrut)]
</title>
[<meta name="description"
        content="(#INTRODUCTION{150}|attribut_html)" />]
<META NAME="Keywords"
      content="<BOUCLE_keywords(MOTS){id_article}{","}>
[(#TITRE|textebrut)] </BOUCLE_keywords>">
<META NAME="Author"
      content="<BOUCLE_author(AUTEURS){id_article}{","}>
[(#NOM|textebrut)] </BOUCLE_author>">
<META HTTP-EQUIV="Content-Type" content="text/html;
      charset=iso-8859-1">
<META NAME="revisit-after" CONTENT="5 days" >
<META NAME="Distribution" CONTENT="global">
<META NAME="Generator" content="Spip">
<META NAME="Rating" CONTENT="General">
<META NAME="Robots" CONTENT="All">
<META HTTP-EQUIV="Content-language" CONTENT="#LANG">
<META HTTP-EQUIV="Reply-to"
CONTENT="[(#EMAIL_WEBMASTER|antispam)]">
<META HTTP-EQUIV="Reply-to" CONTENT="#URL_SITE_Spip/">
<LINK REV="made"
      HREF="mailto:[(#EMAIL_WEBMASTER|antispam)]">
<LINK REV="author"
      HREF="mailto:[(#EMAIL_WEBMASTER|antispam)]">
<LINK REV="editor"
      HREF="mailto:[(#EMAIL_WEBMASTER|antispam)]">
<LINK REV="publisher"
      HREF="mailto:[(#EMAIL_WEBMASTER|antispam)]">
<LINK REV="owner"
      HREF="mailto:[(#EMAIL_WEBMASTER|antispam)]">
```

```
<LINK REL="toc" HREF="#URL_SITE_Spip/plan.html">
<LINK REL="index" HREF="#URL_SITE_Spip/plan.html">
<LINK REL="bookmark" HREF="#URL_SITE_Spip/">
<LINK REL="glossary" HREF="#URL_SITE_Spip/">
<LINK REL="help" HREF="#URL_SITE_Spip/">
<LINK REL="home" HREF="#URL_SITE_Spip/">
<LINK REL="next" HREF="#URL_SITE_Spip/">
<LINK REL="previous" HREF="#URL_SITE_Spip/">
<LINK REL="copyright" HREF="#URL_SITE_Spip/">
<INCLURE{fond=inc-head}>
</head>
```

On remarquera que pour les mots-clés et l'auteur, on utilise une boucle imbriquée pour aller chercher ces informations à partir de l'`id_article` courant. De plus, on spécifie une virgule comme séparateur afin que le contenu du metatag soit compréhensible. Enfin, vous remarquez l'utilisation des filtres `textebrut` et `antispam` de manière à supprimer tous les tags html (mise en italique, saut de paragraphe...) et à obtenir une page ne contenant pas d'erreurs.

Notons aussi que la boucle de récupération des mots-clés va chercher les mots-clés que vous avez définis dans l'interface d'administration de Spip. Il est donc important de bien gérer non seulement la liste de ces mots-clés, mais leur bon usage à la création des articles.

Quelques optimisations complémentaires pour les moteurs de recherche

Un élément crucial aujourd'hui pour les moteurs de recherche est la qualité du contenu de votre site. Voici donc quelques recommandations complémentaires pour aller dans ce sens.

- Veillez à choisir des titres clairs et traduisant bien le contenu de votre texte. Il s'agit non seulement du titre du document (balise `<TITLE>`), mais aussi des balises `<h1>` et `<h2>`.
- Rédigez vos textes en utilisant des termes précis et variés, qui seront tous pris en compte lors de l'indexation par le robot. N'hésitez pas à faire appel à un dictionnaire de synonymes (http://www.crisco.uni-

caen.fr/cgi-bin/cherches.cgi) pour varier au maximum les mots employés dans les pages et les termes utilisés comme mots-clés.

- Soyez également très attentif à la façon dont vous rédigez vos liens : les conseils donnés pour améliorer l'accessibilité du site sont également bénéfiques pour son référencement ! Il est de très loin préférable d'écrire :

```
Cliquez ici pour <a href="lien.html">lire le discours
de fin d'année du président</a>.
```

plutôt que :

```
<a href="lien.html">Cliquez ici</a> pour lire le
discours de fin d'année du président.
```

Quelle différence ? Dans le premier cas, la page mise en lien se voit d'office attribuer comme mots-clés « lire le discours de fin d'année du président », ce qui vient renforcer la finesse de son indexation.

- L'URL de vos pages joue également un rôle important. Il est donc conseillé d'activer la récriture d'URL pour rendre celles-ci plus lisibles. Pour ce faire, dans l'interface d'administration du site, allez à la page *Configuration* puis cliquez sur l'onglet *Fonctions avancées*. Faites défiler la page jusqu'à parvenir au bloc visible à la figure 9-10.

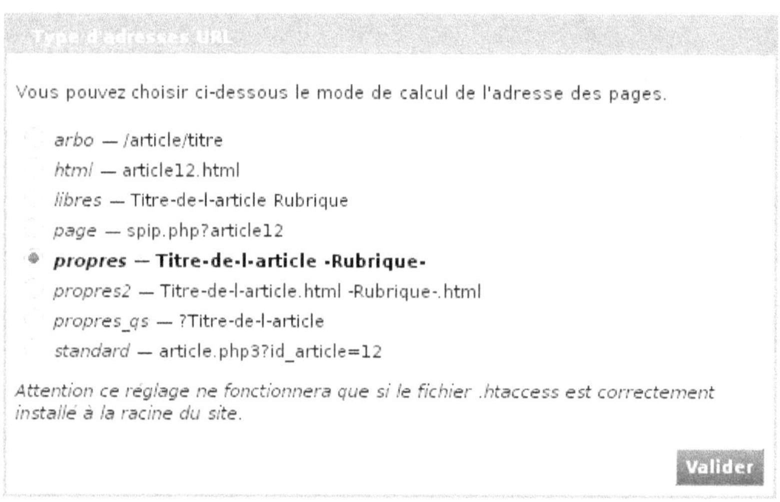

Figure 9–10 *Activer la récriture d'URL pour le site*

Les options « propres » sont toutes de bons choix en la matière. Validez votre choix : vous devriez recevoir un message d'avertissement vous indiquant que, pour fonctionner correctement, la récriture d'URL nécessite la présence et la bonne configuration du fichier `.htaccess` à la racine de votre site. Si vous ne l'aviez pas encore fait, vérifiez que vous avez bien un fichier `htaccess.txt` à la racine (ce fichier est fourni en standard avec le paquetage Spip), et renommez-le tout simplement `.htaccess` : la récriture d'URL devrait fonctionner sans le moindre problème.

Veillez à appliquer ces conseils au quotidien, et à les faire appliquer : il peut être utile de créer une page spéciale pour vos contributeurs, pour leur transmettre ces informations et améliorer la qualité de leurs contenus...

De la différence entre être référencé et être réputé

Le site a été soumis aux moteurs de recherche, annuaires et autres bases de liens. Il est maintenant accessible par les « autoroutes de l'information »... Souvent, on préférerait « faire grimper » son site dans les résultats des moteurs de recherche et les pages de liens. Pour ce faire, une seule solution : améliorer sa réputation.

- Pour un moteur de recherche, la réputation est la densité du « réseau d'hyperliens » qui entoure le site. Plus le site est la cible de nombreux liens en provenance d'autres sites fréquentés, mieux il est coté. Pour accroître son crédit auprès des moteurs de recherche, il faut donc que le site soit suffisamment intéressant pour que de nombreux webmestres trouvent pertinent d'y faire pointer leurs pages.
- Pour un annuaire, et dans une moindre mesure pour un moteur de recherche, la réputation, c'est la pérennité. Un site n'est jamais enlevé ou reclassé dans un annuaire, sauf dans une circonstance bien précise : son adresse cesse de fonctionner. Pour « grimper » dans un annuaire, il faut donc s'assurer que l'hébergement (voir le chapitre 3) est de bonne qualité : les autres sites, qui vont et viennent d'une adresse à l'autre en fonction des tribulations de leurs auteurs, perdront leur place dans l'annuaire, tandis que le vôtre demeurera. Une bonne connectivité, qui permet aux internautes de consulter le site à toute époque, est donc recommandée.

Spamdexing

C'est l'art et la manière d'abuser du manque d'intelligence de l'araignée d'un moteur de recherche, qui n'est après tout qu'un programme informatique : créer des dizaines de fausses pages qui pointent vers le site pour faire grimper son PageRank, mettre des centaines de mots-clés dans les balises meta... Non seulement c'est contraire à la Netiquette (Google est un service fourni à titre gracieux par une société commerciale, et sûrement pas un droit), mais c'est aussi dangereux : l'araignée a des « maîtres », programmeurs compétents et intelligents, qui risquent fort de mettre le site sur leur « liste noire » si la ruse est éventée... Et, dans ce cas, le site n'apparaîtra pas du tout sur le moteur de recherche !

- Pour une base de liens, la réputation, c'est la qualité (subjective) mesurée par les webmestres de la base. Pour acquérir leur estime, le mieux est de coopérer efficacement avec eux (leur communiquer de nouveaux liens, offrir de nouveaux services sur son site, etc.) afin qu'en tout bien, tout honneur, les meilleures places reviennent aux sites qui ont le plus à offrir.

Netiquette **Le référencement n'est pas une compétition**

La course à la « pole position » dans un moteur de recherche est assez vaine, et en aucun cas une garantie d'attirer des visiteurs : les internautes qui ne trouvent pas leur bonheur parmi les premiers sites cités regarderont tout simplement ceux qui suivent. Dans tous les cas, un bon site sera parmi les premiers sélectionnés dans un bon moteur de recherche, parce que l'algorithme de classement des moteurs de recherche est délibérément conçu pour favoriser les pages intéressantes (c'est-à-dire souvent référencées par des hyperliens).

En d'autres termes, une réputation se mérite – le webmestre, qui a amené son bout de « territoire Internet » et l'a relié à la grande « prairie » du Web, ne saurait se prévaloir d'autres forces que les siennes pour acquérir réputation et visiteurs et devenir un site en vue. Pour cette raison, toute tentative d'améliorer sa fréquentation par d'autres moyens (spamdexing auprès des moteurs de recherche, leurre des documentalistes d'un annuaire, harcèlement pour échanger des liens avec des sites tiers...) est autant contraire à la Netiquette qu'inefficace. Rappelez-vous que le site web a pour vocation de servir ses visiteurs qui, s'ils y trouvent leur compte, vous le rendront au centuple ! C'est l'objet du paragraphe suivant.

Promouvoir son site

Si le référencement consiste en définitive à se faire connaître auprès des ordinateurs (le passage par le documentaliste n'étant que le sésame qui ouvre un hyperlien judicieusement placé), la promotion consiste à faire connaître le site auprès du public qu'il intéresse, donc à le faire connaître des humains.

Le site web : une nouvelle adresse

Le site web, à l'instar de l'adresse postale ou du numéro de téléphone, est avant tout un outil de communication. Partout où vous affichez vos coordonnées (papier à en-tête, cartes de visite, voire Pages jaunes de France Télécom – attention toutefois, ce service est payant), vous pouvez ajouter l'adresse de votre site. Ce n'est pas à proprement parler de la promotion, mais cela attirera de nombreux visiteurs curieux ou désireux de vérifier une information sur le site sans déranger le standard.

Perspectives **Faire de la publicité sur Google**

Il n'est pas du tout question de publicité dans ce chapitre, (c'est-à-dire d'échanger de l'argent contre le fait qu'on parle du site). La loi de l'offre et de la demande aidant, le rapport investissement/nombre de visiteurs de la publicité sur Internet par le moyen des célèbres bandeaux est comparable à celui des médias usuels (télévision ou presse écrite), à savoir dérisoire.

Il existe une exception : la publicité sur Google. Elle est d'un prix très abordable, facturée au résultat (on paye proportionnellement au nombre de clics sur les publicités). Elle est en texte sans images (donc non intrusive et fonctionnant également pour les internautes handicapés). Pour plus d'informations, visitez le site

http://www.google.fr/intl/fr/ads/

Promotion sur les forums de discussion publics

La promotion en ligne est affaire de tact et de discrétion. Elle sera beaucoup appréciée par les internautes si elle s'inscrit dans une démarche d'aide. Dans le cas contraire (« Venez voir notre site, il est très intéressant ! »), la démarche sera assimilée à du spam... Or, les listes de diffusion et autres groupes de discussion sont archivés pendant des années, autant dire une éternité à l'échelle du Web : il faut donc bien prendre garde à ce que vous faites, parce que votre image de marque restera ineffaçable ! Pourquoi sinon, un certain fournisseur d'accès Internet sur réseau de télévision câblée aurait-il changé de nom au cours de l'année 2000 ?

Voici un petit manuel de l'auto-promotion sur les domaines d'expression publique que propose Internet, qu'ils soient archivés ou non :

- Prenez toujours le temps de comprendre l'ambiance qui règne dans les échanges du groupe sur toute liste de diffusion, forum Usenet ou même conférence de chat sur lequel vous souhaitez intervenir (que ce soit d'ailleurs pour la promotion ou pour toute autre raison). Avant de soumettre votre prose pour poster ou répondre, cherchez et lisez entièrement la charte de discussion, s'il en existe une, et « prenez le pouls » de la conversation en consultant les archives s'il y en a ou abonnez-vous comme lecteur silencieux (*lurker*) pendant quelque temps. Exactement de la même façon que lorsqu'on est admis dans un nouveau groupe d'amis, on commence par écouter avant de parler ! Et si la charte de la discussion précise « pas de publicité pour un site web », il ne reste plus qu'à obtempérer...

- Si on ne prend pas l'initiative de la communication, alors rien de fâcheux ne peut arriver. Il est toujours de bon aloi de répondre avec pertinence et honnêteté à une question posée, même si c'est pour indiquer une opportunité à caractère commercial (« Eh bien ! justement, je connais ou je dirige ou je travaille dans une entreprise qui... »).

- En toute circonstance, restez modeste ! Même si votre site est objectivement « le meilleur du Web » sur tel sujet, il faut laisser les internautes en décider. Toute promotion dithyrambique sera perçue comme ce qu'elle est : agressive.

• Placez un hyperlien complet sous forme de texte dans les messages : ne dites pas « visitez monsite.org », mais « visitez http://www.monsite.org » (faites précéder et suivre ce lien par des espaces pour éviter qu'il ne se mélange avec la ponctuation du reste du texte). Non seulement le destinataire n'a plus qu'à cliquer sur ce lien, mais, de plus, lorsque le message sera archivé, la page web correspondante comprendra un hyperlien au même endroit, ce qui est un excellent support promotionnel. Supposons, en effet, qu'un internaute se pose plus tard la même question que celle traitée dans la conversation ce jour-là ; il tape le mot-clé « Parkinson » sur un moteur de recherche, tombe sur le message archivé... et de là, sur votre site ! L'internaute, comme la fréquentation du site, a tout à y gagner.

• Restez dans le thème de la discussion. C'est un aspect de la Netiquette qui peut surprendre : il n'est pas approprié de traiter d'un thème même complètement universel (venir en aide aux victimes de la faim dans le monde, par exemple) sur un forum dont ce n'est pas l'objet (portant sur les maquettes de trains électriques, par exemple). C'est surprenant dans la mesure où une personne humaine qui présenterait ce genre de comportement dans son interaction sociale (refuser d'entendre parler de ses enfants pendant tout le temps qu'elle est à son travail...) serait déconsidérée : on s'attend naturellement à ce qu'il en soit de même pour Internet (« tout de même, vous pourriez lever le nez cinq minutes de vos trains électriques, il y a des choses autrement plus graves dans la vie ! »). Pourtant, il ne faut pas poster un appel de fonds humanitaires sur **fr.misc.transport.rail**. D'abord, ce serait dans les faits une forme de prosélytisme : bien que notre mode de vie tolère ce genre de communication forcée (affiches publicitaires, télévision), on apprécie de trouver sur Internet des endroits où le bruit des grands soubresauts de ce monde s'atténue – chacun, et en tout premier lieu les membres d'une association de lutte contre la faim, sait à quel point il est important de garder du temps pour soi ! Dit autrement, de tels groupes, nonobstant leur diffusion publique, font office de « clubs » (avec des centaines de membres que l'on n'a jamais vus certes, mais l'idée de réunion thématique demeure). Ce point a son importance lorsqu'on le transpose sur Internet : on appelle cela techniquement le « rapport signal/bruit » du médium. Idéalement, l'archive d'un forum de discussion en ligne ne contient que des messages du thème, ce qui signifie qu'il n'y a plus qu'à l'imprimer pour en faire un excellent ouvrage de référence sur la question (signal 100 %, bruit 0 %. Consulter, par exemple, l'excellente FAQ du groupe Usenet **alt.folklore.urban**, pour obtenir une idée des résultats remarquables que donne l'« encyclopédification » d'un forum de discussion). Toute diversion au sujet est du bruit indésirable, au sens de la théorie de la communication – elle rend l'archive plus difficile à exploiter, diminue la pertinence des résultats d'un moteur de recherche, etc. À l'extrême (bruit 100 %, messages traitant d'absolument n'importe quel sujet sans classement), on en arrive à un médium dont il est impossible d'extraire la moindre information, comme la Bibliothèque de Borges !

 Répertoire des listes de diffusion

Il existe des listes de diffusion sur tous les sujets. La plupart des listes francophones se trouvent sur le site francopholistes : consultez-le afin de trouver lesquelles seraient « dans le thème » pour assurer la promotion du site.

▸ **http://www.francopholistes.com/**

Évaluer la popularité de son site web

On peut disposer d'outils très bien conçus pour évaluer quantitativement et qualitativement la fréquentation d'un site. Le plus simple en la matière est le classique compteur de visiteurs, qu'il soit visible en première page ou non ; dans certains contextes d'hébergement, il n'y a pas d'autre choix technique. Spip offre un service de statistiques simple et ciblé. Si on ne l'utilise pas, ou bien si on souhaite avoir des informations plus précises et plus techniques (« l'annuaire untel référence un article à telle adresse qui n'existe plus », « 80 % de nos visiteurs utilisent Internet Explorer », « la page d'informations juridiques n'est quasiment jamais consultée par les visiteurs qui accèdent à la banque d'images »...), Webalizer présente un panel complet d'outils statistiques sous forme de tableaux et de graphiques.

Installer un outil qui compte les entrées

On voit couramment sur la page d'accueil des sites un outil qui comptabilise le nombre de visiteurs au total depuis sa création ou consultant le site en même temps à un moment donné. C'est un petit gadget plus amusant qu'utile. En effet, l'impression sur le visiteur n'est pas forcément positive : il peut vérifier que le site qu'il visite a beaucoup de succès, mais il peut aussi avoir le sentiment d'être instrumentalisé par les webmestres du site qu'il visite (« Je ne suis pas un numéro ! »). Toutefois, le compteur d'accès peut parfois être la seule mesure statistique accessible à un site simple s'il ne peut tirer parti d'aucun autre outil de mesure (pas de logs d'Apache par exemple, voir à ce sujet la section Exploitation des logs du serveur web avec Webalizer, et pas de page dynamique en PHP journalisant les accès).

Pour choisir et installer un compteur de visites, on peut utiliser les sites http://xiti.com/ ou http://www.compteur.com/ qui en fournissent gratuitement des centaines de types différents. L'installation est simple : il suffit de s'inscrire, de choisir un modèle et d'insérer une ligne de code en JavaScript dans le source de la page d'accueil (un modèle est disponible sur le site compteur.com). Le site propose également un « compteur invisible », utilisable comme outil de statistique minimaliste.

 Attention, le compteur peut espionner le trafic sur le site

Le système de compteur.com est conçu pour fonctionner sans rien enregistrer sur le site web (pas besoin de base de données). En contrepartie, c'est le serveur de compteur.com lui-même qui maintient les statistiques (l'astuce est qu'un des scripts JavaScript de la page d'accueil est téléchargé chez eux), ce qui signifie qu'il aura accès au même genre d'informations que celles qui figurent dans les logs d'Apache : adresse IP des visiteurs, type de navigateur, heure d'arrivée, page de provenance... Ce service n'est donc pas adapté pour une association qui offre une couverture d'anonymat à ses membres, typiquement (mais pas seulement) une association d'alcooliques anonymes.

Statistiques de visites sous Spip

Pour consulter les statistiques à tout moment, cliquez sur le lien *Statistiques* sur la page d'accueil de l'interface de gestion du site (voir la figure 9-11).

 Comment le serveur web sait-il tout cela ? Les en-têtes HTTP

Les informations statistiques proviennent de deux sources :
- d'une part, des déductions du serveur (adresse IP du navigateur, heure de la journée, taille du fichier transmis, résultat d'erreur) ;
- d'autre part, des renseignements transmis par le navigateur , principalement l'URL du document requis. Le protocole HTTP normalise les en-têtes à apposer dans la requête (en texte, exactement comme les en-têtes de courrier électronique), dont le nom ressort souvent dans la conversation des personnes s'occupant d'analyse statistique (ainsi que dans le texte ci-après). Ainsi, l'en-tête `Referer:` donne l'adresse de la page précédemment visitée (renseignement très intéressant pour retracer la piste suivie par l'internaute à travers les pages du site) et l'en-tête `User-Agent:`, fournit une description succincte de la version du navigateur (ce qui est utile pour savoir lesquels sont utilisés principalement par les visiteurs).

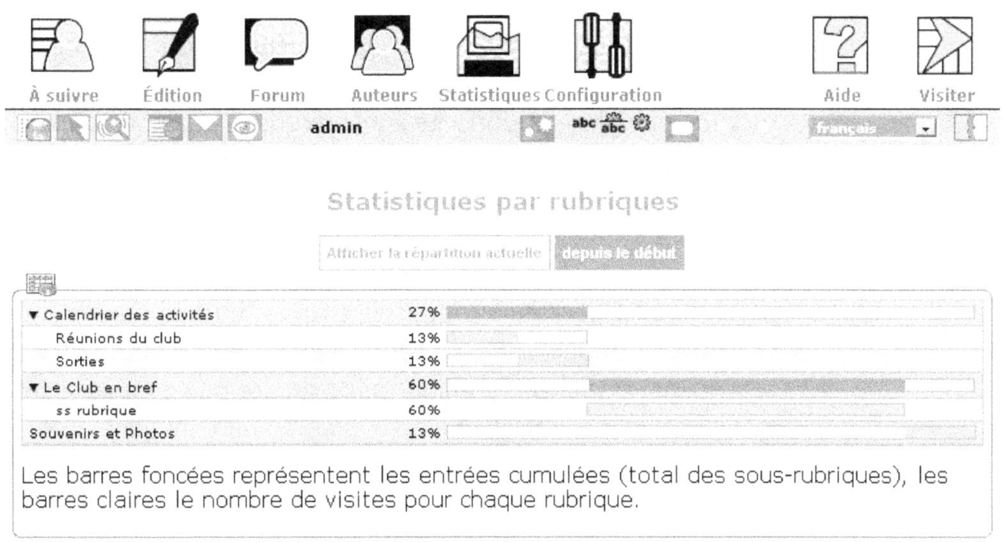

FIGURE 9-11 *La page des statistiques du site sous Spip*

Spip intègre un système simple permettant d'établir les statistiques suivantes :

- **Le nombre de visites** – Spip identifie chaque jour les « visiteurs uniques » du site en fonction de leur adresse IP (il ne sait pas de qui il s'agit, mais il peut deviner selon une bonne probabilité si deux accès viennent du même internaute ou non). Il s'agit d'une estimation du nombre de visiteurs du site, et non des simples hits ou statistiques de pages vues. Spip donne également une moyenne des visites et leur nombre total.

- **Les entrées directes, ou** *referers* – On nomme ainsi la page que consultait l'internaute juste avant la première page visitée à son arrivée sur le site (ce peut être soit un autre site avec un hyperlien, soit un annuaire ou un moteur de recherche, etc.). Le *referer* (par abus de langage, du nom de l'en-tête HTTP qui permet de s'en rendre compte) est vide si l'utilisateur n'a pas cliqué sur un lien, par exemple parce qu'il a tapé l'URL au clavier ou bien parce qu'il s'est servi d'un signet). Cela permet de savoir comment les visiteurs connaissent le site. Pour chaque article, et également de façon consolidée pour l'intégralité du site, Spip affiche la liste des principales pages *referers* (sous la forme de leur adresse URL), en regard du nombre d'« entrées directes » par ce biais (c'est-à-dire le nombre de visiteurs qui sont arrivés sur le site en suivant ce lien).

TRAFIC **Attention à la consommation…**

Plus les visites sont abondantes et plus l'opération d'analyse qu'on leur applique est complexe, plus elle dure longtemps et plus le résultat occupe une place importante sur le disque. C'est la raison pour laquelle Spip ne propose que des fonctions basiques. Le comptage du nombre de visiteurs uniques est frugal, en revanche le système de comptage des entrées directes est nettement plus gourmand. Il est donc désactivé par défaut sous Spip, et il est déconseillé de l'activer chez Free dont les serveurs sont assez chargés. Si l'organisation dispose d'un serveur puissant pour son hébergement, on peut l'activer en se rendant sur la page d'administration du site, puis en suivant ces liens : *Configuration*, onglet *Fonctions avancées*, et enfin pavé *Statistiques des visites*. Pour une information absolument complète sur le trafic du site, on pourra donc préférer se tourner vers un système d'analyse des statistiques plus spécialisé.

Exploitation des logs du serveur web avec Webalizer

Pour mesurer la popularité d'un site web, on peut en principe effectuer un « audimat » gratuit, indépendant du type de site (Spip ou autre) et facile à exploiter : ce sont les statistiques d'accès (« logs ») que produit automatiquement le serveur web. Cependant, il faut pouvoir y avoir accès. Chez Ouvaton, un outil statistique vous donnera quelques indications. Ce paragraphe ne s'adresse donc qu'aux organisations qui disposent de leur propre hébergement avec un accès shell (voir le chapitre 3).

B.A.-BA **Les logs**

D'une façon générale, les traces d'audit ou logs d'un système informatique ne sont autres qu'un journal relatant les événements qui s'y sont produits. Celles du serveur web Apache ont la forme d'un fichier texte avec une ligne par fichier accédé (page de texte, image ou fichier téléchargeable). Cette ligne précise l'adresse Internet du demandeur, l'heure de la requête, son résultat (« erreur : fichier introuvable » pour un hyperlien cassé, par exemple), la page web d'où il provenait, etc. Un tel fichier est incompréhensible (bien que lisible) à l'œil nu (par exemple, si deux internautes visitent simultanément le site, leurs logs se mélangent !), il faut donc le traiter avec des programmes d'analyse statistique.

⁄⁄ Hits, pages vues, visites uniques

Il s'agit de trois niveaux successifs dans la « raffinerie » informatique qui part des données d'accès « brutes » pour aller jusqu'à une classification raisonnée et intelligente. À chaque étape de ce « raffinage », il faut appliquer un algorithme, ou plus ou moins deviner, pour savoir ce qui s'est réellement passé à partir des seuls indices dont on dispose...

* Les hits sont les données brutes correspondant à un seul échange HTTP : un hit équivaut à une ligne de log (voir l'encadré Les logs) qui est l'équivalent d'un fichier transféré du serveur au navigateur. Il peut s'agir d'une page HTML, d'une image, d'un fichier à télécharger... ou d'un message d'erreur (page inexistante, par exemple). La seule chose que les hits mesurent fiablement, c'est la charge de travail du serveur web.

* Les pages vues sont les hits, c'est-à-dire soit un document HTML, soit un fichier téléchargeable (pas une image de décoration). A priori, une page vue correspond à un clic de l'internaute et le nombre de pages vues est donc une bonne mesure de la quantité d'« intérêt brut » que focalise le site. Si l'utilisateur accède à une page remplie d'images (comme le portail d'un grand site commercial) et s'enfuit aussitôt, cela peut compter pour une vingtaine de hits, mais une seule page vue.

* Les visites uniques correspondent à une statistique dans laquelle on a fusionné tous les hits en provenance du même navigateur (même adresse IP source et même numéro de version du navigateur). Les utilisateurs restent anonymes (leur navigateur ne transmet pas leur identité), mais au moins on connaît leur nombre et aussi le parcours type qu'ils suivent dans le site (accueil, puis nouveautés, puis accueil, puis chat, par exemple). Notez qu'en raison de l'anonymat des internautes, il est abusif d'appeler les visites uniques des « visiteurs uniques » : il s'agit bien a priori de visites (pouvant donc provenir d'un plus petit nombre de visiteurs se connectant plusieurs fois), puisqu'un internaute qui coupe sa connexion modem et la rouvre obtient une adresse IP différente.

Webalizer est un logiciel libre d'analyse des logs. Toutes les informations à son sujet sont disponibles sur le site http://www.webalizer.org/.

> **ALTERNATIVE Webalizer est peut-être déjà installé**
>
> Webalizer, AWStats ou un autre logiciel d'analyse équivalent, sont peut-être déjà installés chez votre hébergeur, ce qui est le cas chez Ouvaton. Renseignez-vous auprès du support technique.

> QUI S'EN OCCUPE ? **Installer et configurer Webalizer**
>
> L'installation de Webalizer est simple... À condition que la personne qui s'en charge connaisse déjà bien Linux ou le système d'exploitation du serveur, quel qu'il soit. L'informaticien du groupe web peut s'en acquitter s'il pratique cet art. Toutes les instructions se trouvent sur le site web de Webalizer à l'adresse :
> ▸ **ftp://ftp.mrunix.net/pub/webalizer/INSTALL**

Webalizer offre des informations complètes et précises sur les visites de votre site, mises en valeur par des tableaux colorés et des graphiques comme le montre la figure 9-12 (les informations affichées dépendent de la configuration de l'outil) :

- le nombre total de visites sous forme d'un histogramme ;
- le nombre de visites par heure et par jour sous forme d'un histogramme ;
- les URL des sites referers ;
- le pourcentage des pages qui ont servi d'entrée ou de sortie pour les internautes ;
- le poids des pages visitées en kilo-octets ;
- les mots ou expressions entrés par les visiteurs et qui leur ont permis de trouver le site sur un moteur de recherche (déduits en observant le referer) ;
- les types de navigateurs des visiteurs ;
- le classement des visiteurs par pays d'origine sous forme d'un graphique en camembert.

L'installation de ce logiciel est complexe (elle nécessite d'utiliser le système Linux ou Unix du serveur) et ne peut donc pas être traitée dans cet ouvrage.

Exploitation de l'évaluation de son site

Consulter régulièrement les statistiques de fréquentation du site web de l'organisation : l'équipe web apprendra ainsi beaucoup sur la manière dont il est perçu. Vous serez peut-être étonné de constater que le public est plus international que prévu !

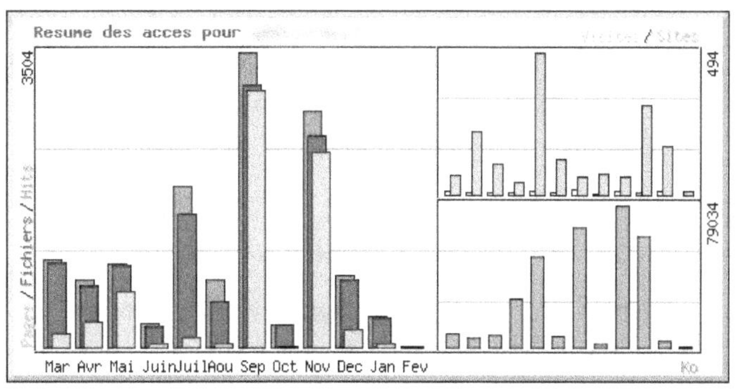

Mois	Moyenne journalière				Totaux mensuels					
	Hits	Fichiers	Pages	Visites	Sites	Ko	Visites	Pages	Fichiers	Hits
Fev 2009	13	11	0	0	11	85	0	0	11	13
Jan 2009	12	11	1	0	168	3641	11	50	349	377
Dec 2008	27	25	6	0	312	61586	8	208	802	860
Nov 2008	93	83	77	0	65	79034	11	2327	2506	2797
Oct 2008	9	8	0	0	75	2082	2	8	262	276
Sep 2008	116	103	101	0	61	66804	19	3050	3112	3504
Aou 2008	25	17	1	0	122	5704	7	49	544	798
Juil 2008	61	51	3	0	494	50338	12	113	1587	1904
Juin 2008	9	8	1	0	45	26623	9	42	256	292
Mai 2008	32	31	21	0	109	6753	7	666	973	999
Avr 2008	26	24	9	0	220	5067	10	298	742	798
Mar 2008	37	35	5	0	66	7490	14	160	1005	1042
Totaux						315207	110	6971	12149	13660

Figure 9-12 *Exemple d'analyses de visites sous Webalizer*

En plus des retours d'information par courrier électronique, l'outil d'analyse donne la parole à ceux qui ne s'expriment pas : en cela, il pourra aider à améliorer le site web sur les plans de la teneur et de l'économie. Par exemple, si l'on constate que certains articles pourtant intéressants ne sont jamais visités, il peut être opportun de revoir la structure du site et de mettre les documents les plus importants dans les premiers niveaux de lecture de l'arborescence, ou bien d'ajouter une page *Plan du site*, etc.

ASTUCE **Visiter les autres sites**

En visitant régulièrement d'autres sites similaires au sien, l'équipe web apprendra à relativiser ses succès et échecs et saura quels éléments doivent être améliorés. Posez-vous les bonnes questions : pourquoi ce site a tant de succès ? Est-ce dû à son ergonomie, une charte graphique simple et belle, un contenu riche, une base de données complète ?

CONSEIL **Les clés de la fidélité**

Un site, à la différence d'un livre imprimé, évolue, s'actualise, s'améliore en permanence. Un site vivant attire et permet de créer autour de lui une véritable communauté de fidèles qui iront régulièrement le consulter. Voici quelques idées pour rendre votre site vivant :
- Mettre un lien vers l'adresse électronique de groupe de l'organisation et demander aux visiteurs de proposer leurs suggestions d'améliorations.
- Actualiser son contenu fréquemment et proposer une page *Les nouveautés du site* ou *Actualités*, qui mettra en valeur les toutes dernières pages réalisées.
- Réaliser et animer des listes de discussion, un forum ou une zone de *chat*.
- Si le site s'y prête, proposer des jeux, des quizz, une page pour les enfants, etc.

En résumé...

Ça y est ! Votre site Spip est publié et promis à un bel avenir (d'après les premières statistiques). Faites attention à ne pas oublier la maintenance du site pour consolider ce succès ! Il ne reste plus qu'à vous souhaiter bon courage !

Que me conseillez vous
d'aller visiter ?
demanda le petit prince.
La planète Terre,
lui répondit le géographe.
Elle a une bonne réputation...

Le Petit Prince, A. de Saint Exupéry

Tu cherches des poules ?
Non, dit le petit prince.
Je cherche des amis.
Qu'est ce que signifie "apprivoiser" ?
C'est une chose trop oubliée,
dit le renard.
Ca signifie "créer des liens"...

Le Petit Prince, A. de Saint Exupéry

Spip 2.0 : que de chemin parcouru !

La version 1.9 a apporté une structure de fichiers nouvelle et différente, la version 2.0 a vu, quant à elle, une nouvelle répartition des fichiers et des outils de plus en plus puissants.

Spip a effectué un saut qualitatif avec la version 1.8 en ce qui concerne la partie privée et ses menus : toutes les fonctions sont devenues accessibles en un clic. La version 1.9 a apporté une structure de fichiers nouvelle et différente. La version 2.0 a conduit à une nouvelle répartition des fichiers et comptabilise un grand nombre de nouveautés. Mais n'oublions pas que toutes les versions sont encore utilisées, même la plus ancienne.

> PERSPECTIVES **Histoire de Spip**
>
> Le système de publication sur Internet Spip est né du besoin d'un site d'être mis à jour même quand son propriétaire était en pleine mer à bord de son bateau, nommé... Spip !
>
> « L'histoire minuscule et anecdotique de Spip » et de toutes les versions depuis la première sortie officielle, le 1er juillet 2001 : Spip 1.0
>
> ▸ **http://www.spip.net/fr_article918.html**

Spip 2.0 : les grandes nouveautés

Nous en avons présenté quelques-unes au cours de cet ouvrage, mais faisons ici un point plus détaillé sur ces nouveautés.

Une installation simplifiée et des plates-formes étendues

Nous en avons fait l'expérience au chapitre 6, l'installation est maintenant plus rapide et vraiment simple : elle ne comporte plus aujourd'hui que quatre étapes, et il n'y a que peu d'informations à fournir pour l'installation. Il n'est donc pas besoin d'être un gourou technique pour mettre en place une plate-forme Spip de base !

L'administrateur a maintenant le choix, à l'installation, entre plusieurs types de bases de données. MySQL a toujours été le système de gestion de base de données de Spip, mais il est désormais possible d'opter pour une base SQLite ou PostgreSQL.

Une interface privée repensée

L'interface privée, qui sert à l'administration du site, a été repensée et simplifiée elle aussi. Tout d'abord, il n'y a maintenant qu'une interface unique pour tous les utilisateurs (dans les versions précédentes, il existait une interface avancée et une interface simplifiée).

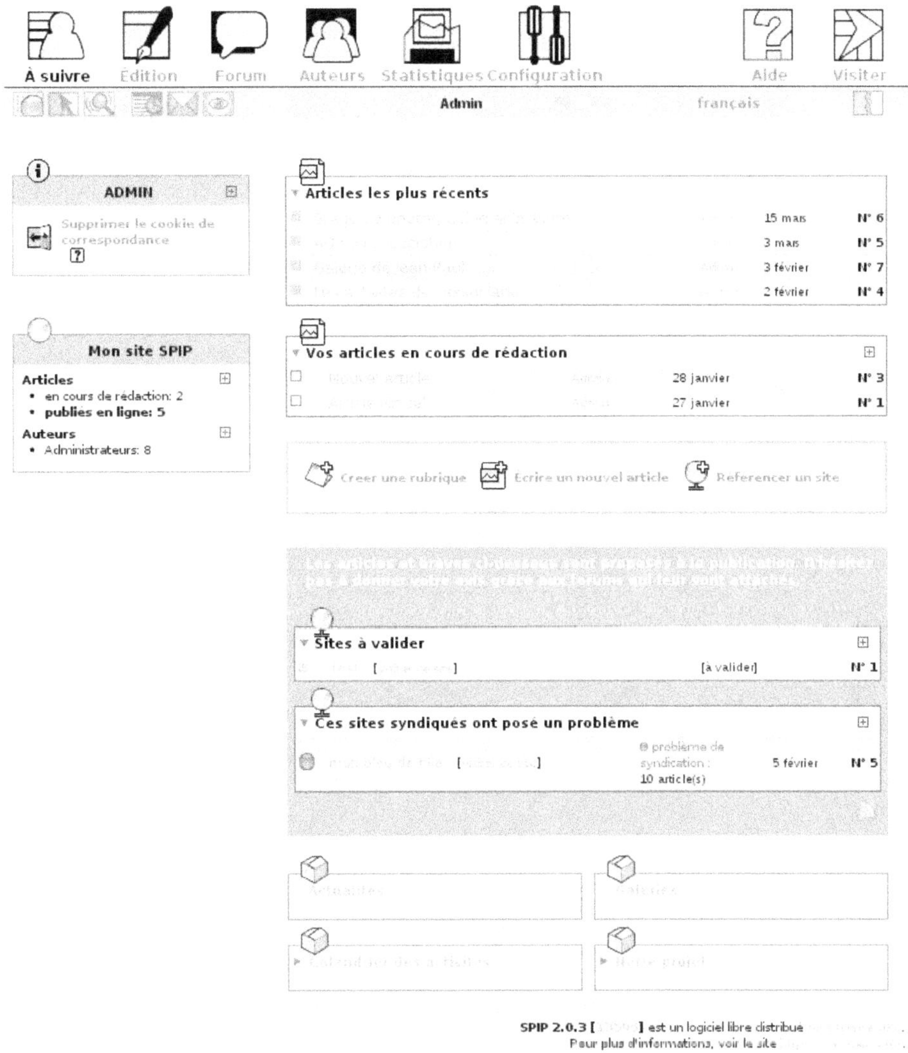

Figure 10–1 *L'interface de la partie privée dans Spip 2.0*

L'utilisation d'Ajax facilite la configuration de la plate-forme et fait gagner un temps précieux en évitant de devoir recharger la page au moindre changement d'option. Les blocs de configuration sont automatiquement rafraîchis dès qu'un nouveau choix est validé.

✍ Ajax

Ajax est l'acronyme d'Asynchronous JavaScript And XML. C'est un ensemble de technologies (HTML, CSS, JavaScript, XML, entre autres) collaborant dans le cadre d'applications web. Cela permet notamment à l'application de n'envoyer et recevoir que les informations absolument nécessaires au rafraîchissement d'une page (par exemple le changement d'une valeur pour une option de configuration), plutôt que d'envoyer une requête et de faire rémettre la page complète par le serveur. Les applications Ajax permettent donc une économie substantielle de bande passante, mais aussi de temps.

FIGURE 10–2 *La nouvelle version de Spip gère le travail collaboratif*

Les formulaires ont aussi été simplifiés. Ainsi, par exemple, il n'y a plus qu'une seule interface pour le transfert de tout document, qu'il s'agisse d'une image ou d'un autre type de fichier.

Enfin, Spip gère désormais l'édition concurrente de documents. Si deux utilisateurs travaillent simultanément sur un même article, les changements apportés par le premier utilisateur à valider sont intégralement pris en compte ; lorsque le second valide ses modifications, s'il y a conflit, les problèmes sont automatiquement signalés à l'auteur.

Des outils d'administration et de développement de plus en plus élaborés

Le chapitre 7 nous a vu aborder le gestionnaire de plug-ins et ses capacités d'installation automatisée, ce qui constitue une nouveauté importante et appréciable de cette version. Au chapitre 8, nous avons également traité de la récriture d'URL, qui est aujourd'hui intégrée par défaut à Spip.

Mais nous pouvons également citer ici l'outil de restauration des sauvegardes, très simple à utiliser et qui vous évite de devoir passer par une interface tierce type phpMyAdmin (ou, pire, la ligne de commande).

Spip 2.0 propose également un système de « mutualisation du noyau », c'est-à-dire qu'un même jeu de fichiers Spip permet de gérer plusieurs sites à la fois. De quoi faciliter le travail des administrateurs en charge de plusieurs sites Spip à la fois !

Mais aussi...

La liste est encore longue ! Les squelettes par défaut sont désormais basés sur les modèles « Layout Gala », qui facilite grandement le travail sur l'agencement des pages. Les forums permettent maintenant d'inclure des documents, les pétitions se voient dotées de nouvelles fonctionnalités. Le nombre de traductions de Spip disponibles augmente, tout comme les possibilités de développement web. Enfin, Spip est désormais distribué suivant les termes de la licence GNU/GPL 3, qui protège davantage le travail des contributeurs de ce projet libre.

Spip 2.0 poursuit sur la voie des améliorations amorcée dans la version 1.9. Nous n'en donnons que quelques exemples particulièrement notables, mais Spip 2.0 en offre bien davantage. Vous pouvez en consulter la liste détaillée sur le site de Spip : http://www.spip.net/fr_article3784.html Celle-ci devra par ailleurs sans nul doute être bientôt complétée par les nouvelles fonctionnalités que la communauté ne manquera pas d'ajouter à cet outil extrêmement dynamique !

Passer à Spip 2.0

Spip a toujours évolué, mais un premier grand saut qualitatif a été effectué lors de la distribution de la version 1.8 : la partie privée a radicalement changé, tant dans l'aspect que dans l'organisation. Un autre saut qualitatif a fêté les cinq ans exactement de Spip, le 1er juillet 2006, avec l'arrivée d'un Spip 1.9, modulable et simplifié dans sa manière de réaliser les squelettes. Le fonctionnement et la gestion des fichiers du logiciel ont radicalement changé. De ce fait, le passage d'une version 1.8 vers une version 1.9 ou supérieure était différent d'une simple mise à jour. Le passage d'une version 1.9 à la version 2.0, s'il est moins problématique, requiert toutefois une certaine prudence.

Vous pouvez, si vous le désirez, procéder à une mise à jour habituelle, en déposant sur le site existant les fichiers du nouveau Spip. Toutefois, cela peut occasionner un certain mélange entre fichiers (particulièrement si vous partez d'une version 1.8), qu'il est préférable d'éviter.

Réinstaller le nouveau Spip

Sauvegarder ses données

D'abord et avant tout, comme pour tout changement important, il faut sauvegarder les informations liées à votre site.

La base de données est récupérable par le biais des menus *Configuration > Maintenance du site* puis onglet *Sauvegarder le contenu de la base*. Donnez à ce fichier un nom de votre choix, en lui ajoutant la date et la version en cours (au cas où vous en ayez plusieurs versions).

Les images et fichiers attachés sont dans le répertoire `/IMG` ou `/tmp`.

> CONSEIL **N'utilisez pas la base de données sauvegardée**
>
> Vous n'utiliserez pas la base de données. Vous la sauvegarderez et la conserverez uniquement pour le cas où, par une malchance incroyable (mais jamais impossible) vous perdriez les informations lors de la mise à jour. Ce conseil est valable quelle que soit la nouvelle version de Spip que vous installerez.

Sauvegarder le site tel quel, avant mise à jour

Téléchargez par FTP, dans un répertoire de votre ordinateur, l'intégralité de votre site tel qu'il est sur le serveur. Cela pourrait être utile pour récupérer un fichier ou son contenu, quelle qu'en soit la raison.

Vous pouvez également, en plus ou à la place de cette manipulation, déplacer les fichiers existants dans un sous-répertoire du serveur, appelé `Spip2.xxx`, du nom de la version. Si vous ne le faites pas, détruisez tous les fichiers du serveur distant.

> BONNE PRATIQUE **Tester en local avant d'installer en distant**
>
> L'idéal est de tout effacer et de tout réinstaller. Vous serez plus à l'aise si vous pouvez tester votre nouveau site localement, avec tous les changements, avant de réinstaller l'ensemble sur le serveur.

ATTENTION **Squelettes et plug-ins**

Si vous aviez des squelettes ou des fonctions personnalisées, ou des plug-ins, vous devrez ensuite les intégrer à nouveau à votre site. Il est possible que vous ayez à en installer une nouvelle version, si celle que vous aviez sauvegardée n'est pas compatible avec la nouvelle version de Spip. Lorsqu'un outil comme Spip connaît un changement de version majeure, les plug-ins doivent bien souvent être partiellement ou totalement récrits par leurs auteurs. Si le plug-in que vous utilisiez n'a pas encore été adapté à la nouvelle version de Spip, vous avez deux choix : patienter si vous pouvez vous en passer, ou repousser la migration jusqu'à ce qu'il soit disponible, s'il vous est indispensable. Pensez à consulter le site du projet (ou sa page sur spip-contrib.net) pour avoir les derniers retours d'expérience des utilisateurs sur la migration du plug-in ou du squelette vers une nouvelle version de Spip.

Installer le nouveau Spip

1 Déposer tous les fichiers de la version la plus récente téléchargée depuis le site spip.net : http://www.spip.net/fr_download.

2 Déposer vos squelettes dans le répertoire `squelettes`. Si vous désirez lui donner un autre nom, il vous faudra personnaliser l'adresse des dossiers squelettes par le biais de la variable `$dossier_squelettes`.

À savoir **Migration des squelettes**

Si vous passez d'une version 1.8 à une version 2.0, la migration des squelettes implique en particulier de reporter dans tous les fichiers concernés le fait que les couples de fichiers `php3/html` ont été supprimés pour céder la place à des fichiers `html` seuls. Vous devrez également les organiser suivant les nouveaux critères de rangement de la version 2.0. Cela ne garantit toutefois pas que vos squelettes fonctionneront sans problème. Si les squelettes ont été par ailleurs mis à jour par les auteurs du projet, il peut être utile de s'inspirer de leur travail pour corriger les erreurs que vous seriez amené à rencontrer.

3 Déposer les photos et répertoires personnels (`.jpg`, `.pdf`, etc.) dans le dossier `/IMG` sur le serveur. Ne déposez que ceux-là, les sous-dossiers ne doivent pas être transférés.

4 Renommer si besoin (migration depuis une version 1.8) les fichiers `mes_options.php3` et `mes_fonctions.php3` en supprimant le 3 à la fin et les copier dans le même dossier que précédemment.

5 Aller dans l'espace privé, la mise à jour de la base au format installé débute.

6 Vérifier sur le site que tout va bien.

En pratique **Pour une transition sans heurt pour les visiteurs et les robots**

Le couple de fichiers `.php3/.html` utilisé dans les versions antérieures à la 1.8 n'existe plus et a été remplacé par un fichier `.html`, géré automatiquement par Spip. Si vous aviez des appels personnels de cette sorte et que vous désirez migrer avant d'avoir mis vos propres fichiers en conformité avec la nouvelle grammaire Spip, il vous faut installer le fichier `.htaccess`. Celui-ci est créé à partir du fichier `htaccess.txt` de la racine de Spip.

- Remaniez ce fichier en ôtant les `#` devant les deux lignes indiquées.
- Déposez ce fichier sur le serveur à la racine de votre site.
- Renommez-le `.htaccess`.

Mettre à jour les squelettes

La disposition des fichiers

La philosophie du nouveau Spip est la disjonction du logiciel initial et des données rapportées. Parmi celles-ci, il y a d'abord les squelettes, regroupés dans un dossier à la racine du site dans lequel on met également les dossiers personnels, tels les images, les styles, etc.

Le Spip d'après 1.9 gère directement les fichiers `.html`. Il n'est donc plus besoin de fichier `.php3`, ni même `.php`, pour appeler les squelettes `.html`. Ils doivent donc être tous supprimés du dossier de squelettes. Si l'objet appelé est d'une table de Spip – rubrique, article, brève, mot, etc. –, l'URL sera, par exemple, de la forme http://monsite.ext/?rubriquexx. Il s'agit en réalité d'un raccourci de http://monsite.ext/spip.php?rubriquexx, également valide. Dans les autres cas, l'URL sera de la forme http://monsite.ext/?page=agenda (pour une page agenda, évidemment...).

Si nécessaire, créez un sous-dossier `/squelettes/lang` et déposez-y les fichiers de langue personnalisés ; `/squelettes/formulaires`. Placez-y les formulaires personnalisés ; `/IMG/icones` et n'oubliez pas d'y déposer les icônes personnalisées.

Rafraîchir les squelettes

Si vous migrez depuis une version 1.8, les opérations suivantes seront nécessaires :

- Dans vos squelettes, faites appel aux fichiers squelettes par la balise `#CHEMIN{fichier}`. Si vous utilisiez auparavant `#DOSSIER_SQUELETTE`, il vous suffit de le remplacer par `#CHEMIN`.

> **Les conseils de Spip lui-même...**
>
> Pour migrer d'une version 1.8 vers une version 1.9 (il est à noter qu'une grande part de ces conseils restent valables pour une migration de Spip 1.8 vers 2.0) :
>
> ▸ http://www.spip.net/fr_article3370.html
>
> Pour mettre à jour une version 1.9 vers une version 2.0 :
>
> ▸ http://www.spip.net/fr_article1318.html

- Le cache est géré, de manière indépendante si désiré, dans chaque squelette par la balise `#CACHE{temps en secondes}`.
- Un squelette inclus dans un autre sera appelé par `<INCLURE{fond=squelette}{critere1}{...}>`.

> ### ⫽ Rangement des fichiers de Spip
>
> Il y a une séparation claire, dans la structure de Spip, entre :
> - Les fichiers du « noyau » Spip (fichiers situés à la racine du serveur, répertoires `config`, `ecrire`, etc.).
> - Le dossier `squelettes`, qui contient vos propres squelettes et dont les sous-dossiers font partie intégrante de la personnalisation du site. Il suffit donc de conserver ce dossier pour l'utiliser avec une version ultérieure de Spip sans risque d'écrasement ou de perte.
> - Les plug-ins, qui sont stockés dans le répertoire spécifique `plugins`, à créer si nécessaire. Chacun des plug-ins reprend la hiérarchie des dossiers de Spip, de manière indépendante, comme le montre sur l'image le déroulé de `Spip-listes`, greffon qui permet l'envoi automatique des nouveautés du fichier à une liste de personnes inscrites.
> Cette structure permet de mettre à jour de façon totalement indépendante le noyau de Spip, les squelettes et les plug-ins.

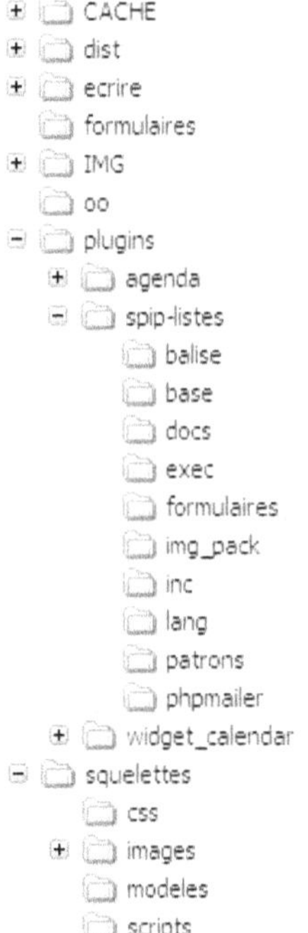

FIGURE 10-3 *La nouvelle configuration des fichiers Spip*

Quelques indications pour ceux qui voudraient tester les versions bêta de Spip

Spip est en perpétuelle évolution. Sitôt une version stable parue, une version bêta de la suivante est en préparation. Vous pouvez participer à cette ruche, même (et surtout ?) si vous n'êtes pas programmeur : dans ce cas, récupérez les versions quotidiennement mises à jour, pour aider aux tests. Non moins importants, les plug-ins et les modèles peuvent également être testés de la même manière.

Pour télécharger les tous derniers développements, suivez les instructions de cette page :

http://zone.spip.org/trac/spip-zone/wiki/CommentUtiliserSvn.

N'oubliez pas de vous inscrire à la liste de diffusion spip-zone@rezo.net (http://listes.rezo.net/mailman/listinfo/spip-zone) pour participer aux discussions et faire part de vos retours, positifs comme négatifs, sur le noyau Spip et les plug-ins officiellement hébergés par le serveur de développement.

> VERSIONS BÊTA **Une âme de kamikaze**
>
> Les versions bêta sont, par nature, instables. Il ne faut donc, à l'évidence, pas les utiliser sur un site public qui ne doit pas risquer le dysfonctionnement. En revanche, si vous travaillez en local, de telle manière que personne d'autre que vous ne s'apercevra des problèmes, et sachant que vous travaillez sur une base de données soit sauvegardée, soit peu importante, (car la véritable base de données est placée ailleurs), vous pouvez alors prendre tous les risques ! Pour le plus grand bien du développement de Spip.

En résumé

Spip, d'un petit projet personnel, est devenu une formidable aventure collective ayant abouti à une plate-forme puissante et souple, adaptable aux besoins de tous. Son développement se poursuit activement et c'est pour vous l'occasion d'embarquer dans un beau projet de logiciel libre. Il ne nous reste plus qu'à vous souhaiter bonne route !

J'ai de sérieuses raisons de croire
que la planète d'où venait
le petit prince est l'astéroïde B 612.
Cet astéroïde n'a été aperçu
qu'une fois au télescope, en 1909,
par un astronome turc.

Le Petit Prince, A. de Saint Exupéry

Histoire et fonctionnement de l'Internet

Cette annexe présente l'histoire de l'Internet en même temps que son fonctionnement : nous verrons comment les spécificités de ce médium sont apparues au fil du temps, et ce qu'elles signifient en pratique. Nous nous limiterons ici à l'histoire récente, sans faire remonter l'informatique à Platon (qui connaissait la programmation orientée objet) ni les protocoles réseau au code Morse (inventé par Samuel Morse en 1836). Malgré cela, l'histoire de l'Internet a débuté il y a bien longtemps, en tout cas beaucoup plus longtemps qu'on ne se l'imagine usuellement...

1969 : au commencement était l'Arpanet

L'histoire de l'Internet commence avec la guerre froide :

> Références **Histoire de l'Internet**
>
> Une bonne partie des informations présentées ici sont également disponibles sur :
> ▸ http://www.tuteurs.ens.fr//internet/histoire.html
> Vous pouvez aussi consulter la vénérable *Hobbes' Internet Time line* (en anglais) :
> ▸ http://www.zakon.org/robert/internet/timeline/
> On peut également se reporter à ce site, qui présente aussi bien une histoire de l'Internet que des liens vers des documents de référence (en anglais également) :
> ▸ http://www.nethistory.info
> Enfin, on pourra consulter avec profit l'article fort documenté de Wikipedia sur l'histoire de l'Internet :
> ▸ http://fr.wikipedia.org/wiki/Histoire_d'Internet

- 1968 : premières expériences de réseaux à commutation de paquets, les ancêtres de TCP/IP.
- 1969 : l'Advanced Project Research Agency (Arpa), agence d'état américaine fondée par Eisenhower en 1957 pour répondre au camouflet que constituait le lancement de Spoutnik par l'URSS, lance un appel de projets pour la connexion des ordinateurs de quatre universités et centres de recherche en Californie.
- 1er septembre 1969 : la première connexion s'ouvre entre l'université de Los Angeles et le Stanford Research Institute.

Cette période est féconde en inventions dans tous les domaines de l'informatique. À cette époque, un ordinateur coûte une fortune et remplit un demi-terrain de tennis, systèmes de sauvegarde et d'entrée-sortie compris. Seules les universités les plus fortunées et les grandes entreprises ont les moyens de s'en offrir un (et certainement pas deux).

Il existe bien des moyens de communication informatiques, mais ils sont asymétriques et sur de courtes distances : ils relient des terminaux passifs (avec clavier et écran mais sans puissance de calcul, comme un Minitel aujourd'hui) à un serveur central, qui répartit son temps de calcul entre tous les utilisateurs

Histoire **L'Internet est-il une invention des militaires ?**

On dit souvent que l'Internet est un réseau conçu pour résister à une attaque nucléaire, grâce à son organisation décentralisée. Techniquement, c'est une lubie, encore aujourd'hui (d'abord parce qu'aucun équipement électronique non militaire ne peut résister à une telle attaque). Il est vrai que l'US Air Force a commandé une étude pour ce genre de système à une équipe d'experts du domaine civil en 1962, et... a abandonné le projet. Ce n'est que six ans plus tard que l'Arpa reprend le flambeau, et recycle en travaux pratiques universitaires l'idée d'un réseau en toile d'araignée où les informations se propagent en cherchant « d'elles-mêmes » le plus court chemin. Certes, l'Arpa (devenue Darpa en 1972, avec un *D* comme *Defence*) et le département de la défense (DoD) américain travaillent main dans la main... Mais ne perdons pas de vue qu'aux États-Unis, « subventions » est un gros mot – on doit dire « contrats du département de la défense ». La réalité, c'est que si les fonds sont bien de provenance militaire (militaro-industrielle, rectifieront certains – nous sommes en pleine guerre froide), la matière grise et l'orientation du projet, elles, appartiennent au monde universitaire depuis le premier jour. L'Arpanet de 1969 ressemblait beaucoup plus à une maquette de train électrique grand format qu'à un projet ultra-secret !

(voir figure A-1). Quelques mètres de câble permettent à l'ordinateur central (situé dans la pièce voisine) de « sentir » ce que l'utilisateur tape et, inversement, de lui montrer le résultat de ses commandes (en texte, bien sûr). Ce n'est pas un véritable réseau : par exemple, on ne peut pas vraiment transférer de fichiers (ceux-ci restent à bord du gros ordinateur).

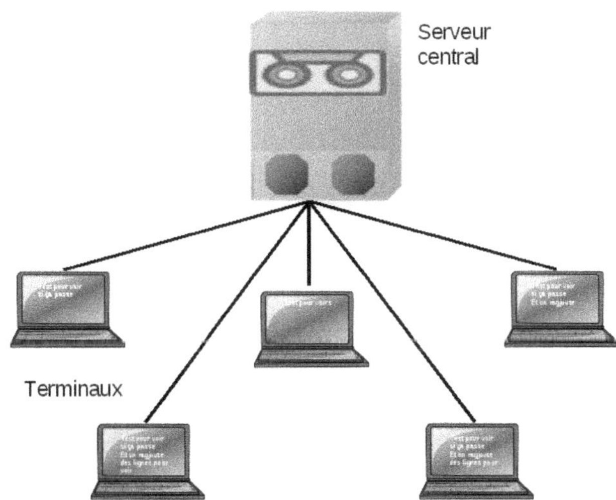

Figure 1-1 *Un système serveur central en temps partagé et ses terminaux*

Arpanet introduit le concept de réseau égalitaire : une liaison entre deux ordinateurs « libres », dont aucun ne domine l'autre, et ce, sur de grandes distances (d'une ville à l'autre en Californie) par l'intermédiaire du réseau téléphonique. Encore aujourd'hui, un modeste ordinateur portable et un superordinateur ne sont pas traités différemment quant à leur accès au réseau !

Pour permettre la transmission efficace de grandes quantités de données malgré les erreurs de transmission, on invente également la commutation de paquets : les données sont découpées en petits morceaux, lesquels sont transférés séparément. Ces deux inventions existent toujours et sont la base du fonctionnement de l'Internet moderne.

TECHNIQUE **Commutation de paquets**

La commutation de paquets est à un réseau téléphonique classique ce que l'automobile est au train (sans les questions de pollution). Lorsqu'on téléphone à quelqu'un, les autocommutateurs téléphoniques établissent un « tunnel » de données pendant tout le temps que dure la communication. On peut comparer l'acte de composer le numéro du correspondant à une locomotive, qui ouvre une voie parmi tous les aiguillages du réseau téléphonique. Les wagons (la parole des correspondants) suivent tous exactement le même chemin, jusqu'à ce que le train soit entièrement passé (le téléphone est raccroché).

Ce système garantit que la qualité de la communication reste constante, mais a l'inconvénient du coût d'infrastructure : pendant tout le temps qu'un train passe, on ne peut pas utiliser les mêmes aiguillages que lui. Au contraire, la commutation de paquets propose de couper les données en morceaux et de les installer dans des camions (on dit aussi « paquets ») autonomes qui suivront chacun un itinéraire différent, en cédant la priorité aux autres camions rencontrés en route. Certes il y aura des embouteillages – et même des accidents, mais heureusement ce ne sont que des données : si les paquets ne sont pas trop gros, on pourra affréter quelques camions supplémentaires pour retransmettre ceux qui sont perdus, plutôt que de recommencer le transfert de données du début.

Les premiers RFC : ambiance !

Les premières personnes à avoir le privilège de « jouer » avec l'Arpanet sont des chercheurs en informatique et leurs thésards des différentes universités et centres de recherche connectés. Ils s'attendent à ce que l'Arpa leur envoie une équipe d'ingénieurs spécialisés dans les télécommunications pour prendre en main le projet « sérieusement », mais le jouet est trop tentant... Alors ils tiennent des réunions dans lesquelles ils envisagent avec enthousiasme un futur grandiose, presque de la science-fiction : prendre le contrôle d'un ordinateur à plus de 200 km de distance ; interroger des bases de données automatiquement ; établir une messagerie électronique entre universités ! Ils commencent à expérimenter des améliorations sur les programmes de communication, à imaginer de nouvelles possibilités d'utilisation de ces techniques et écrivent les comptes-rendus de leurs réunions et expériences. Comme ils n'osent pas les appeler « comptes-rendus » (les ingénieurs de l'Arpa risqueraient peut-être d'en prendre ombrage ?), ils les nomment *requests for comments* (« demandes de commentaires » au sujet de ce qui s'est dit ou fait), ou RFC. Comme ils ont l'habitude de le faire dans le monde universitaire, les chercheurs publient ces comptes-rendus (plutôt que de déposer des brevets sur leurs idées par exemple) et les soumettent à l'approbation de leurs pairs, afin que ceux-ci puissent proposer leurs propres améliorations au protocole ou l'invention en question.

Non seulement ces RFC existent encore aujourd'hui (le RFC-anniversaire numéro 1 000, par exemple, relate justement l'histoire de l'Arpanet et des premiers RFC – http://www.faqs.org/rfcs/rfc1000.html), mais ils sont la seule et unique façon dont les techniques, formats de fichiers et protocoles de communication de l'Internet sont décidés. Chacun a le droit de proposer un RFC pour évaluation par l'IETF (*Internet Engineering Task Force*), une sorte de technocratie de volontaires ; après quoi l'invention suit une procédure publique (et non politique) appelée *IETF standards track* (décrite dans le RFC 2026), jusqu'à devenir un *Internet standard* qui sert de référence.

La méthode d'évaluation scientifique (débats publics et expérimentation) assure encore aujourd'hui l'avenir technique de l'Internet. Les ingénieurs de l'Arpa ne sont jamais revenus pour confisquer le jouet et le breveter – ils s'en seraient bien gardés, sachant que c'est entre les mains des chercheurs que cet outil atteindrait sa maturité !

Les RFC sont numérotés par ordre de parution. À titre d'exemple, le dernier RFC en date à la première édition de cet ouvrage était le RFC 3677 ; à la troisième édition, nous en sommes au RFC 5410 ! Ils sont tous disponibles sur **http://www.faqs.org/rfcs/**, avec index et moteur de recherche. Parmi ceux-ci, certains décrivent des protocoles de communication comme le HTTP (RFC 2616) ou des formats de fichiers comme MIME pour les pièces jointes du courrier électronique (RFC 1521). D'autres sont des traités du bien programmer (« best practices » comme le RFC 1122 à propos du principe de robustesse), des documents historiques (RFC 1000 cité ci-dessous, ou RFC 1135 sur l'histoire du premier « ver » de l'Internet – voir l'annexe C). D'autres enfin sont complètement loufoques, comme le RFC 1149, pour la transmission de paquets de données via pigeons voyageurs !

1976 : Usenet ou la jungle de l'information

Avec le succès d'Arpanet, de plus en plus d'universités américaines ont voulu s'y relier. Cela a apporté quelques difficultés techniques (vite aplanies) et, surtout, de nouveaux utilisateurs dont la plupart ne s'étaient jamais vus. Très vite, la masse critique fut atteinte pour l'établissement d'une micro-société de savants qui ne se « voyaient » souvent que par écrans interposés.

- 1976 : invention de UUCP (*Unix to Unix Copy*), système de transfert de fichiers sur un réseau dont les liens ne sont pas permanents. Les universités nouvelles venues, moins riches que leurs prédécesseurs, n'ont en effet pas les moyens de maintenir une ligne téléphonique ouverte en permanence. Le courrier électronique est né. UUCP fonctionne encore aujourd'hui !

- 1979 : première version du programme `news` qui permet d'utiliser UUCP comme un système de messagerie à plusieurs (forum de discussion).

- 1980 : premiers messages, premiers sujets de discussion aux noms tels que `mod.philosophy`, `net.tv`.

- Juin 1986 - mars 1987 : le Grand Renommage, équivalent du Déluge des forums de discussion. Le système de noms initial était mal conçu, alors on a tout changé ! Les nouveaux noms ressemblent plus à une cote de bibliothèque : `talk.philosophy`, `rec.arts.tv`… Ce nommage a toujours cours sur les news d'aujourd'hui.

L'avènement de Usenet marque la fin de la période infantile pour le réseau, qui s'intéresse à présent à d'autres choses que lui-même. Les utilisateurs de la messagerie qui deviendra plus tard « les news Usenet » (voir le chapitre 7) sont certes aguerris à l'outil informatique (ils savent se servir d'un affreux terminal texte), mais pas forcément spécialistes. De fait, il y a des sujets de discussion sur tout ce qu'on peut imaginer, pas seulement l'Internet : l'aquariophilie, les légendes urbaines, le féminisme… et les logiciels.

CULTURE **Vieux trolls**

Avec l'arrivée d'un nouveau médium de communication, il a fallu inventer de nouveaux codes… et de nouvelles façons subtiles de mettre en rage son interlocuteur. La *flamer's bible* (« bible du pyromane de la conversation », également appelé le « troll ») existe depuis 1987. Ce sport ne date donc pas d'hier, lui non plus…

CULTURE **Ça veut dire quoi exactement « Internet » ?**

Ce mot dérive du nom du protocole le plus important parmi tous ceux qui régissent la communication sur le réseau mondial : IP, pour *Internet Protocol* (protocole inter-réseaux). Face à la multiplication des nœuds sur l'Arpanet, il a fallu leur affecter une adresse (une série de chiffres) pour bien se rappeler à qui les messages étaient destinés. Pour qu'un message puisse transiter d'un lien téléphonique à l'autre (si deux universités n'étaient pas directement reliées), il devait être « empaqueté » comme à la Poste, avec une adresse d'expéditeur et de destinataire ; les nœuds intermédiaires comprenaient que le message n'était pas pour eux et le faisaient suivre.

C'est ce système qui est encore à l'œuvre aujourd'hui ! L'Internet est bien une interconnexion d'un assemblage de réseaux à la Prévert (téléphoniques, satellitaires, sur fibre optique, sur câble de réseau local Ethernet…) et les paquets circulent de proche en proche de l'un à l'autre jusqu'à leur destination, qui peut être de l'autre côté de la terre – souvent en moins d'une seconde !

Des logiciels libres sur l'Internet

Usenet facilite l'échange et la production coopérative de programmes. Le mode universitaire de partage des savoirs, qui a si bien fonctionné avec l'Internet lui-même, va donner naissance à une nouvelle sorte de logiciels : les logiciels libres, dont les auteurs choisissent volontairement de donner le libre accès à tous.

> RÉFÉRENCES **Histoire de Usenet et des logiciels libres**
>
> Archive de la liste Usenet.hist :
> ▸ http://communication.ucsd.edu/bjones/Usenet.Hist
> Histoire du projet GNU :
> ▸ http://www.gnu.org/gnu/gnu-history.html
> Histoire d'Unix (avec photos ! La page d'origine n'est plus visible, mais le site archive.org en a heureusement préservé le contenu) :
> ▸ http://web.archive.org/web/*/http://virtual.park.uga.edu/ hc/unixhistory.html

- 1975 : première distribution d'UNIXBerkeley System Distribution (projet BSD, toujours très actif aujourd'hui quoique passablement « balkanisé » : http://www.openbsd.org/, http://www.netbsd.org/, http://www.freebsd.org/). Les auteurs en sont Dennis Ritchie et Ken Thompson. Le système d'exploitation Unix est beaucoup plus simple et élégant que ses prédécesseurs (et certains de ses successeurs !), il est encore la référence du domaine aujourd'hui. Le langage C (également toujours en vogue) est inventé pour le programmer.

- 1983 : naissance du projet GNU mené par Richard Stallmann (http://www.gnu.org/), l'inventeur du terme « free software » (logiciel libre). Richard Stallmann, écœuré de voir qu'Unix est devenu la chasse gardée des industriels, décide de recommencer le même effort de zéro, en légèrement différent (« GNU is Not Unix ») et en s'assurant par le biais du droit d'auteur que son travail ne sera jamais capté par l'industrie (c'est la licence GPL). On lui doit notamment le compilateur gcc, qui fait office de référence pour programmer le système Linux et un bon nombre de consoles de jeux parmi les plus récentes.

- 5 octobre 1991 : sortie du noyau Linux version 0.02, du nom de son jeune inventeur, Linus Torvalds (http://www.linux.org/). Un système d'exploitation qui a fait son chemin, depuis le jouet pour programmeur acharné qu'il était... jusqu'à soutenir sans ciller la comparaison avec les plus gros systèmes informatiques existants (Google fonctionne sous Linux). Et ce, en reprogrammant absolument tout le cœur du système avec l'aide de milliers de contributeurs venus des quatre coins de l'Internet. Les logiciels GNU avec le noyau Linux forment aujourd'hui un système complet, libre et parfaitement utilisable (ce livre en est la preuve, contenu comme contenant – il est intégralement rédigé sous Linux).

Technique **Linux et Unix, quelle différence ?**

Unix est le nom d'une « espèce », au sens biologique du terme, de systèmes d'exploitation tous à peu près compatibles entre eux. Après une histoire juridique mouvementée (qui n'est d'ailleurs pas terminée !), le mot Unix est aujourd'hui une marque déposée, propriété d'un consortium industriel, qui décerne le label « conforme Unix » aux systèmes jugés (sur tests) compatibles avec l'Unix d'origine – un projet d'étudiants démarré à l'université de Berkeley, puis repris industriellement par la suite. Linux a été entièrement récrit à partir de rien : il n'est donc pas Unix par la filiation (aucun code d'Unix ne s'y retrouve, contrairement aux BSD qui en descendent directement), mais par noblesse (Linux est conçu dès le départ pour être compatible Unix). En d'autres termes, bien qu'on n'ait pas le droit de dire que Linux est Unix (puisque c'est une marque déposée), en pratique c'est tout comme.

Les programmes, qui forment encore aujourd'hui l'ossature de l'Internet, sont des logiciels libres et ont été développés collectivement sur Usenet. Par exemple, plus de 75 % des serveurs DNS dans le monde (voir le chapitre 3) fonctionnent grâce au logiciel libre BIND (*Berkeley Internet Name Daemon*, http://www.isc.org/products/BIND/) ; plus de la moitié des serveurs web (voir le chapitre 1 ou 2) sont Apache (http://www.apache.org/ source : http://news.netcraft.com/archives/web_server_survey.html). La « part de marché » de ces logiciels gratuits, librement diffusables et soumis à la revue internationale comme un travail de recherche, ne cesse de croître.

Il n'y a pas d'Internet sans logiciels libres (celui-ci cesse tout bonnement de fonctionner si on enlève BIND, par exemple), et pas de logiciels libres sans Internet : la plupart des projets libres sont le fruit de la coopération d'une multitude de programmeurs du monde entier qui ne se sont jamais rencontrés « en vrai » tous en même temps... Et pourtant, le soleil ne se couche jamais sur l'équipe des développeurs de Linux ! Grâce à l'Internet, le partage des connaissances, des idées et des programmes est chose facile.

1981 : le réseau devient universitaire

Au fur et à mesure que le réseau croît en taille et que le prix des ordinateurs baisse, l'accès à l'Internet se démocratise et son financement quitte la sphère d'État (américain) pour passer aux universités (également européennes). Il y restera jusqu'à 1996 environ.

- 1981 : la connectivité à l'Arpanet continue à coûter trop cher pour de nombreuses universités. Une version « simplifiée » du système voit le jour avec BITNET, qui propose des adresses de courrier électronique et des listes de diffusion aux sites qui ne sont connectés que quelques minutes par jour.
- 1982 : ouverture du réseau européen EUNet.
- 1983 : Arpanet est séparé en deux réseaux (militaire et civil). La pile de protocoles TCP/IP est opérationnelle. Le réseau est en pleine croissance et s'est diversifié : de nombreuses marques d'ordinateurs différentes parlent la même langue, celle des protocoles de l'Internet. C'est une révolution en soi !

Technique **Pile de protocoles**

C'est un assemblage de protocoles dans lequel il est nécessaire de savoir parfaitement parler l'un pour apprendre l'autre (comme il faut savoir l'allemand pour faire un commentaire de Goethe). TCP/IP est l'empilement le plus connu (il y en a d'autres au-dessus de TCP, comme HTTP, et aussi en dessous d'IP) : si IP correspond à La Poste, TCP est un vendeur par correspondance qui sait renvoyer les paquets perdus, afin qu'après un certain temps l'ensemble du meuble en kit arrive à destination, même en cas de pertes.

- 1985 : la *National Science Foundation* (NSF) propose un service de location de super-ordinateurs (enfin, pour l'époque…) et de tronçons de réseau aux universités américaines plus pauvres. Le système de financement « de proche en proche » s'instaure, il est toujours en vigueur : chacun ne paye que la connexion avec son plus proche voisin (pour un particulier, son fournisseur d'accès Internet ; pour celui-ci, le « vendeur de tuyaux », tel qu'un opérateur de télécommunication ; enfin ce dernier paye les fibres optiques qu'il faut enfouir ou les satellites qu'il faut lancer). C'est pour cette raison qu'envoyer un e-mail au Japon coûte le même prix qu'à son voisin de palier : le mode de financement de l'Internet est un extraordinaire édifice de solidarité internationale (pas tout à fait équitable, mais solidarité quand même), qui est patent sous les yeux de chacun et pourtant trop souvent méconnu.

- La croissance de l'Internet devient exponentielle. En 1984, on comptait 1 000 machines, 10 000 en 1987, 100 000 machines en 1989, 1 million en 1992… Aujourd'hui, on dénombre plus de 570 millions de serveurs associés à un nom de domaine (http://ftp.isc.org/www/survey/reports/current/ pour consulter les chiffres les plus récents à ce sujet). Le système DNS est conçu à partir de 1981 (RFC 799, 819 et 920) et mis en place en 1985 pour cartographier cette immensité. Il est encore en place aujourd'hui, à l'identique.

- Il est encore trop tôt pour parler de démocratisation de l'Internet : l'essentiel de son public est constitué d'universitaires (pas seulement informaticiens) et de quelques industriels de l'informatique, mais uniquement à des fins de recherche et développement (l'utilisation de NSFNet à des fins commerciales est interdite). En tant qu'employé ou étudiant, chaque utilisateur est hautement cultivé quant à l'usage de ce médium, et responsable de ses actes… par nécessité : se voir fermer son accès par son chef ou son directeur d'études est une redoutable forme d'ostracisme. C'est l'ère de la Netiquette, dont les règles tacites ont été transcrites en principe à cette époque, essentiellement sous forme de foires aux questions (FAQ) sur Usenet. Ceci explique sans doute pourquoi il faut attendre 1988 pour que le premier « ver » ravage l'Internet (il met hors circuit à peu près 10 % des 88 000 hôtes d'alors). S'ensuit un sursaut salutaire de préoccupation pour la sécurité informatique, qui se concrétise notamment par la création du CERT (*Computer Emergency Response Team*– http://www.cert.org/).

1991 : l'ère des infosystèmes et de la convivialité

L'Internet reste principalement un système « clavier-écran texte » qui rebute les utilisateurs peu versés dans l'art. L'arrivée des micro-ordinateurs bon marché au milieu des années 1980 change peu à peu cette vision de l'informatique. Au départ, ils sont trop peu puissants pour être raccordés à l'Internet, autrement que comme des terminaux (voir figure A-1) – mais tout de même avec le téléphone et un modem à la place d'une simple rallonge de 50 mètres. Aux États-Unis, grâce au bas prix des télécommunications locales, on peut donc accéder depuis chez soi à l'ordinateur de l'université pour lire son courrier électronique. En marge de l'Internet, c'est aussi l'ère des *Bulletin Board Services*, ou BBS, qui sont l'équivalent du Minitel un peu plus tard en France (en beaucoup moins « grand public »).

- 1991 : Gopher, l'ancêtre du Web, permet d'organiser des informations sous forme de menus texte et de naviguer de l'un à l'autre. WAIS est le premier moteur de recherche, il indexe les fichiers téléchargeables dans le monde entier.

- 1992 : naissance du World Wide Web au CERN. Il s'agit d'une toute petite évolution, non d'une révolution : en combinant l'interface graphique d'un traitement de texte ordinaire avec les moyens de communication de l'Internet, on obtient un moyen beaucoup plus simple d'explorer le réseau – il suffit de cliquer ! D'un seul coup, tout le monde comprend à quoi tout cela va bien pouvoir servir...

Internet et Web ne sont pas synonymes

L'Internet est un réseau, un assortiment d'ordinateurs reliés par des câbles. Le Web est un service, l'un des nombreux parmi ceux que peut rendre l'Internet, comme le courrier électronique, le transfert de fichiers par FTP, le chat par IRC, etc. « Surfer sur l'Internet », c'est le plus souvent se servir du Web, qui n'est techniquement que la partie émergée de l'iceberg – il ne représente même pas la majorité du trafic mondial (42 % en 2001, source : http://www.cs.columbia.edu/~hgs/internet/traffic.html).

- 1994 : le Web progresse de 384 % par an ! Apparition des navigateurs Mosaic et Netscape.
- 1997 : La société Microsoft, après avoir longtemps ignoré l'Internet, occupée qu'elle était à conquérir le monde des micro-ordinateurs (http://www.sonic.net/~undoc/catchup.htm), fait volte-face et sort Internet Explorer version 3.0.

> Culture **La guerre des navigateurs et le procès Microsoft**
>
> Incroyable ! Internet Explorer 3.0, pourtant autrement plus complexe qu'une calculatrice ou un jeu de « démineur », est livré gratuitement – et même préinstallé avec le système Windows 98 ! Comme Microsoft l'a compris, et comme de nombreux autres l'apprendront à leurs dépens lors de la bulle spéculative qui va suivre, on ne peut pas vendre sur l'Internet autrement qu'à prix coûtant, faute de quoi le concurrent (en l'occurrence Netscape Navigator) vendra moins cher. Pour un logiciel, le seul plancher de cette course est le prix unitaire de la copie (hors frais de programmation initiaux), c'est-à-dire zéro...
>
> Microsoft, qui a les moyens financiers de jouer ce jeu au contraire de Netscape, va gagner contre celui-ci la « guerre des navigateurs » avec un produit plus clinquant mais médiocre – nonobstant le procès qui lui sera intenté par plusieurs États américains de 1997 à 2002, où les plaignants argueront du fait que cette pratique s'apparente à la vente liée et au dumping.

Les « fondations » de l'Internet sont prêtes depuis 1985 (ouverture du service DNS) : les progrès de la période de 1985 à 1994 sont des évolutions plutôt que des révolutions. Elles ont trait principalement à une amélioration considérable de l'ergonomie des logiciels : tous les rêves des concepteurs des années 1970 se réalisent peu à peu. L'Internet devient un réseau pour tout le monde.

1995 : l'Internet pour tous et la bulle spéculative

Combinées avec la baisse des prix des ordinateurs personnels et des communications téléphoniques, les améliorations d'ergonomie de la période précédente démocratisent l'accès au réseau. À cette étape de l'histoire, la population universitaire n'est déjà plus qu'une minorité parmi les utilisateurs... Et l'Internet, désormais perçu comme un « mass market » vierge et un eldorado technologique, attire les investisseurs de toute sorte.

- 1995 : à cause du nombre considérable de demandes, qui provoque l'explosion des bases de données DNS (voir le chapitre 3), l'enregistrement de noms de domaine n'est plus gratuit. C'est le début invisible de la bulle spéculative de l'Internet.

- 1996 : le gouvernement des États-Unis abandonne son procès contre Philip Zimmermann, auteur de PGP (logiciel de chiffrement du courrier électronique – voir l'annexe C). La cryptographie, l'un des piliers de la sécurité informatique, est désormais légalement tolérée – ce qui lève le principal obstacle théorique au développement du commerce électronique. En 1998, la France, suivie par les États-Unis en 2000, lèvent leurs restrictions sur l'usage et l'exportation de logiciels cryptographiques.

Internet, intranet, extranet

Les mots « intranet » et « extranet » ont été inventés de toutes pièces par les technologues arrivistes vexés de ne pas avoir compris ce qu'était l'Internet alors qu'il était encore temps (c'est-à-dire avant qu'il passe au 20 heures). On peut le repérer au fait que ce sont des mots qui parlent... du Web (voir plus haut l'encadré Internet et Web ne sont pas synonymes).

- Un intranet est un système d'information utilisant les techniques de l'Internet (un site web et une messagerie électronique), mais « en miniature » car installé sur un réseau local (au maximum de la taille d'un immeuble). Jusqu'en 1995, les réseaux locaux ont fonctionné à l'aide de protocoles techniques médiocres et incompatibles entre eux, lesquels ont été supplantés par TCP/IP bien qu'il n'ait jamais été prévu pour !

- Un extranet est simplement la possibilité de consulter l'intranet de son association ou entreprise depuis n'importe où dans le monde, en employant des techniques cryptographiques pour pouvoir le faire en toute sécurité.

- 1999 : à cause de nombreux vices de sécurité dans les logiciels Microsoft, les virus de courrier électronique ILOVEYOU et Melissa ravagent de nombreux ordinateurs individuels ou professionnels sans distinction. D'autres virus et vers de plus en plus délétères s'ensuivront – et ce n'est pas prêt d'être terminé !

- Octobre 1999 : le système de « protection contre la copie » des DVD (en réalité, c'est une protection contre la possibilité de les lire sous Linux) est cassé. Malgré le *Digital Millenium Copyright Act* (DMCA), loi passée aux États-Unis en 1998 pour empêcher la diffusion d'informations sur les systèmes anti-copie, l'algorithme de décodage fait le tour de l'Internet. L'auteur, un Norvégien nommé John Johansen, est attaqué en justice par la puissante *Motion Pictures Association of America* (MPAA) et ne gagnera son procès en appel qu'en décembre 2003 !

- Octobre 2000 : krach du NASDAQ, dont l'indice perd 10 % en une journée et 35 % en un mois. Dans la Silicon Valley, on voit des programmeurs licenciés se promener dans la rue avec un écriteau disant « Je veux bien coder du HTML en échange d'un repas »...

- L' Internet français se porte bien et atteint 7 millions d'abonnés en 2001 (http://www.journaldunet.com/cc/01_internautes/ inter_abonne_fr.shtml). Le 1er juillet 2001, Spip 1.0 est officiellement lancé.

- Fin 2002, 580 millions de personnes, soit un peu plus de 9 % de la population mondiale, sont reliées par la Toile.

- Le 20 juin 2003 est créée la fondation Wikimedia pour gérer et financer Wikipedia, encyclopédie libre en ligne.

- 2004 : le moteur de recherche Google, start-up en 1998, entre en bourse.

- 2005 : les blogs, qui existent depuis quinze ans, connaissent un essor considérable et le marché de leur hébergement se développe.

- 2006 : passage au Web 2.0, mise en exergue du Web comme support de réseaux, transfert rapide et automatique d'informations, notamment grâce aux techniques simplifiées telles que XHTML et CSS, et la syndication, comme RSS ou Atom.

- 2007 : le milliard d'internautes est dépassé. La fréquentation explose sur les sites de réseaux sociaux (Facebook, MySpace, Twitter), de partage de signets (del.icio.us) et de contenus (vidéos sur YouTube, liens sur digg, etc.).

- 2008 : Internet joue un rôle de premier plan dans la stratégie de campagne électorale de Barack Obama aux États-Unis. En France, la sphère du Web est secouée par l'affaire fuzz.fr (voir http://www.maitre-eolas.fr/?q=fuzz pour une analyse détaillée et en langage profane des décisions rendues par la justice).

CULTURE **Grandeur et décadence des dot-coms**

À partir de 1998, l'effervescence des « milieux bien informés » bat son plein : tout un chacun découvre l'Internet à la télévision, dans les journaux ou plus rarement de visu. Et cette nouveauté fascine... Au point de convaincre de jeunes ingénieurs fraîchement émoulus de leur école de devenir chefs d'entreprise, et des investisseurs et capital-risqueurs à leur faire confiance sur la seule foi d'un projet de site web ! C'est l'époque du « first tuesday » à Paris, la grand-messe de la soi-disant net-économie, où investisseurs entre deux âges et jeunes « entreprenautes » se rencontrent et se recherchent le premier mardi de chaque mois. Et l'argent change vite de mains : il faut être le premier à investir si on veut être le premier à récolter !

Or il faut savoir que l'Internet est un endroit dangereux, même pour une entreprise commerciale « classique », parce que les lois de la concurrence s'y appliquent pour de vrai : on peut utiliser les forums publics pour se renseigner sur les différentes offres en concurrence, ou lire les commentaires des autres clients qui ont déjà acheté... et donc se faire une opinion objective, indépendante des millions versés dans les campagnes de marketing. Mais il y a pire : comment espérer bâtir en quelques mois des empires industriels ou commerciaux comparables aux chaînes de supermarchés ou de librairies « traditionnelles » avec qui on sera fatalement en concurrence directe, alors que les dirigeants de ces entreprises « point-com », sans doute compétents techniquement, ne connaissent pratiquement rien au métier de chef d'entreprise ?

Après des envolées philosophico-marketiques délirantes dans les médias, et des introductions en Bourse astronomiques pour des entreprises dont les pertes ne le sont pas moins, l'aiguille qui va percer cette bulle spéculative s'appelle boo.com. C'est un tailleur en ligne, qui a lancé sa campagne de publicité dans la presse écrite... Pas moins de quatre mois avant que le site fonctionne ! Le Roi ne put jamais commander ses habits neufs en ligne... Le krach boursier qui s'ensuivit provoqua une mini-crise de tout le secteur informatique (causé par le chômage et le tarissement des sources de financement). Un scénario classique au demeurant, qui était aussi celui de la folie des tulipes en Hollande au XVIIe siècle.

Et demain ?

Sans recourir à une boule de cristal, il est possible de deviner les évolutions suivantes à moyen terme (c'est-à-dire deux ou trois ans, à l'échelle de l'Internet...) :

- L'augmentation du débit des accès à l'Internet se poursuit par l'intermédiaire de l'ADSL, dont le prix va continuer à baisser : de plus en plus de foyers disposent d'un accès rapide et permanent à l'Internet (17,8 millions mi-2008, selon le Journal du Net : http://www.journaldunet.com/cc/01_internautes/inter_abonne_fr.shtml), ce qui permet à autant de citoyens de proposer leur propre serveur pour un prix modique. Les connexions sans fil se développent également et représentent aujourd'hui une voie d'expérimentation prometteuse pour les zones rurales où les infrastructures ADSL manquent (http://www.businessmobile.fr/actualites/services/0,39044303,39366839,00.htm). Tout ceci ouvre des portes, par exemple dans le domaine du télé-travail ou de la formation à distance.

- De grandes manœuvres politiques et juridiques sont en cours, et la guerre entre les grands de ce monde et les internautes est d'ores et déjà déclarée, principalement sur les fronts du piratage de la musique et des films d'une part (va-t-on harceler juridiquement chaque adolescent du pays parce qu'il télécharge illégalement des musiques, comme la *Recording Industry Association of America* le fait en ce moment ? http://www.eff.org/IP/P2P/), et de la liberté de « presse web » d'autre part, particulièrement en France. Le débat sur la loi DADVSI (http://www.eucd.info) en France aura démontré jusqu'où l'industrie musicale était prête à aller pour protéger ses intérêts, et le débat reste aujourd'hui entièrement d'actualité avec la loi HADOPI (http://www.laquadrature.net/). Mais la victoire reviendra inévitablement aux internautes : un pays qui bride son Internet ou une multinationale qui s'y improvise gardien de la Loi ne peut qu'en retarder le développement, certainement pas empêcher l'information même séditieuse de circuler par-delà les frontières – comme le montre l'histoire du logiciel DeCSS de déchiffrement des DVD (http://www.eff.org/IP/Video/). Cependant, cette victoire ne sera probablement conquise qu'au prix de lourdes pertes, qui ne seront pas toutes virtuelles : des adolescents parfaitement aimables se retrouvent d'ores et déjà en prison pour avoir transgressé des lois d'un pays qui n'est pas le leur, et dont les politiques qui les ont promulguées ne comprennent pas le sens (comme Dimitri Sklyarov, heureusement relâché depuis – dossier complet sur http:// www.eff.org/IP/DMCA/US_v_Elcomsoft/).

- D'autres combats d'arrière-garde de cette guerre, dont l'issue est non moins certaine, concernent les attaques dont le logiciel libre fait l'objet (comme la tentative de l'entreprise SCO de s'approprier le code de Linux parce qu'elle n'a plus guère d'idées pour rester compétitive – http://catb.org/~esr/hackerlore/sco-vs-ibm.html, des critiques répétées de Microsoft, ou encore de l'affaire des brevets logiciels, http:/ /www.nosoftwarepatents.com/). Au pire, si l'Occident rejette les logiciels libres, alors ceux-ci se passeront d'Occident, tout simplement – le réseau va partout, de l'Inde au Japon en passant par le Brésil, et ces pays produisent des informaticiens non moins compétents que les nôtres... Ainsi, la Chine possède déjà plusieurs distributions Linux « maison », dont la désormais célèbre Red Flag (http://www.redflag-linux.com/ eindex.html). Pour bon nombre de pays émergents (citons par exemple le Viêt Nam : http://english.vietnamnet.vn/tech/2009/01/ 822425/), le logiciel libre représente non seulement une alternative essentielle face aux logiciels propriétaires, mais aussi un terreau fertile pour le développement économique.

- Les concepteurs de l'Arpanet n'avaient pas envisagé une croissance aussi florissante, et le manque d'adresses IP va se faire sentir : il n'y a pas assez de « numéros de téléphone » pour tout le monde. Heureusement, la solution existe déjà, elle s'appelle IPv6 (http:// www.fr.ipv6tf.org/). Elle est même compatible avec IPv4 : chacun peut (en théorie) choisir quand il « passe à IPv6 », sans avoir besoin d'attendre quelque chose ou quelqu'un. Alors... pourquoi ne pas entrer tout de suite dans le futur ?

Et certains thèmes sont loin d'être résolus :

- La confidentialité et la protection des informations personnelles sont un autre point d'achoppement entre les citoyens d'une part, et les entreprises et les États d'autre part. Sous couvert de sécurité nationale et d'anti-terrorisme, depuis les attentats contre les tours jumelles de New York en 2001, les contrôles connus ou à l'insu des internautes se renforcent. Des pays comme la Chine bloquent les accès mondiaux à ses ressortissants : la polémique a fait grand bruit lors des Jeux Olympiques de Pékin en août 2008, quand les journalistes étrangers venus couvrir l'événement ont constaté le blocage de certains sites dits « sensibles », blocage auquel le CIO avait lui-même donné son aval.

- L'accès des citoyens des pays pauvres au monde et au savoir mondial via Internet est l'enjeu le plus important et prometteur des années à venir. Il est possible à peu de frais de permettre des accès Internet, en langue locale, y compris pour les analphabètes. L'utilisation de matière grise locale pour des visions internationales est un des plus grands espoirs de développements indépendants et nouveaux de pays jusqu'ici exploités pour leurs matières premières.

> Perline et Thierry Noisette, *La Bataille du logiciel libre*,
> La Découverte, Paris, 2e édition, avril 2006.
> ▸ http://labatailledulogiciellibre.info/

En résumé...

L'Internet, le fait n'est guère connu, est un projet relativement ancien ! Loin des considérations mercantiles (le réseau avait déjà presque 30 ans lorsque Microsoft est entré dans la danse !), il a grandi dans le giron de l'Université, où il a acquis le goût du débat ouvert, de la liberté et de l'accès pour tous, pour, à sa maturité, ouvrir au public tout entier la voie vers un « nouveau monde ». Comme le tissu associatif d'une nation, l'Internet met en pratique chaque jour ces principes qui lui sont chers, sans que ses plus grandes richesses ne soient les plus visibles pour autant. Comme les tissus associatifs encore, l'Internet est avant tout l'œuvre de ses citoyens – un réseau que personne ne dirige, mais qui, non seulement, fonctionne très bien tout seul, mais encore est même indispensable pour rendre le monde meilleur !

 Qui gouverne l'Internet ?

Personne – aussi incroyable que cela puisse paraître ! L'Internet en effet, dans sa conception comme dans sa structure réelle, s'apparente beaucoup plus à une mise en commun coopérative de réseaux (comme les Nations Unies idéales) qu'à un État. Cette vision, évidemment due aux fondateurs qui souhaitaient créer un espace de libertés, perdure pour des raisons techniques : la liberté de l'Internet est une nécessité.

Cette thèse mérite explication. Examinons les « fonctions régaliennes » de l'Internet et voyons comment elles sont gérées. La question de territorialité est similaire au cas des Nations Unies, puisque chaque nouvel Internaute ou organisation amène son propre pan de territoire avec lui sous la forme de son ou ses ordinateurs. Pour ce qui est du « monopole de la violence », l'Internet est... une anarchie, au sens péjoratif du mot – comme les Nations Unies à nouveau, diront les mauvaises langues ! La gouvernance technique (décrite à la section Les premiers RFC : ambiance ! de cette annexe), elle, existe bel et bien mais sous la forme d'une technocratie impersonnelle parfaite, puisque les seuls choix possibles sont ceux qui sont techniquement les meilleurs – par nécessité, tout simplement, sinon avec pareille quantité d'ordinateurs rien ne fonctionnerait du tout. Toujours pour des raisons exclusivement techniques, il faut déléguer les pouvoirs au maximum : tout centre de pouvoir est une faiblesse technique, parce que si l'ordinateur qui l'héberge tombe en panne, le réseau qui en dépend cesse de fonctionner. C'est pour cela que rien n'oblige par exemple les logiciels serveurs DNS, web et e-mail d'une association à résider sur le même ordinateur, et nous avons vu au chapitre 3 que ce détail technique se traduit par une « liberté fondamentale » de l'Internet : celle de ne pas être obligé de confier les clés de son nom de domaine à son hébergeur.

À propos de noms de domaine, il existe malheureusement une ombre à ce tableau. C'est la fonction régalienne d'attribution de l'identité, qui est réservée à un groupe restreint quoiqu'en concurrence (les registraires Internic, et les opérateurs des bases DNS correspondantes – voir le chapitre 3). La gestion des GTLDs du DNS est à juste titre la partie la plus controversée du « contrat social » de l'Internet. Heureusement, il existe des « pavillons de complaisance » comme **eu.org** qui permettent à chacun de déclarer son indépendance !

J'ai de sérieuses raisons de croire
que la planète d'où venait
le petit prince est l'astéroïde B 612.
Cet astéroïde n'a été aperçu
qu'une fois au télescope, en 1909,
par un astronome turc.

Le Petit Prince, A. de Saint Exupéry

J'ai montré mon chef d'œuvre aux
grandes personnes et je leur ai demandé
si mon dessin leur faisait peur.
Elles m'ont répondu :
" Pourquoi un chapeau ferait il peur ? "
Mon dessin ne représentait pas un chapeau.
Il représentait un serpent boa qui
digérait un éléphant.

Le Petit Prince, A. de Saint Exupéry

Réaliser un beau logo

Le logotype, désigné plus couramment par logo, est un message (du grec, *logos*) fixé dans un modèle (*typos*) sous forme de dessin, de texte ou d'une association des deux. Le logo, par sa simplicité et son originalité, permet d'identifier de manière immédiate un projet ou une idée. La création d'un site web peut être l'occasion d'exploiter le potentiel expressif et poétique du logo, ou même d'en réaliser un.

Le logo est un signe composite qui combine plusieurs registres d'évocation, pas nécessairement tous impliqués en même temps :

- Un mot, un sigle ou un groupe de mots qui vous identifient selon une typographie spécifique. Le texte devient ainsi, en quelque sorte, une image.
- Un emblème constitué de figures élémentaires qui s'organisent pour identifier le site.
- Un environnement, un contexte. Le logo s'inscrit toujours dans un support matériel ; le contexte ainsi constitué comprend toutes les formes de discours qui sont produites avec le logo (imprimé, site web, affiche). Le logo est donc exploité dans un certain contexte dicté par la stratégie de communication liée au site (notamment la charte graphique).
- Enfin, de manière facultative, une devise de l'organisation. Mais la devise est souvent implicitement déduite du logo lui-même.

Réaliser son logo

Réaliser un logo quand on n'a pas reçu une vraie formation de graphiste ne va pas de soi. On ne le répétera jamais assez : la phase de conceptualisation est primordiale ! Ensuite, pour la réalisation du dessin, on peut tirer parti d'outils très bien faits et gratuits sur le Web.

Un site, un logo

Dans une première étape, on prendra soin de rassembler tout ce qui constitue la personnalité du site et de l'organisation qui en est à l'origine : son nom, son projet, l'histoire du nom ou du sigle, les couleurs associées. On s'attachera à mettre en évidence les idées principales à communiquer au travers du logo par une séance de réflexion ou *brainstorming* à plusieurs.

Ensuite, il revient au webmestre de réaliser plusieurs modèles en tenant compte du travail de recherche préparatoire. Il commencera par projeter sur feuille des modèles avec éventuellement l'aide de quelques membres de l'association. Cette phase peut être très longue, mais elle s'en trouvera facilitée si la réunion préparatoire a permis de définir avec précision des axes forts.

Tableau B–1 Questionnaire pour définir le contenu du logo

Questions	Exemple de réponse pour une association fictive de protection de la loutre d'Europe
Définissez l'objet du site.	Il a pour objet d'assurer la protection des loutres de rivières en France et de sensibiliser le public à la sauvegarde de la loutre.
Dans la définition que vous venez de rédiger, citez au plus quatre mots-clés.	Protection, sensibilisation, loutre, public.
Quels sont les mots (adjectifs, verbes) qui correspondent le mieux au projet de votre site ?	Protection, attentif, sympathique, ludique.
D'après vous, quelles sont les couleurs qui connotent le mieux ce projet ?	Le vert (la nature, l'environnement et l'espoir) et le brun (couleur du pelage de la loutre).

CONSEIL **Un logo accessible**

Dans un site qui prétend être accessible (aux personnes souffrant d'un handicap visuel en particulier), le logo peut paraître superflu. Ne boudons pas notre plaisir si nous tenons vraiment à insérer un logotype dans notre site web, mais n'oublions pas d'utiliser la balise `Alt` en HTML pour le décrire. Si l'image-logo comprend un texte, il faut le transcrire dans cette même balise (voir l'exemple donné à la figure B-1).

FIGURE B–1 *Le code conforme du logo est <img src="/IMG/siteon0.png" width="358" height="94" alt="OpenWeb, pour les standards du Web" />.*

La phase des croquis

Les impératifs de la communication marchande joints à un phénomène de mode ont imposé un style de logo privilégiant l'économie d'expression, l'universalité, au risque de la banalisation. Mais rien n'oblige à suivre cette voie : on peut se servir des règles fondamentales de la communication comme garde-fou et laisser libre cours à son imagination. La créativité en la matière a encore de beaux jours devant elle.

En matière de logo, chaque détail a son importance parce qu'il est signifiant :

- **Les couleurs** : dans le chapitre 4, nous avons commenté l'usage et la signification des principales couleurs. Si le site porte le projet d'un pays particulier, le logo peut reprendre les couleurs de son drapeau.
- **Les polices de caractères** : comme nous l'avons vu également au chapitre 4, on peut utiliser une police de caractères originale pour le logo et un titre principal. Cette possibilité d'enrichissement est exploitée dans un certain nombre de logos, qui peut donner à elle seule une connotation désuète ou moderne, raffinée, ludique, etc.
- **L'orientation** : le fait que le logo soit orienté vers la gauche, la droite, le haut ou le bas n'est pas anodin. Si l'on veut, par exemple, mettre en évidence que son projet associatif tient compte du passé et prépare l'avenir, on pourra orienter simultanément le logo à gauche et à droite. Un site consacré à l'alpinisme pourra jouer sur la verticalité, etc.
- **Les formes géométriques** : le carré symbolise l'ordre, la matière, le fini, alors que le cercle est le symbole de l'infini, de la plénitude, du mystère.
- **Les dessins sous une forme schématique** sont porteurs d'idées : une colombe est symbole de paix, une fleur, un arbre ou un animal font intuitivement penser à la nature, le cœur est symbole de l'amour et de la vie, etc. Il est même possible d'utiliser un dessin qui fasse penser simultanément à plusieurs objets (par exemple, un cœur et une fenêtre pour une association d'aide aux malades cardiaques).

Le projet de logo rapporté ci-avant pour ladite association de protection de la loutre peut donner lieu à bien des applications. Le tableau ci-après décline différents types de logos possibles d'après les résultats de la réflexion collective.

Tableau B–2 Différents exemples de logos pour un même projet

Type de logo	Description et Croquis correspondant
Le logo sigle	Le sigle de l'association est porteur de tout le sens.  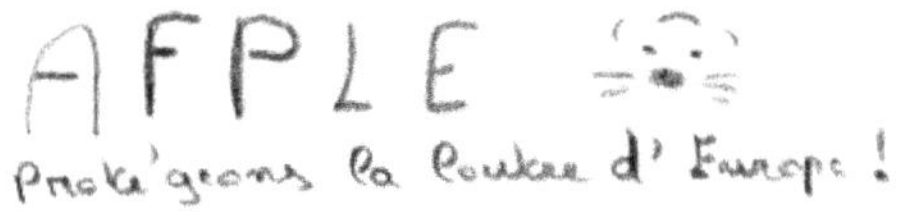
Le logo sigle-image	Le sigle de l'image prend vie. On le transforme pour le faire ressembler à la loutre. 
Le logo image	Une loutre stylisée. 

TABLEAU B-2 **Différents exemples de logos pour un même projet**

Type de logo	Description et Croquis correspondant
Le logo image et texte	Le logo associe la loutre image et le texte.

> ASTUCE **Création de logos avec Gimp**
>
> Le logiciel Gimp propose une fonctionnalité très intéressante de création de logos à base de texte seul. Les scripts de création de logo gèrent automatiquement toutes les couches nécessaires pour réaliser des ombres, des éclairages particuliers, des effets lumineux, des reflets... Vous pouvez choisir les polices de caractères, les couleurs, et ainsi de suite. C'est une fonctionnalité qui peut donner des résultats intéressants, mais un bémol toutefois : elle ne gère que la mise en forme du texte.

Dessiner le logo sur l'ordinateur

Une fois le type de logo choisi, il faut le dessiner à l'aide de l'ordinateur, autrement dit, il faut numériser le logo afin de pouvoir l'imprimer, l'incorporer dans un document ou le site web. Les techniques de numérisation du logo sont effectuées avec un logiciel de dessin pour tout ou partie du travail selon le logo, mais aussi en fonction des préférences et de l'habileté du graphiste.

- Réalisation du dessin sur papier, numérisation au moyen d'un scanner, modification et rectification à l'aide d'un logiciel de dessin.

- Utilisation d'une tablette graphique pour réaliser son dessin directement au format numérique. On trouve aujourd'hui des tablettes gra-

 Dessin vectoriel et dessin bitmap

Ces deux types de logiciel de dessin se distinguent par la façon dont ils mémorisent les données, laquelle a une incidence directe sur les opérations de dessin possibles. Un logiciel de dessin vectoriel, comme Inkscape ou Adobe Illustrator, considère le dessin comme un ensemble de formes simples (cercles, carrés, polygones, courbes, lettres...) dont il mémorise les propriétés mathématiques (dimensions, position, couleurs). Au contraire, dans un logiciel bitmap, comme Gimp ou Adobe Photoshop, l'image prend l'aspect d'une juxtaposition d'un grand nombre de points (pixels), qui donne l'illusion de la continuité comme dans un tableau pointilliste.

À première vue, ce second format est plus puissant parce qu'il permet des gammes de nuances plus grandes (effets d'aérographe, de distorsions, de pinceau, de flou, etc.). Cependant, les logiciels de dessin vectoriels modernes cités précédemment disposent d'effets puissants, très suffisants pour un logo, alors qu'un dessin bitmap ne peut pas être zoomé au-delà de l'échelle de ses pixels : faute de quoi, on voit les « escaliers » (voir figure B-2) ! Au contraire, pour grossir une image vectorielle, il suffit de multiplier mathématiquement toutes les tailles et l'ordinateur recalcule aussitôt un dessin de même qualité que l'original.

Notons enfin que la plupart des logiciels de dessin vectoriel permettent d'insérer une image bitmap au sein de la composition vectorielle.

phiques à des coûts tout à fait raisonnables (à partir d'une cinquantaine d'euros pour une tablette graphique A6 de très bonne qualité).

- Réalisation du dessin directement grâce à un logiciel de dessin. Pour des formes géométriques, cette solution est très pratique.

Le graphiste peut opter pour un logiciel de dessin bitmap ou vectoriel. Cependant, pour la réalisation, mieux vaut privilégier le dessin vectoriel car le rendu visuel sera bien meilleur, à l'écran comme à l'impression.

FIGURE B-2 *Si l'on agrandit un dessin bitmap, on voit des escaliers : ce sont les pixels du dessin.*

Par rapport au bitmap, le vectoriel présente certains autres avantages : ainsi le poids des fichiers sera-t-il moindre ; on pourra aussi procéder à des agrandissements importants sans différence de rendu (pixellisation) contrairement à ce que l'on peut observer sur une image bitmap. En revanche, on ne peut pas réaliser une photo en mode vectoriel, mais il est possible d'intégrer des images bitmap dans une composition vectorielle. Il est vrai que l'usage d'une photo dans un logo n'est pas courant ! En pratique, l'aspect lissé d'une composition vectorielle est bien plus un avantage qu'une contrainte pour un logo.

Qui plus est, même si vous maîtrisez mieux votre outil de dessin bitmap ou si vous souhaitez travailler à partir d'un dessin enregistré antérieurement dans ce format, sachez qu'il est encore possible de passer au vectoriel en utilisant un outil qui transforme le bitmap en vectoriel, comme Corel-Trace, Adobe Illustrator ou encore les logiciels libres Autotrace (qui fonctionne aussi bien sous Linux que sous MS-Windows (voir http://autotrace.sourceforge.net/) et potrace (qui fonctionne en ligne de commande sous Linux, MS-Windows et Mac ; voir http://potrace.sourceforge.net/).

Le tableau ci-après présente les principaux logiciels de dessin vectoriel.

TABLEAU B-3 **Comparaison des logiciels de dessin vectoriel**

Nom	Prix	Plate-forme	Qualité
Adobe Illustrator http://www.adobe.com/fr/ products/illustrator/ index.html	Cher	MS-Windows et Mac	Très bon rendu
CorelDraw http://www.corel.com/ser-vlet/Satellite/fr/fr/Product/ 1150981051301	Cher	MS-Windows et Mac	Très bien conçu
Openoffice Draw http://fr.openoffice.org/ Documentation/How-to/ indexht-impress.html	Logiciel libre	Linux, MS-Windows et Mac	Bon, usage facile, permet aussi de faire de la PAO
Skencil http://www.skencil.org/	Logiciel libre	Linux	Très bon rendu, mais un peu déroutant au début

Tableau B–3 **Comparaison des logiciels de dessin vectoriel (suite)**

Nom	Prix	Plate-forme	Qualité
Inkscape http://www.inkscape.org/	Logiciel libre	Linux, MS- Windows et Mac	Puissant et assez simple à utiliser
Xfig http://www.xfig.org/	Logiciel libre	Linux, Mac	Bon logiciel vectoriel
DrawPlus http://www.freeserif-software.com/software/DrawPlus/default.asp	10 $	MS Windows	Bon logiciel vectoriel
Mayura http://www.mayura.com	Partagiciel (30 jours d'évaluation puis 39 $ d'enre-gistrement)	MS-Windows	Bon logiciel vectoriel

Se lancer dans le dessin bitmap ou vectoriel ne va pas, pour le moins, sans un certain apprentissage (et mieux vaut posséder quelque talent artistique !). On peut commencer à s'exercer pas à pas en suivant les documentations en ligne des logiciels de dessin. Le site LinuxGraphic (http://www.linuxgraphic.org/section2d/) présente également des cours très bien faits sur la conception graphique.

Figure B–3 *Logo de loutre réalisé avec les logiciels libres Skencil et Autotrace*

Décliner le logo

Le logo doit être pensé en fonction de son exploitation dans un certain contexte. Dans le cadre d'un site web, il se trouve souvent à un endroit fixe de la page (par exemple, le coin supérieur gauche, de sorte qu'on le voit sans avoir à faire défiler la fenêtre). Certains webmestres, attentifs à l'ergonomie du site, proposent de revenir à la page d'accueil en cliquant sur le logo, qui est affiché en permanence quelle que soit la page où l'on se trouve. Ainsi, le logo retrouve sa fonction première : il prend valeur de porte d'accueil.

Le logo peut ensuite être décliné selon la stratégie de communication en ajoutant, par exemple, un texte pour un événement particulier, ou bien en adaptant ses coloris et ses formes à l'impression sur papier, en l'imprimant en relief sur les cartes de visite, en le déclinant selon différents registres (parodie, etc.). On peut également l'enrichir ou mettre en valeur un de ses éléments dans une petite animation Flash.

Examples **Expliquer, compléter et décliner un logo**

Le site de l'association Déclic présente une petite animation Flash qui renforce la signification du logo : elle traduit le rôle que joue l'association en termes de communication, d'alerte, de sensibilisation.

▸ http://www.declicsolidarite.org

La charte du site de la paroisse Saint-Germain-des-Prés présente une déclinaison importante de logos adaptés à différents supports et divers moments de son cycle de vie.

▸ http://www.eglise-sgp.org/Webmaster/charte/index.html

Des modèles de logo

En sus du travail collaboratif de conceptualisation, une étape de navigation sur le Web s'impose. Les différents logos proposés ci-après sont tous riches de sens et ont requis un travail de conceptualisation élaboré. Bien sûr, il ne saurait être question de plagier ces logos, car chaque exemple correspond exactement à l'image originale du projet.

- Le logo de l'association Rivages – association franco-japonaise d'échanges culturels – est simple et est composé de deux parties : d'une part, le nom de l'association, écrit dans une police qui évoque la calligraphie orientale et, d'autre part, un idéogramme. L'idée de « rivage » est exprimée uniquement dans les deux types de caractères utilisés (occidentaux et orientaux).

FIGURE B-4 *Logo de l'association Rivages*

- L'association Orée – qui offre des outils aux entreprises et organismes souhaitant mener une démarche de protection de l'environnement et de sensibilisation à l'environnement – aborde de manière un peu différente le terme de la frontière. Le graphiste a joué sur le symbolisme du dessin et sur les couleurs. L'orée du bois est à la lisière de la forêt et du monde habité. C'est cette idée qui est mise en valeur par l'imbrication d'un arbre stylisé en vert dans un engrenage (symbole du travail, de l'effort, de l'entreprise) en orange (couleur dynamique et chaude). Le message est limpide : l'entreprise soucieuse de développement durable tient compte de la nature.

FIGURE B-5 *Logo de l'association Orée*

- L'association Action Dolpo développe des projets dans l'Himalaya népalais. Son logo comporte les trois idées centrales du projet : l'amitié, représentée par deux personnages stylisés qui se tiennent la main, l'Himalaya, avec le dessin d'une chaîne de montagnes, et le graphisme du logo qui évoque le Népal.

Figure B-6 *Logo d'Action Dolpo*

- L'association française de pédiatrie ambulatoire (www.afpa.org) a conçu un très joli logo sur son sigle : Afpa. La police de caractères évoque l'enfance, chaque lettre est surmontée d'une petite boule colorée qui peut représenter un pas (pas de l'enfant qui se remet à marcher ou, dans un sens abstrait, le pas de la science).

Figure B-7 *Logo de l'Association française de pédiatrie ambulatoire*

- Il existe un homonyme de l'Afpa sur le Web : c'est l'Association nationale pour la formation professionnelle des adultes (www.afpa.fr). La comparaison des deux sigles est instructive. Avec un sigle identique, on a rendu une idée tout à fait différente : le vert évoque manifestement la confiance et l'espoir ; cet aspect positif et dynamique est renforcé par la flèche stylisée sous le sigle. Notons que la flèche s'oriente en bonne et due forme de la gauche vers la droite. Les trois branches de la flèche et les trois boucles du sigle représentent les trois acteurs concernés par le projet associatif : les particuliers, l'entreprise, les partenaires.

Figure B-8 *Logo de l'Association française pour la formation professionnelle*

- Le pégase (cheval ailé) est l'emblème idéal pour l'Association Allège : association pour la légèreté en équitation. Le bleu et le blanc évoquent également l'idée de pureté, de légèreté, au risque d'oublier le travail considérable des sportifs pour arriver à obtenir du cheval une telle impression de virtuosité.

FIGURE B-9 *Logo de l'Association pour la légèreté en équitation*

- Le logo de l'Association culturelle et artistique Falzart est à lui tout seul une petite œuvre artistique. Il est autoréférant puisqu'il montre, par un dessin travaillé, des personnages en train de dessiner le bâtiment et le nom de l'association. Le fait même que l'on hésite entre un tag ou un vrai dessin artistique est porteur de sens : Falzart se donne l'image d'une association jeune, qui veut mettre l'art dans les mains de tout un chacun, mais le résultat doit être véritablement artistique.

FIGURE B-10 *Logo de l'Association culturelle et artistique Falzart*

- Le logo de l'Association des Maires de France, simple et limpide quant à son contenu, exploite plusieurs symboles chargés de sens : l'écharpe de maire aux couleurs de la République française, et la forme hexagonale qui rappelle les contours de la France. D'autres éléments graphiques du site utilisent également la figure de Marianne, qui incarne la République.

FigureE B–11 *Les symboles à travers plusieurs associations*

- Le logo de SidaWeb est très parlant : le dessin ne nécessite aucune devise supplémentaire. Il associe en effet le symbole du sida (le petit ruban rouge) et l'arobase, caractère typographique indispensable à une adresse électronique.

FigureE B–12 *Logo de SidaWeb*

En résumé...

Le logo n'est pas indispensable mais facilite grandement la reconnaissance immédiate de votre identité. De nombreux sites Internet proposent les services de professionnels en matière de réalisation de logo, ce qui garantit un résultat satisfaisant.

Je le pris dans les bras. Je le berçai.
Je lui disais :
" La fleur que tu aimes
n'est pas en danger...
Je lui dessinerai une muselière
à ton mouton...
Je te dessinerai une armure
pour ta fleur..."
Le Petit Prince, A. de Saint Exupéry

Éléments de sécurité informatique

L'Internet d'aujourd'hui ressemble un peu au Far West du XIXe siècle : il s'agit d'une terre de liberté et de grands espaces, une prairie sans barbelés, habitée par des peuplades et des cultures nouvelles... mais où pullulent les desperados ou les « docteurs » douteux vantant les mérites de leur antivirus à l'huile de serpent. Et les shérifs sont souvent débordés... Alors apprenons à nous débrouiller seuls, en attendant la cavalerie !

SOMMAIRE

▸ Contexte de cette annexe
▸ Sauvegardes !
▸ Attaques aveugles
▸ Attaques aveugles aggravées
▸ Attaques ciblées opportunistes
▸ Attaques ciblées motivées
▸ Que faire en cas d'intrusion ?

Contexte de cette annexe

Tout le monde a entendu parler de sécurité informatique – souvent à ses dépens. Quiconque a eu affaire un peu sérieusement avec l'Internet a en tête quelques idées sur les virus, les chevaux de Troie (*trojans*), les vers, voire les *root kits*, le phishing, les crackers et les hackers... sans toujours vraiment savoir ce que c'est. Or, connaître le danger est la première étape qui permet de quitter le domaine de la peur et des incertitudes, et de prendre des mesures de défense appropriées.

> TECHNIQUE **Un modèle de menaces pour le prix d'un livre !**
>
> La première étape dans une démarche de sécurisation d'un système informatique est de savoir ce qu'on risque et de la part de qui ou quoi – on appelle cela « établir un modèle de menaces ». C'est à cela même que nous nous attelons dans cette annexe pour le cas précis d'une messagerie et d'un site web, d'où le choix du plan – notons que ce service, lorsqu'il est rendu par un professionnel, et non dispensé dans un livre, coûte habituellement fort cher, étant donné que le client des officines de sécurité informatique a bien souvent littéralement le couteau sous la gorge ! D'un autre côté, le rapport est beaucoup plus épais, et souvent en couleur.
>
> 📖 Patrick Legand, *Sécuriser* enfin *son PC*, Collection Sans taboo, éditions Eyrolles, 2006.

Il ne sera pas question ici des saloons malfamés de l'Internet (ce n'est pas de la sécurité informatique que d'apprendre à se tenir à l'écart de tels lieux...), ni de copie frauduleuse de fichiers MP3 (c'est là une question juridique, qui n'a rien à voir avec la sécurité informatique – voir le tableau C-1), ni de mercenaires sans pitié (le profil psychologique des « méchants », comme on le verra, est assez décevant). En revanche, nous verrons qui a intérêt à attaquer les serveurs ou le courrier électronique d'une petite structure, et... qui peut se retrouver en train de le faire complètement par hasard ! Et évidemment, quoi faire pour s'en protéger.

Tableau C–1 Quelques mythes ayant trait à la sécurité informatique

On dit souvent que...	La vérité, c'est que...
La copie de DVD et l'intrusion sur des systèmes informatiques sont tous deux des actes de piratage. La sécurité informatique consiste à empêcher ces actes (DVD incopiables, par exemple).	C'est en partie vrai. Adoptée mais non appliquée, la loi DADVSI punissait le contournement des DRM (également désignées en français par le terme MTP ou Mesures Techniques de Protection). Les algorithmes de cryptage qui protègent le contenu d'un DVD sont considérés comme des MTP et il est donc, à ce titre, illégal de chercher à les briser. Il s'agit toutefois d'un point relativement contesté par les utilisateurs de logiciels libres, arguant du fait qu'un DVD légalement acheté doit pouvoir être lu par son propriétaire sans qu'un lecteur logiciel ou matériel lui soit imposé. Ce dispositif va également à l'encontre du principe de copie privée (le droit d'un utilisateur à copier un logiciel, un CD, un DVD pour en conserver une sauvegarde personnelle). La course-poursuite continue donc entre les majors de l'industrie du disque et du film d'une part, et les programmeurs déjouant les MTP d'autre part. Ce qui prouve une chose : il n'existe pas plus de DVD incopiable (ou quoi que ce soit qui s'enregistre dans un ordinateur : images, sons, programmes...) que d'eau qui ne mouille pas. Ajoutons par ailleurs que la sécurité contre les intrusions porte sur des aspects bien plus vastes et des enjeux plus complexes (protection des données personnelles des utilisateurs d'un site web, par exemple). Les MTP ne servent pas tant à protéger le contenu d'un DVD en tant qu'œuvre de l'esprit, qu'à réduire autant que possible le manque à gagner lié au « piratage ». Bruce Schneier, revue Crypto-Gram : http://www.schneier.com/crypto-gram-0105.html http://www.schneier.com/crypto-gram-0110.html#3 Cyber-bataille autour de la clé de décryptage des DVD HD : http://www.01net.com/editorial/347897/cyber-bataille-autour-de-la-cle-de-decryptage-des-dvd-hd/

TABLEAU C–1 **Quelques mythes ayant trait à la sécurité informatique (suite)**

On dit souvent que...	La vérité, c'est que...
L'insécurité des ordinateurs est une fatalité : tout programme comporte des bogues car l'erreur (du programmeur) est humaine.	Ce n'est qu'une partie de la vérité : un couple homme-machine bien conçu doit permettre à la machine de parer certaines défaillances de l'homme. Il existe des systèmes d'exploitation (comme Linux ou les BSD !) prévus pour minimiser l'impact des erreurs de programmation ; on peut améliorer la culture de sécurité auprès des programmeurs (dont l'attitude est trop souvent « dès que ça marche, j'ai fini mon travail »), se contraindre à une relecture de tous les programmes critiques par des experts indépendants, mettre en place un programme de suivi et réparation des failles de sécurité chez les utilisateurs. Rien de tout cela ne se fait dans le monde des logiciels propriétaires, parce que la sécurité ne fait pas vendre... et que l'insécurité ne coûte rien (les éditeurs de logiciels ne sont pas légalement responsables des dégâts causés par les vices de conception de leur système, qu'ils aient trait à la sécurité informatique ou aux plantages inopinés). Plate-forme Openwall : http://www.openwall.com/Owl/fr/CONCEPTS.shtml Roberto Di Cosmo, « Le hold-up planétaire » : http://www.dicosmo.org/HoldUp/ La sécurité par l'obscurité : http://fr.wikipedia.org/wiki/Sécurité_par_l'obscurité Logiciels libres et sécurité : http://hsc.fr/ressources/articles/linux/index.html.fr

TABLEAU C–1 **Quelques mythes ayant trait à la sécurité informatique (suite)**

On dit souvent que...	La vérité, c'est que...
Les virus informatiques et les vers sont une évolution naturelle des programmes, similaires à leurs homologues biologiques. Ils sont inévitables au même titre que les bogues.	Ce sont des programmes délibérément écrits pour nuire et se propager d'ordinateur en ordinateur. Ils profitent de l'état déplorable de la sécurité informatique sur la plupart des systèmes d'exploitation commerciaux (voir ci-dessus) pour agir. Écrire un virus informatique fut autrefois un exercice très difficile, réservé aux plus brillants programmeurs ; certains le firent au début pour prouver de façon patente la criticité d'un bogue que les éditeurs refusaient de reconnaître (voir ci-dessus), la nuisibilité ne vint qu'ensuite. C'est devenu un jeu d'enfant avec l'avènement de l'Internet pour tous et de logiciels (traitements de texte, logiciels de courrier électronique, navigateurs...) mal conçus, qui exécutent toutes les instructions qu'on leur donne sans vérifier leur provenance ni leurs conséquences (un peu comme si on acceptait de manger un sandwich qu'un inconnu nous tend à brûle-pourpoint en pleine rue). À propos des virus : http://www.lacave.net/~jokeuse/usenet/faq-fcsv.html http://fr.wikipedia.org/wiki/Virus_informatique Sur les vers : http://fr.wikipedia.org/wiki/Ver_informatique Outil de création de « vers », en espagnol mais les captures d'écran sont éloquentes : http://www.perantivirus.com/sosvirus/hackers/kalamar.htm

Tableau C–1 **Quelques mythes ayant trait à la sécurité informatique (suite)**

On dit souvent que...	La vérité, c'est que...
Des logiciels (provenant parfois d'éditeurs célèbres) installent des espions qui renseignent via Internet leur fabricant sur la vie privée de l'utilisateur (numéro de version des autres logiciels installés, préférences en matière de visites de site web...).	C'est parfaitement exact. Quelques exemples : http://edition.cnn.com/2002/WORLD/europe/06/17/eu.cookies/ http://lists.essential.org/1995/info-policy-notes/msg00151.html http://www.wired.com/news/privacy/0,1848,69601,00.html
Les pirates informatiques qui attaquent les réseaux sont des idéalistes anarchistes cheveux au vent, des rebelles !	Ce sont le plus souvent des adolescents en mal de reconnaissance sociale sans aucune compétence, utilisant des outils d'attaque automatique écrits par d'autres. Ils s'estiment satisfaits lorsqu'ils ont défiguré un site web ou fermé un chat (dont ils sont à ce point friands pour combler leurs carences sociales qu'ils s'imaginent que c'est le cas pour tout le monde). Il arrive pourtant que ces pirates profitent de leurs « exploits » pour faire passer un message à caractère politique, par exemple en remplaçant les pages des sites défigurés par leurs propres pages et leurs slogans. Ceci a donné naissance au terme « hacktivisme », contraction des termes hack et activisme, désignant l'utilisation de compétences informatiques pour des opérations d'ordre politique. À propos des script kiddies : http://en.wikipedia.org/wiki/Script_kiddie http://www.zdnet.fr/actualites/internet/0,39020774,2137368,00.htm et de l'hacktivisme : http://en.wikipedia.org/wiki/Hacktivism (note : les liens Wikipédia sont fournis en version anglaise car mieux documentés)

TABLEAU C-1 Quelques mythes ayant trait à la sécurité informatique (suite)

On dit souvent que...	La vérité, c'est que...
Les « hackers » attaquent les ordinateurs pour en comprendre le fonctionnement, sans intention de nuire.	C'était vrai il y a 20 ans, quand chaque ordinateur coûtait des millions et que l'étudiant moyen n'y avait accès que par cartes perforées interposées. Aujourd'hui, les gens intéressés pour apprendre la sécurité informatique par l'expérience se procurent un PC sous Linux et aident à sa programmation... Les développeurs de Linux s'appellent toujours hackers (« bricoleurs ») entre eux, mais à présent ils sont de l'autre côté de la barrière : ce sont eux qui écrivent le code qui protège contre les intrusions ! Hackers, principes et histoire : http://en.wikipedia.org/wiki/Timeline_of_hacker_history http://fr.wikipedia.org/wiki/Manifeste_du_hacker http://www.cs.utah.edu/~elb/folklore/afs-paper/afs-paper.html
Tel ou tel « petit génie » de l'informatique a réussi à s'introduire dans les ordinateurs du Pentagone.	Les ordinateurs sensibles de l'armée américaine ne sont pas reliés à l'Internet. Ceux qui sont attaqués sont des appâts, utilisés pour des motivations politiques (obtenir des budgets pour la Défense nationale). Douglas Thomas, *Sorting out the hacks and the hackers* : http://www.ojr.org/ojr/ethics/1017969499.php
Serge Humpich est un vrai pirate, un hors-la-loi qui a cassé le secret des Cartes Bleues pour voler un euro sur le compte de tout le monde et ainsi s'enrichir.	Le système de sécurité des Cartes Bleues semble fragile : le numéro de carte, par exemple, n'est rien d'autre qu'un login sans mot de passe. Le GIE Carte Bleue est sans doute conscient des problèmes. Que Serge Humpich soit désigné comme pirate, voilà qui évite une bien mauvaise publicité au GIE. Mais les vulnérabilités découvertes par Humpich sont toujours là... L'affaire : http://www.parodie.com/humpich/ http://www.bibmath.net/crypto/moderne/cb.php3

TABLEAU C–1 **Quelques mythes ayant trait à la sécurité informatique (suite)**

On dit souvent que...	La vérité, c'est que...
Il faut à tout prix dissimuler les failles de sécurité des systèmes informatiques et interdire la diffusion sur l'Internet de programmes d'attaque.	La seule façon de contraindre un éditeur de logiciels à réparer les trous de ses programmes est de lui mettre le nez dessus. Pour un administrateur réseau, savoir s'il est vulnérable (en essayant l'outil d'attaque sur lui-même) est critique pour évaluer la balance des risques entre ne rien faire et interrompre le service pour réparation. De plus, la recherche active sur la sécurité (qui requiert des outils logiciels spéciaux, qui sont marginalement et par nécessité des outils d'attaque comme un tournevis l'est pour une serrure) est une nécessité pour améliorer la situation : si la compétence en la matière est rendue hors-la-loi, alors seuls les hors-la-loi auront cette compétence. Les « gentils » resteront dans l'incertitude... La sécurité par l'obscurité : http://www.schneier.com/crypto-gram-0111.html#1 http://fr.wikipedia.org/wiki/Sécurité_par_l'obscurité

TABLEAU C–2 **Quelques mythes ayant trait à la sécurité informatique (fin)**

On dit souvent que...	La vérité, c'est que...
La cryptographie sert aux terroristes à communiquer sur Internet par le biais d'images pornographiques truquées.	Bien que ce soit techniquement possible, est-il raisonnable de crapahuter au fin fond de l'Afghanistan en trimbalant un ordinateur portable avec une pile à combustible de 25 kg (pour un mois d'autonomie en courant électrique) et un téléphone Iridium (aussi facilement repérable par un satellite espion que la diode du répondeur téléphonique en pleine nuit) ? L'Internet est certainement utilisé à mauvais escient, mais ce genre d'argument est surtout utile pour créer l'amalgame « cryptographie = terrorisme » dans le but inavoué de dériver vers « Je ne comprends pas pourquoi vous dissimulez vos e-mails. Auriez-vous quelque chose à cacher ? ». L'intox des porno-terroristes : http://www.transfert.net/a7413 On peut en revanche sourire face à cet incident récemment dévoilé au Japon : des photographies pornographiques servant de support à des documents secrets de la marine japonaise ont circulé de marin en marin jusqu'à ce que leur contenu réel finisse par être dévoilé... : http://www.liberation.fr/actualite/010120142-au-japon-des-documents-secrets-voyagent-avec-des-photos-pornos

Sauvegardes !

Toute personne ou organisation qui envisage d'utiliser un ordinateur de façon sérieuse doit penser à la question des sauvegardes. Elles constituent la seule bouée de sauvetage fiable si, malgré tous les efforts de sécurité informatique déployés par l'organisation, une effraction informatique a lieu (voir plus loin la section Que faire en cas d'intrusion ?). La sauvegarde doit couvrir au minimum les données. Sauvegarder les programmes dans leur forme non installée (archive Zip, CD-Rom d'installation) est bien utile mais pas indispensable, à moins que l'organisation craigne de ne pas pouvoir les retrouver par la suite (cas d'un partagiciel rare, par exemple). Les sauvegardes de l'intégralité du système d'exploitation installé peuvent se révéler très utiles pour accélérer une restauration en cas de panne (disque dur flambé le plus souvent), mais peuvent être coûteuses en place et elles n'aideront en rien pour la restauration après intrusion (toutefois, on pourra peut-être les utiliser pour savoir exactement à quelle date le pirate est entré).

Le maillon faible de la chaîne, c'est l'homme

Avant toute chose, insistons sur cette vérité importante : dans toute organisation, le principal risque informatique est humain ! Voici donc quelques principes de base à respecter et/ou à inculquer autour de vous :

- Informez vos utilisateurs (et vos administrateurs système !) sur les problématiques de sécurité informatique : un utilisateur averti se méfiera davantage des sites web suspects, des tentatives de récupération d'informations (numéro de Carte Bleue, mot de passe, etc.). Une attaque informatique peut commencer par un simple coup de fil et des questions qui paraissent inoffensives. Si vous en avez le temps et les moyens, testez vos utilisateurs : les résultats peuvent être surprenants...

- Changez régulièrement les mots de passe, même si c'est une mesure impopulaire chez vos utilisateurs. Refusez les mots de passe trop simples et, là encore, expliquez-leur pourquoi c'est important. Proposezleur des alternatives mnémotechniques pour les aider à retenir des mots de passe plus complexes, mais plus sûrs.

- Faites en sorte que les utilisateurs aient tous les droits nécessaires pour accomplir leurs tâches, mais pas plus ! Limitez les possibilités d'installation de logiciels, d'exécution de scripts, et même d'accès à l'Internet si nécessaire, si les responsabilités de l'utilisateur ne l'exigent pas.

- Configurez les ordinateurs pour analyser tout support amovible qui y serait inséré : la circulation de virus ou de troyens ne se limite pas à l'Internet, et les utilisateurs ne sont pas toujours conscients du fait que la clé USB qu'ils utilisent aussi chez eux, ou qu'un fichier gravé sur CD-Rom peuvent être vérolés. Si le réseau interne est protégé de l'extérieur par toute une batterie de pare-feux, ceux-ci ne pourront rien face à une clé USB vérolée branchée sur l'un des postes.

Attaques aveugles

L'attaque la plus fréquente est celle perpétrée par un desperado isolé. Il s'agit très rarement d'un chasseur de prime ayant un contrat sur l'organisation, bien plus souvent d'un script kiddie, qui a choisi celle-ci comme cible... par hasard ! Son objectif est de compromettre les ressources informatiques (postes de bureautique et/ou serveurs) de n'importe qui, d'y placer un accès permanent (une « porte de derrière »), puis de détourner l'ordinateur ainsi piraté pour... en attaquer d'autres, afin d'accroître son cheptel, et ainsi de suite. L'apothéose de l'opération consiste à frimer avec ses copains sur IRC (« KeWl ! J'@i oWneZ 316 S3rVeRZ H1e !!#@!/ »), et/ou à lancer une attaque massive vers une cible que lui et son groupe de co-pirates détestent (le site de Nike, celui du Sénat américain, etc.).

Un cas particulier d'attaque de ce genre est celle lancée automatiquement par un ver ou un virus de courrier électronique. C'est l'étape suivante dans l'automatisation du piratage : l'auteur (beaucoup plus compétent qu'un simple kiddie) lance un programme qui sait attaquer tout seul d'autres cibles pour se propager et recommencer. La possibilité d'automatiser une attaque sur les millions d'ordinateurs que comporte l'Internet vient du manque d'« infodiversité » des systèmes d'exploitation (Linux compris, d'ailleurs) : si une vulnérabilité existe sur un ordinateur, elle existe aussi sur des centaines de milliers de ses semblables. Une fois que l'attaque est lancée, elle échappe à tout contrôle ; le « but du jeu » pour l'auteur du ver est de mettre KO le maximum de réseaux en un minimum de temps et de faire les gros titres de la presse.

Script kiddie

Se dit d'un pirate en herbe techniquement inepte, et qui se borne à utiliser des outils (scripts) que ses ancêtres ont écrits pour lui (« cliquer-pirater » en quelque sorte). Grâce au téléchargement des logiciels *via* l'Internet, un seul ancêtre suffit pour des dizaines de milliers de kiddies, alors gageons que l'invasion ne s'arrêtera pas de sitôt... Il est courant d'essuyer en moyenne un « scan » tous les quarts d'heure (un « scan » est l'équivalent informatique d'un type louche qui essaie dans la rue d'ouvrir toutes les portières de voiture).

Contre-mesures

Pour repousser les kiddies, il suffit d'être un peu plus « sûr » que son voisin : le pirate passera son chemin, à la recherche d'une proie moins protégée. Il faut établir des défenses périmétriques (installation d'un pare-feu) et en profondeur :

* Pour les ordinateurs de bureautique, un antivirus sur chaque poste, à maintenir à jour de façon quotidienne (s'imprégner de la FAQ du groupe Usenet **fr.comp.securite.virus**, sise à **http://www.lacave.net/~jokeuse/usenet/faq-fcsv.html**), ainsi qu'un antitroyen (qui peut être intégré à l'antivirus mais posséder une configuration propre) à maintenir à jour de façon hebdomadaire.

* Pour les serveurs administrés par l'organisation, l'informaticien pratiquera une veille de sécurité hebdomadaire afin de mettre à jour tous les logiciels critiques du serveur (le noyau, Apache, BIND...) aussi souvent que nécessaire (consulter les sites **http://www.secuser.com/** et **http://websecurite.free.fr/**).

* Pour les serveurs en hébergement partagé, on s'assurera auprès du fournisseur que lui-même effectue cette veille de sécurité.

TECHNIQUE **Installation d'un pare-feu**

Un pare-feu est un dispositif de filtrage placé entre l'Internet et le ou les ordinateurs à protéger. Il fonctionne en interdisant certains protocoles suspects (IRC dans le cas où le serveur serait à l'intérieur du réseau de l'organisation, par exemple !).

Le plus simple et le plus sûr, c'est de se procurer dans le commerce l'un de ces petits boîtiers qui permettent de partager une connexion Internet à plusieurs postes et qui proposent également un système de pare-feu configurable par un mini-serveur web à bord de l'appareil. L'informaticien du groupe s'en occupera, en partant d'une configuration paranoïde (à savoir : tout fermé sauf le Web et le courrier électronique sortant) et en assouplissant au fur et à mesure, plutôt que l'inverse.

Consulter attentivement la notice de l'appareil, ainsi que **http://eservice.free.fr/pare-feu.html** et les autres liens de sécurité informatique cités ci-dessus.

- Choisir des mots de passe difficiles à deviner et en changer régulièrement, en suivant les recommandations de l'encadré Gestion et protection des mots de passe du chapitre 8.

Attaques aveugles aggravées

Supposons qu'un desperado un peu plus compétent qu'un simple script kiddie ait visé un serveur, ait réussi à entrer, ait foré la « porte de derrière », et soit suffisamment au courant du système d'exploitation cible pour aller y faire un tour et faire main basse sur ce qu'il trouve. Ce peut être un fichier de mots de passe (auquel cas on peut aller jouer les trouble-fête sur un chat, rédiger et valider une page d'accueil « personnalisée » sur Spip, etc.)... ou, plus grave, comme des numéros de Carte Bleue.

Contre-mesures

Pour imaginer ce que pourrait faire un pirate en cas d'attaque aveugle aggravée, le plus simple est... de se mettre à sa place (c'est une gymnastique d'esprit que pratiquent quotidiennement les professionnels de la sécurité – avec un peu d'entraînement, on arrive à rester sain d'esprit).

Perspectives **Quid des vols de numéros de Carte Bleue ?**

Si l'organisation met en place un moyen de paiement en ligne sur le serveur, opter pour un système dans lequel les informations de Carte Bleue ne transitent jamais par le serveur de l'organisation mais sont directement validées auprès de la banque.

Une attaque aggravée sur un poste client peut tourner à la catastrophe, parce que ses méandres sont probablement remplis de fichiers intéressants : numéro de Carte Bleue de l'organisation, fichier des utilisateurs avec mots de passe et adresses e-mail, etc. C'est une raison suffisante pour mettre en place une sécurité périmétrique en béton : le siège de l'organisation doit être protégé par un pare-feu de telle sorte qu'il soit invisible depuis l'Internet.

Reste la question des serveurs qui, dans la mesure du possible, ne doivent rien contenir de sensible, du moins rien qui puisse causer la compromission d'autres services informatiques. Si le serveur dispose d'une base de données de mots de passe, elle doit être chiffrée (d'où la manœuvre finale d'effacement des mots de passe en clair dans l'exemple du chapitre 8). Au moindre doute de compromission du serveur, changer les mots de passe de tous les utilisateurs après la réinstallation (voir plus loin la section Que faire en cas d'intrusion ?).

Attaques ciblées opportunistes

Il s'agit par exemple d'un logiciel web mal installé qui laisse voir son fichier de mots de passe (voir le chapitre 8). Dans ce cas, un individu compétent pourra se dire « tiens, tiens... » et, selon son humeur du moment, envoyer un e-mail d'avertissement à l'adresse « Contact », oublier l'affaire et passer son chemin, ou bien se mettre à exploiter la faille...

PERSPECTIVES **Spammeurs et adresses électroniques**

De façon périphérique à la sécurité informatique, se pose la question d'empêcher les spammeurs d'accéder à la base des adresses électroniques des utilisateurs du site. Pour cela, il faut vérifier que les moyens d'y accéder sont bien surveillés :
- L'écran « Afficher la liste des abonnés » de l'interface de gestion en ligne de la liste (s'il y en a une) réclame bien un mot de passe.
- Surveiller l'archive en ligne de la liste anonyme des adresses.

Contre-mesures

- Prêter une oreille attentive à ce que disent les visiteurs du site, même et surtout si c'est technique !
- À chaque fois qu'on crée un fichier comme `.htpasswd` ou `.htaccess` (comme décrit au chapitre 8), bien vérifier avec son navigateur qu'on ne peut pas le lire depuis le Web.

- Lire attentivement les documentations des logiciels installés sur le serveur, y compris la section « Sécurité » (on peut y revenir une fois que « ce qui est important » marche, mais ne pas oublier !).

Attaques ciblées motivées

C'est un cas rare, sauf pour une organisation qui a des ennemis déterminés et compétents (par exemple, une ONG ou une association d'activistes) : dans ce cas, un bras de fer va s'engager entre le pirate et l'équipe informatique de l'organisation. Les cibles classiques sont l'espionnage du courrier électronique (le système d'espionnage américain Echelon lit le courrier électronique de tout le monde en Europe par exemple – http://www.unesco.org/webworld/infoethics_2/eng/papers/paper_12.htm) et des mots de passe système lors de l'utilisation d'un protocole non sûr (comme le sont malheureusement FTP, HTTP et Telnet – utilisé pour l'accès au « shell », voir le chapitre 3).

> PERSPECTIVES **Bienvenue à Paranoïa...**
>
> Lorsqu'une organisation a des ennemis déterminés et compétents, la sécurité informatique telle que présentée ici n'est que la partie émergée de l'iceberg ! Quid des « taupes » qui s'inscrivent en tant que membre ou même permanent de l'organisation (il est tellement plus facile de réussir un piratage lorsqu'on dispose déjà d'un mot de passe, même restreint...) ? Quid du monte-en-l'air entrant nuitamment dans les locaux muni d'un ordinateur portable et d'un graveur de CD-Rom ? Et ce, bien sûr, sans compter les considérations de sécurité tout court : incendies causés par un militant aviné, pressions personnelles en tous genres sur les membres de l'organisation...

Contre-mesures

Le mieux que l'on puisse faire, c'est espérer avoir une longueur d'avance sur ses ennemis :

- Maintenir une veille de sécurité particulièrement consciencieuse (voir plus haut Attaques aveugles – contre-mesures).

- Pour les serveurs que l'association administre elle-même, installer un logiciel de détection d'intrusion tel que Snort (http://www.snort.org/) et un système de contrôle d'intégrité binaire tel que AIDE (http://www.cs.tut.fi/~rammer/aide.html). Avec ce dernier, il faut effectuer un redémarrage contrôlé qui nécessite la présence physique d'un opérateur devant la machine – à faire au moins une fois tous les deux mois.
- Utiliser des logiciels de remplacement pour FTP, HTTP et Telnet : respectivement SCP, HTTP/S et SSH (voir http://www.chiark.greenend.org.uk/~sgtatham/putty/).
- Employer un système de chiffrement du courrier électronique tel que PGP (le plug-in PGP pour Thunderbird s'appelle Enigmail, http://enigmail.mozdev.org/). Attention, son utilisation correcte nécessite une solide formation de la part de tous les intéressés ! (http://www.pgpi.org/links/www/pgp/fr/)

Que faire en cas d'intrusion ?

Mieux vaut prévenir que guérir... mais parfois il faut guérir quand même. En cas d'intrusion soupçonnée ou avérée sur un ordinateur, voici la démarche à suivre : la procédure est identique pour tout type d'attaque (virus, ver, piratage « manuel »).

- Avant tout, limiter les dégâts ! Éteindre ou faire éteindre l'ordinateur (de préférence en appuyant sur le gros bouton rouge plutôt qu'avec la procédure « propre », afin de ne pas endommager les « morceaux » d'outils du pirate pour l'autopsie).
- Prévenir qui de droit, aller boire un café, faire le tour du pâté de maisons, se détendre. Le danger est écarté, la suite est une opération de chirurgie qu'il ne faut pas aborder en étant tendu comme une corde à piano : on risquerait de faire des erreurs (se tromper de direction de copie au moment de dupliquer le Zip de sauvegarde par exemple...).
- Essayer de contacter un expert pour pratiquer l'autopsie du serveur : transplantation de son disque dur dans une machine saine, récupération des données qui peuvent l'être, découverte de la faille par laquelle le pirate est entré.

- Si possible, se procurer un ordinateur vierge (ou un disque dur vierge, qu'on permute avec le disque dur infecté à l'aide d'un tournevis cruciforme et de la notice du serveur). L'ordinateur ou le disque dur infecté ne pourra être réutilisé qu'une fois son autopsie réalisée, et après avoir été intégralement effacé par l'expert à l'aide d'un outil approprié (s'il n'en connaît pas, changer d'expert).

- Réinstaller le système d'exploitation de l'ordinateur vierge ou virginisé, avec tous les correctifs de sécurité connus à ce jour (à partir des CD-Rom d'origine et/ou de « patches » téléchargés fraîchement de l'Internet – et non pas d'une sauvegarde !). Si c'est un serveur, réinstaller les applications web (Spip, etc.) également à partir de leurs dernières versions connues (et non pas à partir d'une sauvegarde !). Si c'est un poste de bureautique, installer un antivirus à jour.

- Changer tous les mots de passe du système d'exploitation.

- Récupérer la sauvegarde la plus récente (si possible, celle faite par l'expert, qui contient toutes les données jusqu'à l'Apocalypse) et la protéger en écriture si nécessaire : s'assurer qu'il s'agit d'un CD-R et non d'un CD-RW, ou bien (dans le cas d'un médium sans protection matérielle contre l'écriture, comme un Zip) en faire une copie sur une machine saine. Réinstaller les données à partir de cette sauvegarde. Si c'est un poste de bureautique, vérifier scrupuleusement avec l'aide de l'expert que, ce faisant, on ne contamine pas la machine à nouveau : ne restaurer aucun fichier `.exe` ou `.com` depuis la sauvegarde, passer tous les documents MS-Office et les archives de courrier électronique à l'antivirus avant de les ouvrir.

- Si l'antivirus signale que les données sauvegardées sont elles aussi corrompues, récupérer une sauvegarde plus ancienne, jusqu'à ce que l'on en trouve une qui ne soit pas contaminée. Si elle est introuvable, faire une exportation des fichiers corrompus les plus récents dans un format texte (sans virus) tel que HTML ou PNG, sauvegarder le résultat sur un autre support que celui utilisé précédemment et... recommencer la procédure de décontamination du début !

- En cas de doute sur la contamination (« Zut ! je crois que j'ai lancé Word par erreur... »), même remède : on repart de zéro...

- Si l'expert a réussi à trouver par où le pirate était entré, lui faire vérifier que la vulnérabilité a disparu après mise à jour du système d'exploitation et des applications.
- Changer tous les mots de passe de toutes les applications qui en utilisent.
- Remettre la machine de remplacement en route et en réseau.
- Si l'ordinateur compromis comportait des données sensibles (en dehors des mots de passe) et qu'on a des raisons de soupçonner qu'elles ont pu fuir (attaque aveugle sur un serveur, qui a pu être aggravée d'un vol par le pirate, ou attaque ciblée), prévenir qui de droit – en particulier, la police.

En résumé...

La sécurité informatique ne s'invente pas et est encore malheureusement entourée d'un certain halo chamanique – ce qui compte, en définitive, c'est de se former en permanence pour rester à niveau en la matière. C'est une tâche dont l'informaticien du groupe web devra avoir à cœur de s'acquitter de façon particulièrement consciencieuse – l'incurie des administrateurs est en effet pour beaucoup dans l'état actuel de la sécurité informatique de l'Internet. Pour ce qui est des postes clients, il n'y a guère de recette miracle : si vous ne pouvez passer la totalité de votre organisation sous Linux, il faut vivre avec leur manque de sécurité criant...

Je le pris dans les bras. Je le berçai.
Je lui disais :
" La fleur que tu aimes
n'est pas en danger. . .
Je lui dessinerai une muselière
à ton mouton. . .
Je te dessinerai une armure
pour ta fleur. . . "
Le Petit Prince, A. de Saint Exupéry

Adieu, dit le renard.
Voici mon secret.
Il est très simple : on ne voit bien
qu'avec le cœur. L'essentiel est
invisible pour les yeux.

Le Petit Prince, A. de Saint Exupéry

Rendre son site accessible à tous

À l'occasion d'une rencontre avec un aveugle ou à la suite d'un accident qui nous affecte provisoirement, on prend rapidement conscience que la plupart des sites web n'ont pas du tout été conçus pour être visités par le plus grand nombre. Pourtant, rendre son site accessible n'a rien de sorcier. Bien au contraire, non seulement l'accessibilité repose sur le respect des standards mais c'est encore la meilleure façon de garantir que son site soit consulté par un très large public.

L'outil informatique est un moyen de communication qui peut tout à fait être adapté aux éventuels handicaps des utilisateurs. Souvent entravées dans leur déplacement, les personnes handicapées trouvent dans l'outil informatique et, en premier lieu, l'Internet, un efficace moyen d'intégration : pour obtenir facilement des renseignements, pour faire ses courses, pour s'informer, pour se distraire et même pour travailler. Sans s'en douter le moins du monde, on « tchate » sans doute régulièrement avec des malvoyants ou des personnes qui tapent sur leur clavier avec leurs pieds.

Toutefois, cette ouverture de l'Internet aux personnes handicapées n'est possible que si les webmestres prennent en compte les critères d'accessibilité de leurs sites. Pour une association d'aveugles, cette préoccupation est indispensable si l'organisation en question souhaite avoir des membres ! Mais toute association, voire toute entreprise qui se sent concernée par cette question, peut avoir la volonté de rendre son site accessible. Partout en Europe, des dispositions législatives visent à rendre accessibles les services en ligne. En France, cette accessibilité des sites publics avait été votée en 2005. Le décret d'application s'est longuement fait attendre et a fait l'objet de nombreuses critiques poussant à sa récriture. Dans sa forme actuelle, on ne peut que déplorer l'absence de sanctions réelles face à un site public ne respectant pas les principes d'accessibilité. Cela ne contribuera certainement pas à améliorer la qualité de ces sites et à augmenter la proportion de sites accessibles. Même s'il faut compter aujourd'hui avec les utilisateurs, qui parviennent de plus en plus à faire entendre leurs exigences, on ne peut que déplorer le nombre réduit de sites accessibles sur le Web.

B.-A.-BA L'accessibilité concerne tout le monde

L'accessibilité ne concerne pas seulement les personnes handicapées. Force est en effet de constater qu'elle touche bien d'autres publics : citons notamment les handicapés temporaires (je me casse le bras, comment faire pour envoyer un e-mail ?), le troisième âge, le jeune public, les personnes ne disposant que d'une connexion Internet bas débit ou de matériel obsolète, etc.

C'est donc encore aujourd'hui un grand sujet de frustration pour de nombreuses personnes handicapées que de ne pouvoir consulter les sites qui les intéressent ou d'éprouver une grande gêne à le faire parce que ces sites ne sont conçus que pour un mode de configuration particulier, pour ne pas dire exotique. Certes, il n'est pas toujours évident de se mettre à la place de ces personnes. Pour avoir une idée concrète des difficultés qu'elles rencontrent avec l'outil informatique, on consultera tout d'abord le tableau D-1 présenté ci-après. On pourra également visiter le site Plongez dans l'accessibilité : 30 jours pour rendre son site plus accessible (http://www.la-grange.net/accessibilite/index.html). L'auteur de ce site relate les conditions de vie de cinq personnages archétypaux qui ont un handicap rendant leur utilisation de l'Internet difficile (ce récit correspond en fait à des témoignages de personnes réelles) ; l'auteur décrit ensuite 25 améliorations concrètes qu'il a apportées à son site web et l'impact de ces dernières sur la consultation de ces personnes. Mais c'est encore en dialoguant avec des personnes handicapées que l'on sera le plus frappé par les problèmes qu'elles rencontrent.

Parole d'expert **Interview de Sylvie Duchateau, malvoyante et membre de BrailleNet (séminaire Accessiweb du 1er décembre 2003)**

L'auteur : Qu'est-ce qui entrave le plus souvent votre consultation de sites web ?

Mme S.D. : Principalement les images qui n'ont pas d'équivalent texte.

L'auteur : Pouvez-vous citer un exemple ?

Mme S.D. : Quand je vais sur le site de l'Urssaf, je ne peux pas choisir une région dans la carte cliquable qui donne accès aux agences locales. La navigation est définitivement bloquée.

L'auteur : Quels sont les autres éléments de mise en page qui sont mal conçus ?

Mme S.D. : Je ne peux pas me rendre directement à l'information qui m'intéresse. Par exemple, je dois faire défiler toute la page avec le synthétiseur vocal avant de parvenir au lien « Actualité » qui m'intéresse. Une meilleure organisation de la page avec les balises <H> en HTML et des raccourcis clavier feraient gagner bien du temps.

L'auteur : Que pensez-vous du « Cliquer ici » pour signaler un lien hypertexte ?

Mme S.D. : C'est une mauvaise idée. Comment trouver le lien vers un document particulier au milieu d'une multitude de « Cliquer ici » ? Il faut absolument donner des titres de liens compréhensibles hors contexte. Par exemple, « Le discours du Président du 15 octobre 2003 ».

Depuis cette interview, le site de l'URSSAF a amélioré sa navigation en proposant une fonctionnalité de recherche par ville dans une liste déroulante, ainsi que par code postal dans un champ de saisie texte : un pas de plus vers une meilleure accessibilité.

Pour autant, rendre son site accessible ne signifie pas créer un site « alternatif ». Comme nous l'avons déjà indiqué, l'accessibilité suppose tout simplement de mettre en œuvre les standards du Web. L'adaptation de ces techniques est un gage de succès pour son site web car cela a pour effet de l'ouvrir à un plus large public : les personnes handicapées, mais aussi les personnes qui utilisent un navigateur texte, celles qui n'ont pas installé le dernier plug-in propriétaire, etc.

> RÉFÉRENCE **Le site OpenWeb**
>
> Le site OpenWeb est une référence incontournable en matière d'accessibilité et de création web respectueuses des standards :
> ▸ **http://openweb.eu.org/accessibilite**

On a donc tout intérêt à adapter son site, ou du moins une partie, car « faire de l'accessibilité », c'est finalement faire de la qualité !

TABLEAU D–1 **Tour d'horizon des difficultés rencontrées avec l'outil informatique pour chaque type de handicap et des techniques existantes pour les pallier**

Type de handicap	Difficultés	Solutions
Handicap moteur	Usage du clavier ou de la souris très difficile, problèmes de navigation.	Achat de matériel adapté.
Daltoniens	Gênés dans leur consultation : 1. quand la couleur du texte et celle du fond sont très proches ; 2. quand une partie de l'information est codée par la couleur.	Coder l'information par du texte ; proposer plusieurs feuilles de styles avec des couleurs différentes.
Malvoyants	Lecture lente, navigation malaisée, difficultés parfois à lire du texte noir sur fond blanc.	Usage de logiciels permettant de zoomer sur l'écran ; proposer une feuille de style différente, avec des caractères agrandis ; faciliter la navigation à l'intérieur du site.

TABLEAU D-1 **Tour d'horizon des difficultés rencontrées (suite)**

Type de handicap	Difficultés	Solutions
Non-voyants	Consultation très difficile voire impossible.	Navigateur moderne ou texte associé à un synthétiseur vocal (Linux Screen Reader, Fire Vox, JAWS), aussi appelés lecteurs d'écran (*screen-reader*), une plage Braille (qui restitue sous forme de matrice de picots les caractères Braille) ; faciliter la navigation à l'intérieur de son site, donner des équivalents texte pour les images, les documents multimédias.
Handicap auditif	Ne perçoivent pas les informations sonores (les bips de l'ordinateur en cas d'erreur sur le clavier par exemple), les sons de documents multimédias.	Éviter de donner des informations par message sonore : préférer des équivalents texte qui peuvent également être lus par un synthétiseur vocal pour les aveugles.
Handicap cognitif ou neurologique	Pathologies très diverses.	Éviter les clignotements, les couleurs criardes.

Ce tableau montre combien il n'est pas évident de parvenir à contenter tout le monde. Bien heureusement, on dispose aujourd'hui de matériel informatique adapté : clavier bi-manuel, mono-manuel, en braille, clavier virtuel qui s'affiche dans l'écran de l'ordinateur, guide-doigts, plage tactile, joystick, etc. En qualité de webmestre, on peut appliquer quelques règles qui rendront la vie plus facile à bien des personnes.

RÉFÉRENCE **Matériel adapté**

Des sites pédagogiques décrivent le type d'outils qui peuvent être employés pour aider notamment les enfants et les adolescents à communiquer par l'outil informatique, par exemple, Eduscol :

▸ http://eduscol.education.fr/D0054/accueil.htm

Rendre son site accessible

L'accessibilité est un si vaste domaine que l'on pourrait lui consacrer un livre ! Dans un premier temps, le webmestre peut prendre quelques bonnes habitudes qui, au-delà de la question de l'accessibilité, amélioreront sur bien des points la consultation du site web.

À RETENIR **Briser les tabous**

Contrairement à ce que l'on pourrait croire, rendre son site accessible :

- Ce n'est pas difficile : il faut prendre quelques bonnes habitudes et on peut être aidé en cela, notamment par l'association BrailleNet.
- Ce n'est pas cher : rendre son site accessible ne coûte pas un sou sauf si l'on a fait de très mauvais choix tant au plan de la méthode qu'en termes d'outils (par exemple, faire un site complètement en Flash) et que l'on souhaite l'adapter après-coup.
- Ce n'est pas contre-créatif : on peut faire des sites accessibles beaux et originaux (voir http://www.premier-ministre.gouv.fr/, http://www.openweb.eu.org/, http://www.outremer.gouv.fr/outremer/front, etc.).

CONSEIL **Spip est accessible !**

Spip utilise les standards du Web (HTML, PHP, CSS) : c'est donc un outil qui peut parfaitement être mis à contribution pour réaliser un site accessible. Le SIG (Service d'information du gouvernement français) a utilisé Spip pour faire le site du Premier ministre. Toutefois, l'accessibilité ne va pas complètement de soi quand on fait un site sous Spip. Il est préférable d'y penser avant, au moment de la conception du site, pour que les rédacteurs prennent de bonnes habitudes (par exemple, donner une description claire des images du site) et afin que le webmestre choisisse un habillage qui puisse être adapté en termes d'accessibilité (par exemple, si l'on ne veut pas faire de manipulations complexes, on évitera les tableaux de mise en page).

Utilisez les standards !

L'utilisation des standards, à l'instar des recommandations du W3C, garantit pour une bonne part l'accessibilité d'un site web. Ces standards sont principalement le HTML et les feuilles de style CSS, que nous avons déjà abordés aux chapitres 4 et 5.

Si l'on use de ces langages, navigateurs et périphériques de sortie de quelque standard que ce soit peuvent rendre lisibles les documents qui s'en servent. En revanche, les applets et autres « coquetteries propriétaires » sont à proscrire ou, du moins, à utiliser avec parcimonie. Certes, une animation Flash a un joli rendu visuel dans la plupart des navigateurs sauf, évidemment, dans les navigateurs texte qu'utilisent notamment les malvoyants.

Figure D–1 *Un site Spip totalement accessible : le site officiel du Premier Ministre : réalisé sous Spip, le site respecte les standards du W3C, les normes d'accessibilité du WAI et les critères Accessiweb.*

Distinguer la structure des pages web de leur présentation

On fait un bon usage des standards si l'on distingue bien dans son document :

- le HTML pour structurer le document ;
- la feuille de style CSS pour présenter le document.

Cela facilite, entre autres avantages, la gestion d'un site web. Ainsi, si l'on souhaite agrandir la taille des polices des documents pour faciliter la lecture des malvoyants, il suffit de modifier en ce sens la feuille de style (et pas les 50 fichiers HTML du site !).

Un exemple type : le site Openweb.eu.org

Le site Openweb.eu.org, dédié aux standards et à l'accessibilité, est un modèle du genre : il est conçu uniquement à partir de feuilles de style. Comme on peut l'observer sur les figures D-2 et D-3, le site peut être consulté aussi bien avec un navigateur en mode texte (par exemple Lynx) qu'avec un navigateur graphique. En outre, le visiteur peut modifier le style de la page (normal, fond noir avec gros caractères, etc.) grâce au menu du site *Choisir un habillage* ou en sélectionnant dans la barre de menu du navigateur graphique *Affichage* ou *Vue*, puis *feuille de style* (en anglais, *Use Stylesheet*). Et, cerise sur le gâteau, depuis mi-2008, le site est propulsé par Spip. OpenWeb est donc la preuve concrète que l'on peut réaliser, avec Spip, un site qui soit accessible et beau.

> ATTENTION **Les mauvaises solutions**
>
> Si l'on veut à moindre frais rendre après-coup son site accessible, on évitera absolument :
> - le site complètement en Flash avec un menu de navigation en Flash ;
> - les cadres (ou *frames*) pour mettre en page le site ;
> - les tableaux imbriqués ;
> - les images sans balise `alt` et les liens sans balise `title`.

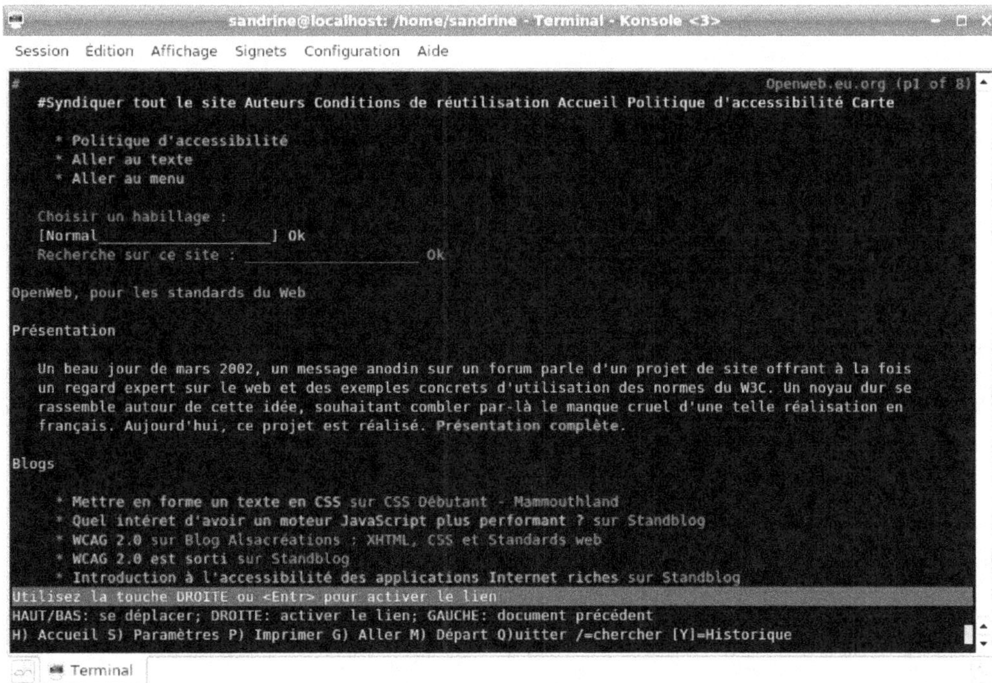

FIGURE D–2 *Le site OpenWeb dans le navigateur texte Lynx : la navigation y est très aisée.*

FIGURE D–3 *Le site OpenWeb dans le navigateur en mode graphique Firefox.*

Structurer l'information

En forme de mise en situation concrète, fermons les yeux et essayons de naviguer sur un site web grand public. Si les webmestres ne se sont pas souciés de rendre le site accessible, on est vite perdu. Il est donc indispensable de commencer par structurer l'information pour faciliter la navigation à l'intérieur de son site. Cela suppose de :

- **Présenter son contenu principal en premier** – En effet, il est très pénible, notamment pour un aveugle, d'avoir à faire défiler des dizaines de lignes de texte avant de trouver l'information qui l'intéresse. Utiliser pour cela, les balises d'en-tête <h> en HTML : ainsi, l'information est clairement hiérarchisée, on sait identifier les titres de premier niveau <h1>, deuxième niveau <h2>, troisième niveau <h3>...

- **Préférer une architecture du site « en profondeur »** – Dans le même ordre d'idées, il vaut mieux concevoir une architecture comportant quatre rubriques très hiérarchisées qu'une architecture de dix rubriques pourvues de deux pages chacune. En faisant des feuilles de style CSS ou encore en utilisant Spip, on peut facilement remédier à l'architecture de ces pages. De plus, on peut mettre à profit des astuces pour afficher le texte principal, y compris dans une architecture de site sous forme de tableaux avec une barre de navigation généralement située à gauche.

- **Donner des titres de page qui ont une signification,** d'autant plus que ce sera fort utile pour la promotion du site web (voir chapitre 3). On entend par titre de page le titre que l'on réfère en HTML par la balise <title>Mon titre</title> comme dans cet exemple d'ossature de page web :

```
<html>
<head>
<title>Page d'accueil du site accessibilite.org</title>
</head>
</html>
```

- **Fournir des aides supplémentaires à la navigation** en donnant des titres de parties représentatifs du contenu dans les menus. On peut également référer dans la balise `<link>` de la partie `<head>` d'une page HTML, l'URL de la page précédente et de la page suivante comme cela est montré dans l'exemple ci-après. Ces informations ne s'affichent pas dans un navigateur visuel comme Firefox ou Internet Explorer. Mais il est possible de le faire dans d'autres navigateurs.

```
<link rel="home" title="Accueil"
      href="http://url-de-la-page-accueil">
<link rel="prev" title="Titre de la page précédente"
      href="http://url-page-precedente">
<link rel="next" title="Titre de la page suivante"
      href="http://url-page-suivante">
```

- **Proposer des raccourcis clavier pour accéder à l'aide, le plan du site, le moteur de recherche** – Pour ce faire, utiliser l'attribut `accesskey` des balises de liens qui définit une clé d'accès (en général, une lettre ou un chiffre). Le visiteur utilise la touche *Alt* + la clé d'accès + *Entrée* et il accède directement à la page recherchée. Les raccourcis clavier fonctionnent dans tout navigateur depuis déjà quelques années. Il n'existe pas de standard d'attribution des clés d'accès à telle ou telle partie des sites. Toutefois, nous avons précisé dans le tableau D-2 les clés d'accès qui sont le plus couramment utilisées par les personnes handicapées. Par exemple, si l'on veut définir une clé d'accès 1 pour accéder directement à la page d'accueil en cliquant sur le lien *Aller à la page d'accueil*, on entre en HTML :

```
<a href="http://page-accueil-du-site.html"
accesskey="1">Aller à la page d'accueil</a>
```

TABLEAU D-2 **Raccourcis clavier (et clés d'accès) les plus couramment utilisés pour naviguer facilement dans un site web**

Code à entrer	Cible de la clé d'accès
Alt+1+Entrée	page d'accueil
Alt+2+Entrée	page d'actualités
Alt+3+Entrée	page de plan du site
Alt+5+Entrée	page de FAQ (les questions les plus fréquemment posées)
Alt+6+Entrée	page d'aide
Alt+7+Entrée	page de contact
Alt+8+Entrée	page de mentions

Expliciter tout le contenu du site

On évitera bien des soucis à ces visiteurs si l'on sait être explicite : tous les éléments du site web doivent être clairement identifiés en texte pour pouvoir être bien vus dans un navigateur texte ou lus par un synthétiseur vocal.

- **Adopter un style de rédaction clair** – On ne peut pas vulgariser à outrance le contenu de tous les sites. Mais on a tout intérêt à s'exprimer clairement. Dans les tableaux en particulier, il est important de faciliter la lecture ligne par ligne et de résumer autant que faire se peut le contenu des cellules.
- **Fournir des équivalents texte aux images et animations** – Il est important de distinguer dans un premier temps les images décoratives (une photo de loutre) et les images de contenu (une carte cliquable des sites où l'on peut trouver des loutres). Dans les deux cas, il faut utiliser l'attribut `alt` pour décrire leur fonction. Si l'on a beaucoup de texte à insérer, il faut employer de préférence l'attribut `longdesc`. Pour les images cliquables, on utilisera l'élément `map` pour décrire les zones actives. Si l'on utilise un titre sous forme d'image, il faut transcrire le contenu texte de l'image et inclure l'image dans la balise d'en-tête de premier niveau. Voici un exemple d'image titre dont le contenu est compréhensible par un aveugle utilisateur d'un synthétiseur vocal :

```
<h1><img src="titre.jpg" alt="Page d'accueil du site
handicap et générosité"></h1>
```

- **Décrire les documents multimédias** – On peut introduire du son ou des films dans un site accessible. Mais on prendra un peu de temps pour décrire ces documents ou faire une transcription visuelle du document sonore. Dans tous les cas, il faut prévenir l'utilisateur du lancement d'un document multimédia car celui-ci peut interférer avec les logiciels d'aide à la consultation de document numérique. Par exemple, une bande-son peut gêner l'audition d'un synthétiseur vocal.

- **Expliciter les liens hypertextes** – On utilisera des énoncés pertinents hors contexte. On évitera en particulier le *Cliquer ici* qui ne veut rien dire en soi. On précisera le format d'un document qui peut, le cas échéant, être téléchargé. Voici un exemple pour préciser tant le contenu que la cible du lien :

```
<a href="document.html">Cliquer ici pour lire le
discours du Président de la République</a>
<a href="document.pdf">Le discours du Président de la
République au format PDF</a>
```

Adapter la présentation du site

Dans le même souci de lisibilité, on adoptera une charte graphique qui ne gêne pas la lecture du site. Si besoin, on proposera plusieurs présentations du site grâce aux feuilles de style.

> VOIR AUSSI
>
> Les feuilles de style sont expliquées au chapitre 5.

- **Choisir un contraste de couleurs important** – Le texte est bien lisible quand il se distingue clairement du fond : en blanc sur fond noir, en noir sur fond blanc, en jaune clair sur fond bleu nuit, etc.
- **Éviter les changements brusques de luminosité et les clignotements** qui peuvent déclencher des crises chez les personnes épileptiques.

On pourrait encore donner bien des conseils, les grilles de test pour évaluer l'accessibilité d'un site comptant pas moins de 95 critères ! Le plus simple en la matière est de suivre les tutoriels et recommandations proposés en ligne, en particulier les fiches du site BrailleNet : http://www.braillenet.org/accessibilite/guide/fiches.htm.

Vérifier l'accessibilité de son site web

On a appliqué scrupuleusement tous les conseils pratiques qui viennent d'être énoncés dans cette annexe. Est-ce que l'on peut pour autant labelliser son site comme étant « accessible » ? Pour s'en assurer, mieux vaut sans doute consulter des personnes compétentes ou se servir d'outils pouvant permettre d'évaluer le degré d'accessibilité de son site web.

S'autoformer à l'accessibilité

Le site AccessiWeb est le centre de ressources et de recherche sur l'accessibilité du Web. On peut évaluer son site en interrogeant les nombreuses documentations en ligne existantes. Les concepteurs de sites disposent en premier lieu des Directives pour l'accessibilité au contenu Web 2.0 (WCAG, pour *Web Content Accessibility Guidelines*) délivrées par le W3C (voir http://www.w3.org/TR/WCAG/) et toutes les informations décrites dans le *Web accessibility initiative* (http://www.w3.org/WAI/).

Ces documents de référence ne sont toutefois pas très simples à utiliser. Le webmestre débutant serait avisé de dresser une checklist des éléments principaux à vérifier : les fiches du site Braillenet.org évoquées précédemment sont bien commodes pour établir ce document comparatif.

On peut ensuite effectuer deux tests, simples, pour se mettre dans les conditions d'un internaute handicapé :

- **Visualiser les pages en noir et blanc** – Pour effectuer cette manœuvre, on peut au choix modifier les réglages de l'écran ou optimiser le navigateur afin d'obtenir un affichage noir et blanc. Dans Internet Explorer, aller dans le menu *Outils*, sélectionner le sous-menu *Options Internet*, puis cli-

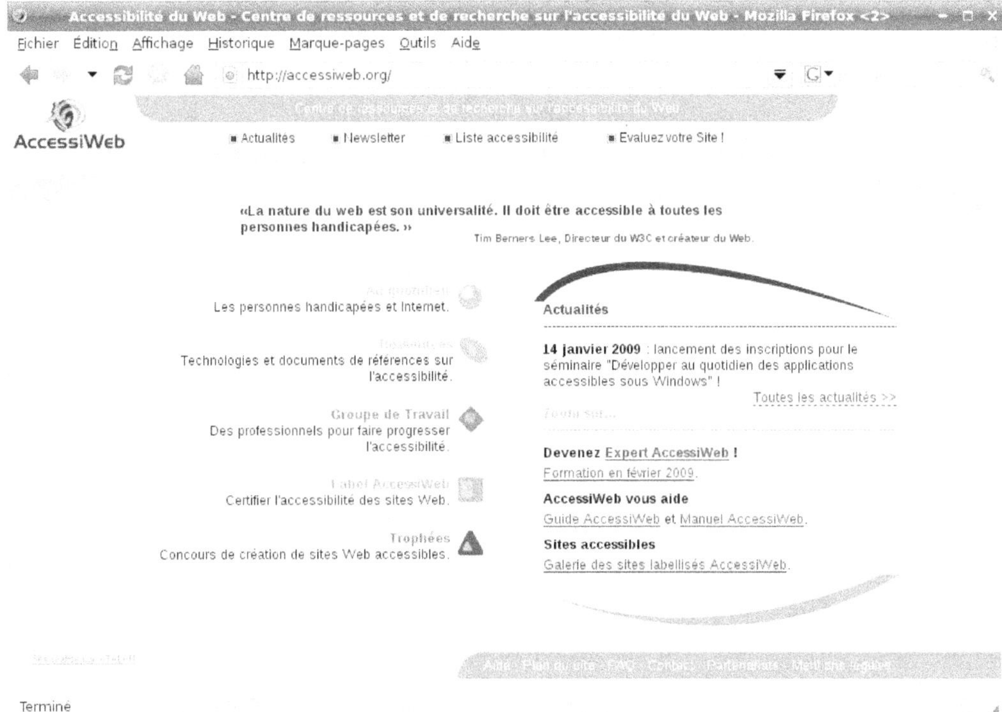

FIGURE D-4 *Le site AccessiWeb est le centre de ressources et de recherche sur l'accessibilité du Web*

quer sur *Accessibilité*, cocher les trois cases concernant les couleurs et la taille des polices spécifiées par le site web. Valider par *Ok*.

Firefox dispose quant à lui d'une extension jouant le rôle d'émulateur de *screen reader*, Fangs. Cet utilitaire crée une représentation textuelle de la page simulant la façon dont celle-ci serait vue par un lecteur d'écran. Pour le télécharger :

http://www.standards-schmandards.com/projects/fangs/.

• **Tester ses pages sans afficher les images, les scripts, les applets** – Dans Internet Explorer, aller dans le menu *Outils > Options Internet*, choisir *Avancées*, et décocher les cases correspondantes.

Avec Firefox, sélectionner dans le menu *Edit* ou *Édition* le sous-menu *Préférences > Contenu*, et décocher les cases concernant l'affichage de ces éléments.

La référence en matière d'accessibilité est le guide de l'Initiative pour l'accessibilité du Web du W3C :
 ▸ http://www.w3.org/WAI/
Une porte sur le Web pour les personnes handicapées visuelles :
 ▸ http://www.braillenet.org/
Le groupe de travail AccessiWeb (voir figure D-4).
Des aides techniques pour les déficients visuels :
 ▸ http://sonobraille.free.fr/

Faire tester son site

On est rarement le meilleur juge de son travail et les critères d'accessibilité sont trop nombreux pour que l'on puisse les vérifier efficacement par soi-même. Aussi peut-on faire tester son site à l'aide d'outils automatiques qui en signaleront les éléments non accessibles. Par la suite, l'avis d'experts éclairés sera bien utile pour préciser le contenu de certaines remarques du logiciel. En effet, le logiciel peut notamment repérer l'absence d'alternative texte pour une image, mais ne notifiera sans doute pas un texte alternatif qui est vide de contenu.

Des outils de vérification de l'accessibilité

Nous commençons par donner ici un certain nombre de pointeurs vers des outils de vérification de l'accessibilité d'un site, avant de détailler l'utilisation de l'un d'eux. En effet, le choix d'un tel outil dépend de plusieurs facteurs, certains objectifs (le niveau des vérifications qu'il permet de réaliser, les options qu'il propose, la ou les langues qu'il utilise), d'autres plus subjectifs (facilité d'utilisation, exigences et besoins personnels).

• http://www.access-for-all.ch/fr/tools.html répertorie un nombre important d'outils relatifs à l'accessibilité. C'est la source la plus complète qu'il nous ait été donnée de trouver à l'heure actuelle. Outils en ligne ou spécifiques à un système d'exploitation, en français, anglais, allemand, etc... cela laisse le choix et la possibilité de trouver un outil particulièrement adapté à ses besoins propres.

• http://stephkup.nexenservices.com/validateur/ est un validateur proposé par l'un des contributeurs du forum Alsacreations. Le site offre en outre une page de conseils utiles et il a l'avantage d'être en français (même s'il semble à ce jour que certaines pages du site manquent).

- http://www.totalvalidator.com/ est un outil « tout en un » vérifiant aussi bien la conformité HTML, l'accessibilité, mais aussi l'orthographe ou les liens brisés. Il est également disponible sous la forme d'une extension Firefox.

L'outil TotalValidator

L'outil TotalValidator teste les pages d'un site. Son mode d'emploi est relativement simple.

1 Rendez-vous sur le site : http://www.totalvalidator.com/

2 Vous pouvez directement saisir l'URL de votre page dans le champ de texte *URL* du formulaire « rapide » (*Validate your website*, voir figure D-5), ou pour une validation personnalisée, cliquer sur le lien *Select validation options* (voir figure D-6). Les options par défaut proposées dans le formulaire sont celles utilisées pour le formulaire « rapide ».

3 En quelques secondes, TotalValidator fait un bilan de la page. (La page n'a pas de titre, pas de description, on a utilisé des feuilles de style, etc.)

Les options de validations sont nombreuses : vérification du HTML suivant plusieurs normes, vérification de l'accessibilité suivant plusieurs niveaux d'exigence, vérification orthographique dans plusieurs langues. L'outil propose même de réaliser des captures d'écran de la page dans divers navigateurs et systèmes d'exploitation : vous pouvez avoir ainsi une bonne idée du rendu de votre page.

Par défaut, c'est uniquement la page correspondant à l'URL saisie qui est testée. Pour accéder à des options plus avancées, commencez par cliquer sur le lien *Validator* (menu principal en haut de l'écran, voir figure D-5). À partir de là, apparaît un nouveau sous-menu de navigation à gauche de l'écran, vous donnant accès à d'autres options (voir figure D-6).

Vous pouvez alors tester une partie ou la totalité d'un site à l'aide de l'option *Advanced* : précisez alors la page de départ, le nombre de pages et la profondeur à tester.

Enfin, si votre site n'est pas en ligne mais uniquement sous la forme de pages HTML sur votre ordinateur, vous pouvez également transférer la page (lien *Uploading* dans le menu de navigation) ou couper et coller la page (lien *Cut & Paste Page*) directement dans le formulaire.

Le site est malheureusement en anglais, mais il est vraiment performant et complet. Les rares outils disponibles en français sont nettement plus limités.

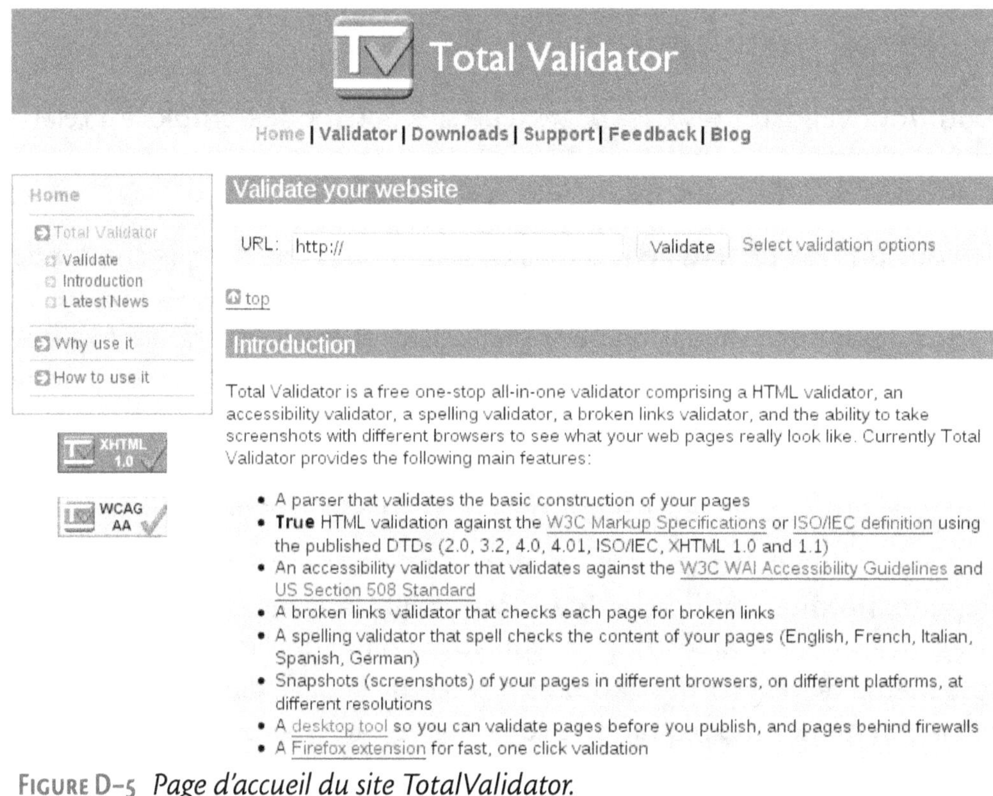

Figure D–5 *Page d'accueil du site TotalValidator.*

Le W3C

Le W3C propose des outils plus performants : un service gratuit de validation des pages par rapport à la norme HTML 4.0 et XHTML (*http://validator.w3.org/*, dans la langue de Shakespeare) et un validateur de feuille de style tout aussi efficace (http://jigsaw.w3.org/css-validator/, disponible quant à lui en français). Le W3C fournit gratuitement des informations très précises sur le code HTML ou la rédaction de la feuille de style. Pour faire valider son site HTML, la marche à suivre est simple :

Home | Validator | Downloads | Support | Feedback | Blog

Validate your website

Validator
- Simple Form
- Advanced
- Upload Page
- Cut & Paste Page
- Revalidating

What to check

Starting page: http://   ?

Validations

HTML Validator: Auto-detect ▼   ?
Accessibility: Priority 1 (A) ▼   ?
Screenshot: ▼   ?
Spell check: ▼   ?

✓ Check for broken links   ?
  Show warnings   ?
✓ Show on success   ?
  Short report   ?

Validate   Reset

Figure D-6 *Formulaire simple avec options.*

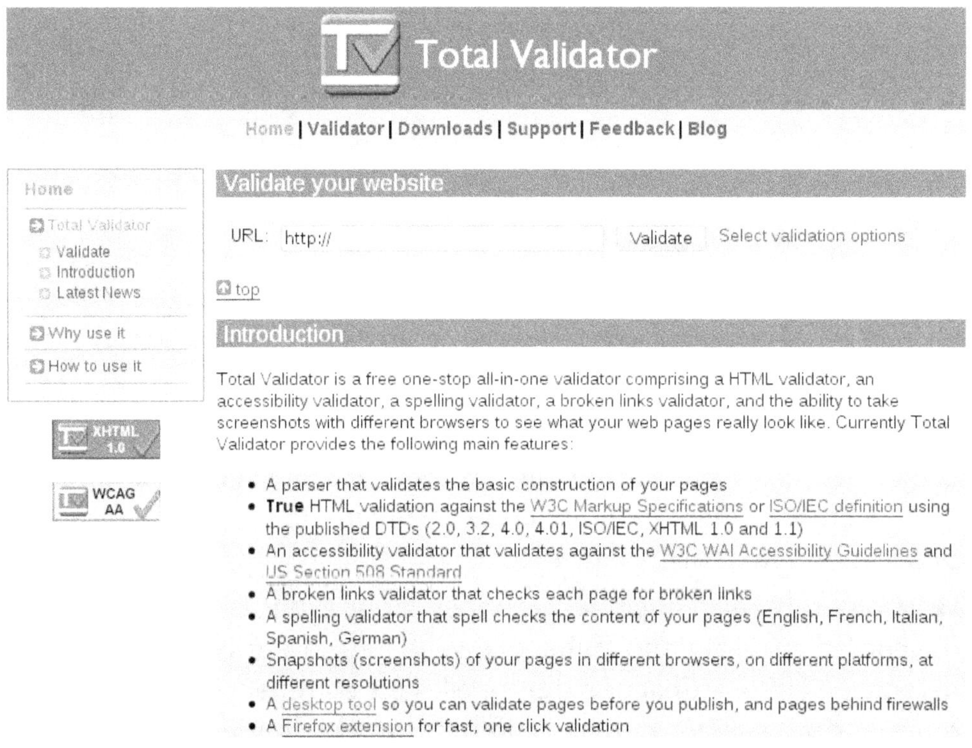

Figure D-7 *TotalValidator fournit un rapport très détaillé sur la page testée.*

1 Se rendre à l'adresse suivante : **http://validator.w3.org/** (figure D-8).

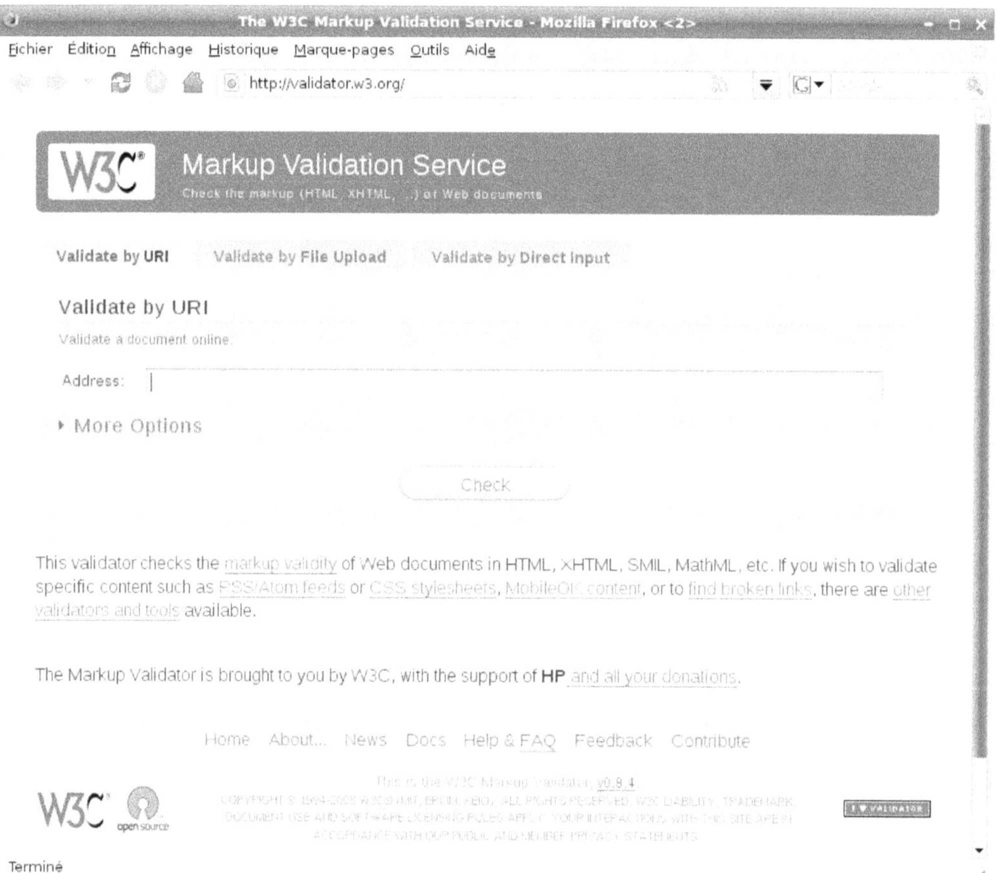

FIGURE D–8 *Le validateur HTML du W3C évalue le code d'un site web (premier onglet) mais aussi d'un fichier situé sur son ordinateur personnel (second onglet), ou même d'un extrait de code directement renseigné dans le formulaire (troisième onglet).*

2 Rentrer l'URL de son site, l'adresse d'un fichier de son ordinateur ou copier dans le formulaire l'extrait de code à vérifier, ce qui autorise le webmestre à vérifier la validité et l'accessibilité de ses pages avant leur publication sur la toile. Cliquer sur le bouton *Check*.

3 Le verdict tombe en quelques secondes. Nous avons fait valider la page d'accueil d'un site grand public. Le validateur a été impitoyable et a détecté 60 erreurs. Chacune d'entre elles est commentée nommément et le rapport est très détaillé, comme on peut le voir sur la capture d'écran de la figure D-9.

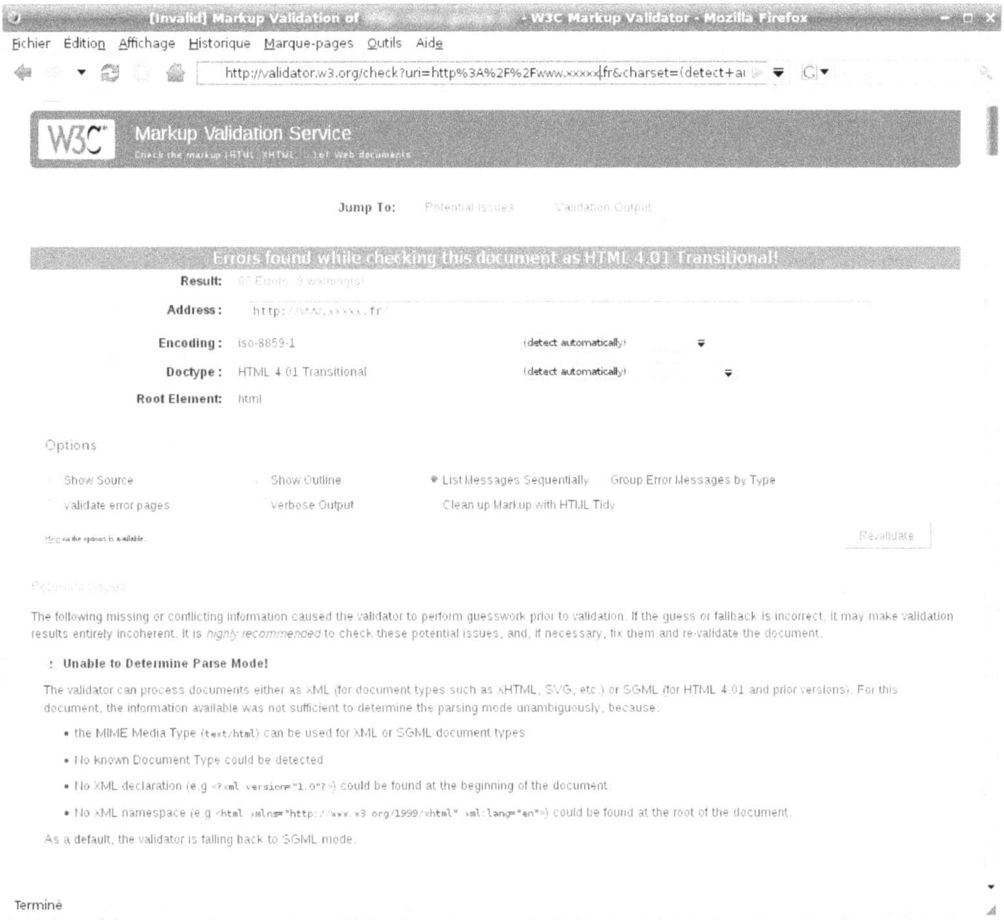

FIGURE D-9 *60 erreurs relevées sur la page d'accueil d'un site très grand public !*

Un audit professionnel

Si l'on veut soumettre son site à un audit complet par des experts de l'accessibilité, il est préférable de s'adresser à l'association BrailleNet ou au groupe de travail qui en est issu, Accessiweb.

ET SI ON A DES MOYENS ? **Faire auditer son site**

On peut faire auditer et labelliser son site moyennant finance en se rendant sur le site **http://www.accessiweb.org/fr/Label_AccessiWeb/**ou en contactant directement les sociétés qui sont partenaires d'AccessiWeb et de BrailleNet.

Quelques sites accessibles

La toile offre quelques exemples de sites qui ont franchi le pas de l'accessibilité. En voici quelques-uns, intéressants tant en raison de la beauté de leur interface que du confort de navigation que nous avons pu constater.

La mairie de Gradignan affiche dès sa page d'accueil la politique d'accessibilité adoptée pour le site (voir la figure D-10, le petit logo « Site accessible » sous le menu principal). Le site est coloré, informatif et néanmoins très strict sur son application des standards. Un modèle du genre.

FIGURE D-10 *Le site de la ville de Gradignan.*

La société canadienne WebConforme est spécialisée dans l'accompagnement de sites web dans le cadre d'une politique de conformité aux standards, d'accessibilité et de qualité. Son site se doit donc d'être un exemple à suivre, et c'est effectivement le cas : esthétique, ergonomique, et avant tout conforme et accessible !

Figure D-11 *Le site de la société WebConforme.*

L'association des artistes aveugles a fait le choix d'un graphisme soigné, mais qui ne facilite pas l'accessibilité. Il propose donc une seconde version dès la page d'accueil, adaptée aux déficients visuels (voir http://www.artistesaveugles.com/).

FIGURE D-12 *Le site des artistes aveugles*

En guise de conclusion... momentanée

Spip permet d'installer un site prêt à l'emploi, accessible à tous pour à la fois publier et consulter.

Il ne tient qu'à vous de transformer cette installation de base en un site encore plus performant, et toujours accessible.

Pourtant, ne perdez jamais de vue que le plus important est le contenu et qu'il ne faut en aucun cas le sacrifier au profit du contenant.

Index

www.ingramcontent.com/pod-product-compliance
Lightning Source LLC
LaVergne TN
LVHW060222060726
842527LV00009B/2939